세계의 교양을 읽는다

2
— 인문학 편

세계의 교양을 읽는다

2
— 인문학 편

최영주 엮음

Humanist

머리말

바칼로레아의 질문은
개인에 대한 무한한 존중

1

교양이란 사회적으로 자신을 돋보이게 하는 지적·문화적 소양인가? 혹은 우아함, 세련됨으로 표현되는 삶의 여유인가? 대부분의 사람들은 교양이 있고 없고를 말투나 말의 난해함, 클래식 음악과 추상 미술을 얼마나 아느냐로 판단한다. 그러나 소수만 누릴 수 있는 것, 있으면 좋지만 없어도 살아가는 데 큰 지장이 없는 것으로서의 교양은 매너-문화 기술, 지식에 불과하다. 보다 근본적인 의미에서의 교양인이란 '나는 무엇을 할 수 있고 무엇을 하여야 하는가'에 대해 끊임없이 질문하고 삶의 의미를 찾기 위해 '노력하는 자'의 유사어가 아닐까? 교양인에게서 공통적으로 느껴지는 것은 남을 이해할 줄 아는 마음의 풍요로움과 세상을 향한 지적 호기심이다. 말하자면 내게 있어 교양인이란 인간다움의 가치를 믿고 추구하며 작은 질문과 사물 앞에서 여전히 감동할 수 있는 사람을 의미한다.

'사는 게 다 그렇지', '인생 뭐 있나'라는 체념적 세계관이 마치 달관한 지혜처럼 통용되는 오늘날, 세상을 바라보며 어린아이처럼 놀랄 수 있다는 것은 대단한 행운이 아닐 수 없다. 놀라움으로부터 질문이 시작되고 질문을 받은 세상은 무한경쟁의 장과 회색빛 생존의 터전에 머물지 않고 의미 있는 세상이 된다. 그리고 세상은 의미가 있다고 생각함에 따라 질문자 역시 변화하게 된다. 프랑스 고등학교 시절 이 책에 실린 질문들을 처음 접한 이후 나는 수차례 답안을 작성하고 수정하고 변경했다. 시간의 흐름과 함께 현실과 세상에 대한 나의 인식도 많이 변화하였고 앞으로도 나는 계속 다른 답안을 작성하게 될 것이다. 그러나 분명한 것은 이 질문들을 모르고 지나쳤더라면 나의 현재 삶은 완전히 다른 모습이었을 것이라는 확신이다.

2

이 책에서 다루고 있는 질문들은 프랑스 수능이라 할 바칼로레아 철학시험 문제로 제시되었던 것이다. 사람들은 흔히 프랑스를 합리적이고 현실주의적인 나라로 이해하지만 '인권과 국익 중 무엇을 더 선호해야 하는가?', '나쁜 사람도 행복할 수 있는가?' 등의 질문을 제기하는 그들의 태도는 실용적이라기보다는 이상적이다. 세계에서 유일하게 존재하는 프랑스의 고등학교 철학교육에 대해 어떤 사람들은 실업 문제가 모든 사회의 발목을 잡는 신자본주의 시대에 이런 질문들이 과연 본질적인 것인가라는 의문을 제기하기도 한다. 실제로 프랑스 교육은 시대가 요구하는 인재, 유능한 사회인의 양성만을 목적으로 하지 않는 듯하다. 가끔은 도발적일 수도 반사회적일 수도 있는 이 질문들이 의미하는 바는 무엇일까? 나는 그것이 각 개인에 대한 무한한 존중이라고 생각한다. 오랫동안 개인은 전체에 있어 그리 중요한 존재가 아니었다. 기술의 승리라 할 피라미드의 건립을 위해, 국가의 이익을 위해 수많은 사람들이 희생되었다. 그러나 인간 개개인의 죽음은 별문제가 아니었다. 왜냐하면 인간은 얼마든지 있었기 때문이다. 이에 반해 프랑스 철학시험의 질문들은 인간이란 하나의 도구나 자본으로 전락될 수 있는 하찮은 개인이 아니라 세상의 중심에서 외쳐야 할 소중한 존재임을 일깨워준다. 질문을 한다는 것은 대화를 통한 변화를 도모한다는 뜻이다. 질문을 받은 세상이 새롭고 의미 있는 세상으로 변모하듯이 질문을 던지는 개인 역시 다른 누구와 비교할 수 없는 귀한 존재가 된다. 프랑스 학생들이 주어진 법과 질서를 수동적으로 따르는 것을 모범적 삶이라 생각하고 욕망의 충족을 행복이라 착각하는 단순한 소비자나 생산자로 성장하기보다는 진정한 행복과 자유를 누리는 정의로운 시민이 되기를 바라는 그곳 지식인들의 진심이 나는 프랑스 철학교육 제도를 유지하는 원동력이 되고 있다고 생각한다.

  오늘날 우리나라의 원동력이 되고 있는 것은 무엇일까? 몸짱, 얼짱, 성공, 웰빙……. 건강보험을 드는 사람은 많아도 정신보험이라 할 교양과 문화에 신경쓰는 사람은 그리 많지 않은 듯하다. 지혜가 그 빛을 발하는 때는 어려운 순간이며 높은 정신은 가장 추운 곳에서도 살아 움직인다. 실패할 때나 고난을 겪을 때 인간을 동요와 절망에서 구원해 줄 수 있는 것은 그 사람이 가지고 있는 것이 아니라 그 사람이 누구인가 하는 것이다. 사고에 대비해서 보험을 들듯이 우리는 누구도 피할 수 없는 실존적 불행에 대비해서 지혜와 앎에 보험을 들어야 한다. 오늘날 지식과 정보는 넘쳐나지만 지혜로 연결되지 않는 지식이 얼마나 피상적인 것이며 실천적 덕으로 승화되지 않은 앎이 얼마나 위험한 것인지는 수많은 역사적 사례를 통해 증명되었다. 가령 2차대전 당시 세계 최고의 문명국가였으며 최고의 지식인들을 보유했던 독일에서 유대인 대학살이 벌어졌다는 사실은 우리에게 시사하는 바가 크다. 만약 현대인들이 과거의 경험을 잊고 기술발전과 현실적 쾌락에만 힘쓴다면 우리는 이보다 더한 재앙을 피할 수 있으리라고 장담할 수 없다. 현대사회는 더 많은 풍요와 편리를 향해 끝없이 전진하고 있다. 하지만 그 질주의 끝에 무엇이 있는지, 무한경쟁의 궁극적 목적이 무엇인지에 대해 질문을 던지는 사람들은 그리 많지 않다. 경쟁 자체가 이미 경쟁의 목적이 되어버린 것일까? 개인의 삶에 있어서도 어떻게 하면 행복해지는지에 대해서는 모든 사람들이 관심을 가져도 어떻게 하면 행복에 걸맞은 사람이 되는지에 대해 관심을 갖는 이는 몇 안 된다. 인간관계에서 중요한 것은 능력과 매너가 아니라 진실이라는 것을 더 이상 강조하지 않는 사회에서 인간은 과연 행복을 꿈꿀 수 있을까?

3

형태는 다르지만 이 책에서 끝없이 제기하는 질문은 현실과 이상, 실재와 당위 간의 갈등과 모순이다. 과연 인간적이라는 것은 무엇인가? 양을 잡아먹는 늑대를 탓하지 않듯이 항상 죽음의 불안에 떨어야 하는 인간이 이기적일 수밖에 없다는 사실 역시 적자생존, 약육강식의 논리에 따라 정당화해야 할까? 시인 르네 샤르(René Char)는 명철함이란 "태양으로부터 가장 가까이에 있는 상처"라고 말했다. 진리에 가까이 다가가면 갈수록 인간의 마음은 상처를 입는다는 뜻이다. 실제로 앎이 단지 기쁨만을 동반하는 것은 아니다. 그것은 우리가 부인하고 싶어하는 인간 현실의 추악하고 모순된 면마저 보게 하고 생에 대한 낙관적 이상을 접게 할 수도 있다. 그러나 진리와의 투쟁을 통해서만이 인간의 삶은 더욱 견고해질 수 있다. 진리의 문제를 배제한 평화로운 행복은 인간에게 결코 어울리지 않으며 그것은 향기 없는 조화(造花)와 같다. 생에 질문을 던지지 않는 동물과 생에 질문을 던질 필요가 없는 신이 경험할 수 없는 것이 바로 현실과 이상 사이에서의 인간의 방황일 것이다. 그러나 갈등 속에서 이상을 포기하지 않으려 노력하는 의지 속에서만이 인간적 삶의 의미가 발견되며, 그것은 신이 결코 경험할 수 없는 인간만의 위대함이다.

 프랑스 철학 선생님들의 답안지를 참조하여 나 나름대로 질문들에 답하는 과정에서 다시 한번 나는 내가 혼자 사유하는 것이 아니라는 사실에 고마움을 느꼈다. 지금 내가 주장하고 있는 것들도 결국 나를 앞서간 수많은 사람들의 노력과 시간에 빚지고 있음을 깨닫는다는 것은 타인의 존재가 얼마나 소중한 것인지를 일깨워주는 계기가 된다. 세상에서 가장 귀한 것은 결국 누구에 의해서도 독점될 수 없으며 모두가 함께 나누고 공유할 수 있는 것이 아닌가 하는 생각도 하게 된다. 이 책은 내가 알아야 할 것들의 서론에 지나지 않으며 보다 많은 사람들이 질문과 대화의 작업에 동참해 이 미완성된 답안지를 좀더 완벽하게 작성해 주기를 바라는 것이 이 책을 쓴 동기이기도 하다.

4

이 책에서 우리는 인간과 역사, 예술에 대해 고찰할 것이다. 인간이란 무엇인가? 육체인가 정신인가? 우리는 왜 아름다움에 이끌리는 것인가? 역사는 반복되는가, 아니면 진보하는가? 등의 질문들에 답하면서 우리는 나에 대한 이해 없이는 세상에 대한 이해도 불가능하며 역사를 알지 못하고는 현실을 이해할 수 없다는 사실을 살펴보게 될 것이다. 인간은 스스로에 대한 해석을 내리지 않고는 살아갈 수 없는 존재이다. 만약 무엇이 인간다운 삶인가에 대한 사유의 노력이 없다면 우리의 삶은 편견이나 실용적 이해관계에 의해 지배될 것이며 결코 자유와 행복에 이르지 못할 것이다. 또 우리가 즐겁고 쾌락적인 것에만 이끌려 예술적 아름다움을 더 이상 음미하지 못하게 된다면 상상의 힘을 잃은 우리의 현실은 도태하게 될 것이다. 인문학과 예술은 우리를 운명과 물질의 힘으로부터 자유롭게 하기 위해 반드시 필요하다. 죽음, 언어, 역사, 예술 등의 주제를 통해 인간이란 과연 무엇인지에 대해 생각해 보자.

시를 저버리지 않는 세상을 생각하며 시인이 시를 쓰듯이 이 책을 쓰며 나는 질문을 저버리지 않는 세상을 생각했다. 질문을 한다는 것은 더 나은 삶을 위해 노력한다는 것이며 그것은 희망한다는 증거이다. 희망은 현실에 대한 인간의 마지막 저항이다. 희망을 통해서만이 현실은 정화될 수 있으며 인간은 '인간적인 삶'을 영위할 수 있다. 우리는 모두 생존 이상의 것을 추구한다. 이 '인간적 바람'이 지향하는 행복한 삶을 위한 끊임없는 질문과 사유가 얼어붙은 현대인의 내면을 가르는 새로운 희망이 되길 기대해 본다.

2005년 12월
최영주

차례

머리말　5

01　예술작품이 상품이 되는 것은 합당한가?　15
02　선입견으로부터 벗어날 수 있는가?　33
03　우리는 왜 아름다움에 이끌리는가?　49
04　시간은 반드시 파괴적인가?　69
05　어떤 점에서 언어는 지배의 수단인가?　81
06　상상과 현실은 모순되는가?　99
07　우리는 현재를 과거보다 더 잘 알고 있는가?　115
08　예술적 감정과 종교적 감정의 차이와 공통점은 무엇인가?　137
09　광기에도 의미가 있는가?　151
10　역사가 심판할 것이다라는 주장은 정당한가?　167

11	예술은 모두를 위한 것인가?	187
12	나는 육체를 갖고 있는가, 혹은 육체인가?	207
13	언어의 다양성은 민족간의 화합을 저해하는가?	225
14	죽음의 공포에서 벗어날 수 있는가?	239
15	삶이 아름다웠더라도 예술은 존재했을까?	259
16	역사는 반복되는가?	275
17	나는 누구인가라는 질문에 정확히 답할 수 있는가?	291
18	예술적 천재는 아무것도 배우지 않아도 되는가?	311
19	주관적인 것이 진리인가?	329
20	오늘날에도 철학은 가치가 있는가?	343

찾아보기 362

■ 일러두기

1. 1808년 나폴레옹에 의해 처음 실시된 바칼로레아(프랑스에서는 흔히 BAC라고 줄여 표시한다)는 프랑스 대입 자격시험으로 철학 논술은 '세계적 명성'을 얻고 있다. 바칼로레아 철학 논술 시험은 주어진 철학 텍스트 비평과 주제문에 대한 논술로 이루어지는데, 이 책에선 주제문에 대한 논술만을 다루었다. 학생들은 주어진 세 가지 질문 중 하나를 선택해 4시간 동안 답안지를 작성하게 되며 이때 고대 그리스부터 현대 철학, 문학과 역사에 등장하는 여러 사례와 문구를 적절하게 인용해야 한다.
2. 이 책에 게재된 주제들은 지금까지 프랑스 철학 논술에서 다루어진 수많은 문제들 중 공통주제(예술, 타인, 언어, 정치, 의식, 무의식, 욕망, 상상, 행복, 윤리, 과학, 역사, 사회, 종교, 자유, 권력, 법, 철학 등)를 함축적으로 담고 있으며, 자주 출제되는 문제들을 골라 실은 것이다.
3. 질문에 대한 답변은 각기 다른 여러 프랑스 철학 선생님들의 답안지들을 비교, 종합하여 부분적으로 편역한 것이며, 구성과 편집에 있어선 저자의 주관이 개입되었다.
4. 다소 추상적으로 여겨지는 주제들을 한국의 현실, 혹은 구체적 상황과의 관계에서 고찰해 보고자 '더 생각해 봅시다'라는 코너를 추가하였다. 현실적 문제를 이론적 논거를 바탕으로 살펴보는 것은 매우 흥미로운 작업으로 현실과 이론 사이를 오가며 그 둘 사이의 연관관계를 살펴보는 것은 문제의식을 고취시키는 계기가 될 것이라고 생각된다. 또한 제시된 문제와 연관된 주제들을 함께 살펴봄으로써 사고의 응용성과 창의성을 높일 수 있을 것으로 기대된다.

01

예술작품이 상품이 되는 것은 합당한가?

Baccalauréat, 1994

예술, 그것은 무용의 것이다.
오스카 와일드(Oscar Wilde, 아일랜드 작가)

예술의 목적은 강제된 것에 대항하여 싸우는 것이다.
모딜리아니(Amedeo Modigliani, 이탈리아 화가)

돈은 예술과 아무 관계도 없다. 돈과 멀어질수록 창조는 더 잘 유지된다.
이자벨 자리(Isabelle Jarry, 프랑스 생물학자·작가)

예술이 번창하기 위해 필요한 것은 한 나라가 행복하기 위해 필요한 것과 반대된다. ―스탕달(Stendhal, 프랑스 작가)

서론

얼마 전부터 음악가들의 저작권 문제가 시사화(時事化)되고 있다. 음악가들은 불법음반에 의해 무단복제의 시대가 열림에 따라 심각한 경제적 위협을 받고 있으며, 음반계는 유례없는 불황을 겪고 있다. 제7예술이라 불리는 영화의 경우에도 갈수록 가속화되는 영화의 상업화에 의해 예술영화를 상영할 수 있는 공간이 계속 줄어들고 있어 이에 대한 우려의 목소리가 높다. 이처럼 예술시장의 문제가 수면에 떠오름에 따라 우리는 돈과 예술의 관계에 대해 다시금 생각해 보게 된다. 흔히 우리는 예술이란 돈과 무관한 순수하고 고귀한 것이라고 말한다. 그렇다면 근본적으로 예술활동은 경제적·상업적 이익과 무관하게 이루어져야 하는 것이 아닐까? 예술작품을 상품으로 여기는 현 상황을 어떻게 받아들여야 할까? 이 글에서 우리는 예술작품의 본성은 무엇이며, 그것을 상업적 가치와 어떻게 연관지을 수 있는가에 대해 질문하고자 한다.

예술작품은 다른 제품들과 다르다

모든 것이 돈이 중심이 되는 자본주의 사회에서 예술도 상업논리를 완전히 벗어날 수 없음을 우리는 시인할 수밖에 없다. 직접 음악을 작곡한 음악가나 그의 음반을 사는 고객의 이익보다는 음반제작자, 중간상인들의 이익이 더 고려되고 있는 현 상황에서 예술의 순수성을 운운한다는 것 자체가 너무 비현실적인 태도일 수 있다. 예술작품이 예술가들을 자본가 및 대중에게 연결해 주는 중개상인의 영향력에서 벗어날 수 없다는 것 역시 우리는 잘 알고 있다. 그러나 우리는 여전히 순수한 예술에 대한 갈망을 지니고 있으며 경제논리를 넘어선 무엇인가를 예술에 기대하고 있다. 상업화된 예술이란 소비자의 취향에 맞추어 일정한 기획에 따라 무한정 찍어낼 수 있는 기성품, 즉 제품에 불과한 것이 아닐까? 거실에 걸린 고흐(V. van Gogh)의 그림과 셔츠에 인쇄된 모나리자의 얼굴, 핸드폰 벨소리나 광고에 사용된 바흐(J. S. Bach)의 음악은 예술작품을 너무 일상적인 것으로 만들어버렸다. 즉, 복제는 작품에의 접근을 용이하게 해준다는 장점은 갖고 있지만 다른 한편 작품을 상품으로 바꾸어버리는 문제점을 안고 있다. 팝아트 예술가들은 기존의 이미지를 그대로 복제해 '작품'을 만들면서(앤디 워홀은 자신의 아틀리에를 '공장'이라고 불렀다) 창조라는 개념에 정면으로 도전하기도 했다. 그러나 진정한 의미에서의 예술이란 복사본이 아닌 예술가에 의해 직접 그려진 원본 그림, 차가운 CD가 아닌 음악가의 체온이 느껴지는 콘서트가 아닐까?

표면적인 것만 본다면 예술작품도 사고 팔리는 다른 여느 제품과 마찬가지 방식으로 제작된다. 예술가는 자기 분야에서 기술을 익힌 전문가이며, 주어진 재료를 자신의 의도에 따라 변형시키고자 노력한다. 화가에게 주어진 재료는 색깔일 것이고, 음악가에게는 음일 것이며, 작가나 시인에겐 단어일 것이다. 니체(F. W. Nietzsche)가 《인간적인, 너무나 인간적인》에서 강조했듯이 예술가의 천재성은 아무것도 모르는 상태에서 그가 쉽게, 혹은 즉흥적으로 창조한다는 데 있는 것이 아니다. 니체는 천재성을 다음과 같이 설명한다. "근본적으로 천재의 작품활동은 기계를 발명하는 사람이나 천문학자,

역사가, 전술의 달인 등의 활동과 전혀 달라 보이지 않는다. 이 모든 행위들은 단 한 방면으로 생각이 활발히 움직이며, 소재로 모든 것을 사용하고, 그들과 타인의 내적 삶을 부지런히 관찰하는 것을 그치지 않고, 그 수단을 배합하는 것을 지겨워하지 않는 사람들을 생각하면 설명된다." 그렇다면 예술가의 작품은 다른 사람들의 작업결과와 마찬가지로 보수를 받아야 마땅하다.

그러나 이러한 사실에도 불구하고 예술의 특성상 예술작품의 객관적 가치를 정하는 것은 다른 일반제품들의 가격을 매기는 것보다 훨씬 더 어렵다. 예술작품을 그외 제품들로부터 구분하는 기준은 무엇일까? 우선 예술작품은 일상적 필요성, 즉 효율성·유용성의 논리에 응하지 않는다는 점에서 다른 상품들과 구분된다. 한 작품이 탄생하기까지의 시간과 노력을 금전적 가치로 측정하는 것은 매우 모호하고 힘든 일이다. 장인이나 기술자의 경우 투자한 시간과 노력에 따라 그들 제품의 가격이 정해지는 데 반해 예술작품은 아무리 오랜 시간에 걸쳐 제작되었다 할지라도 그것에 대한 물질적·사회적 보상은 보장되지 않는다. 따라서 몇몇 유명 예술가들을 제외하곤 예술가들은 일반적으로 가난한 생활을 영위하며 사회적인 인정을 받기도 힘들다.

칸트(I. Kant)는 《판단력 비판》에서 아름다움이란 쾌락이나 유용성과 구분되는 것임을 강조했다. 쾌락이나 유용성이 인간이라면 누구나 공유하는 보편적 감정이라면, 예술적 미 앞에서의 감정은 객관적인 동시에 주관적이라는 특수성을 지닌다는 것이다. 예술가가 표현하는 것이 단순히 그의 주관에 머물렀다면 우리는 그토록 감동하지 못할 것이고, 창조하는 대신 모두가 이미 알고 있는 감정만을 반복했다면 우리는 그 안에서 예술의 독창성을 발견할 수 없을 것이다. 예술은 감성과 이성을 동시에 요구한다는 점에 있어서도 특수하다. 베르그송(H. Bergson)은 《사상과 움직이는 것》에서 다음과 같이 말한다. "예술의 진정한 목적은 바로 자연과 정신 안에서, 우리 밖, 우리 안에서, 우리의 감각과 우리의 의식을 감동시키는 것들을 보여주는 것이다." 즉, 예술작품은 감동을 선사한다는 점에서 다른 제품들과 확연히 구분된다. 피카소(P. Picasso)의 작품 〈게르니카〉가 우리의 관심을 끄는 것은 그것이 전쟁과 파시즘의 공포를 고발했기 때문이고, 보들레르(C. P. Baudelaire)의 시가 우리에게 감동을 주는 것은 현대사회의 위선과 냉혹함을 묘사했기 때문이며, 사뮈엘 베케트(Samuel Beckett)의 《고도를 기다리며》가 그토록 많은 인기를 모았던 것은 인간 존재의 무상함을 표현함으로써 현대인들을 각성시켰기 때문이다. 쾌감과 근본적으로 성격을 달리하는 예술적 감동을 어떻게 가격으로 평가할 수 있을까?

쇼핑센터에 전시된 물건들과 같은 방식에 의해 예술품의 가격이 매겨질 수는 없다. 물론 경매를 통해 미술작품들을 돈으로 매매할 수는 있다. 그러나 이 경우 우리는 진정 그 작품의 가치를 사는 것일까? 아니면 전설이 된 예술가의 명성, 혹은 투자할 대상을 사는 것일까? 미술계를 살펴보면 경매된 작품의 가격은 예술가의 사회적 상황, 명성과 일치하는 것을 볼 수 있다. 유행에 따라 1960~70년대에는 앤디 워홀(Andy Warhol)의 작품이 인기를 끌었으며 그의 작품은 포스트모더니즘, 대중예술의 상징으로 수없이 인용되었다.

앤디 워홀(Andy Warhol)의 〈마릴린 먼로〉.
팝아트 운동의 창시자인 앤디 워홀은 미국 상업문화의 진부한 소재들을 작품 속에서 이상화시켰다. 그는 자신을 대중 앞에 공공연하게 노출시킴으로써 예술가의 개념을, 성공한 유명인사도 아니고 사업가도 아닌 비개성적이고 무의미한 존재로 제시했고 자신의 아틀리에를 '공장'이라고 부름으로써 예술 고유의 창조성을 부정했다.

르코르뷔지에(Le Corbusier), 다니엘 뷔렌(건축가), 피에르 불레즈(현대음악 작곡가, 지휘자)의 경우 그들의 작품세계가 크게 달라지지 않았음에도 그들 작품의 가격이 갑자기 상승할 때는 정부나 유명한 단체로부터 주문제작을 받아 그들의 사회적 명성이 높아질 때였다. 때로는 어떤 특정 작가가 사후에 명성을 남길 것이라는 믿음이 퍼지면서 그의 작품을 보지도 않고 구입하는 사재기 붐이 일기도 했고, 소문이 작품의 가격 상승을 유발하기도 했다. 그러나 재정적인 측면에서 관심을 끄는 예술가는 항상 극소수이며 대부분의 예술가는 심각한 생활고를 겪고 있다. 많은 예술인들은 기술발달(불법음반, 미술품 복사, 모조품, 갈수록 싸지는 책값, 영화의 산업화)에 의해 갈수록 사회에서 고립된 채 국가의 보조를 받아 기초생활을 영위하고 있다. 예술가란 이 시대의 이방인인가? 자본주의 사회에서 그들의 노력에 상응하는 경제적 보답을 기대할 수 있을까?

오락으로서의 예술

시간이 흐를수록 문화예술 논의에서 경제성이 주요 고려사항으로 등장하고 있다. 영화산업은 경제적 효율성이 크다는 분석에 따라 21세기의 각광받는 문화장르로 간주되는 반면 연극계는 침체를 벗어나지 못하고 있다. 영화는 예술인가, 아니면 제품인가? 일반적으로 우리는 대중예술과 순수예술을 구분하고 전자는 후자에 비해 하찮은 것이라고 생각한다. 그렇게 생각하는 근거는 무엇인가? 우선 순수예술은 고도의 기량을 전제로 한다. 아이디어가 곧장 작품으로 이어지지는 않는다는 뜻이다. 아이디어에 기예가 덧붙여질 때 창의력이 완성되고, 작품은 창의력을 담는 그릇이 된다. 쉽게 말해 예술가는 일정한 교육과 실습과정을 통해 그런 솜씨를 쓸 줄 알고 쓸 능력을 갖춘 장인으로서의 경지에 이른 사람들을 지칭한다. 반면 대중예술인들은 이러한 준비작업 없이 이미지나 행운에 의해 발탁되기도 하는 등 그들의 기량이나 인기가 그들의 예술가적 능력과 반드시 비례하는 것은 아니다. 대중예술은 예술가들에 의해 제작되었다기보다는 대중을 위한 상품적·오락적 목적에서 기업에 의해 만들어졌기 때문에 우리는 그것을 작품으로 여기기보다는 제품으로 간주한다. 다시 말해 대중예술은 대중을 상대로 경영체제를 갖추고 있으며 부가가치가 작품의 가치를 가늠하는 척도가 된다. 고수익을 창출하는 영화나 뮤지컬의 배후에는 그것을 기획생산하는 엄청난 경제인력이 포진하고 있음을 우리는 잘 알고 있다. 즉, 최대다수를 위한 최고의 수익을 올리는 것을 목적으로 하기에 대중예술은 여타 산업의 방식을 따르고 있고 가능한 한 많은 사람들의 보편적 취향에 부응하고자 하기에 획일성을 피할 수 없다. 물론 순수예술도 자신의 노동에 대한 대가를 전혀 기대하지 않는 것은 아니다. 그러나 소수의 독자를 대상으로 하기 때문에 순수예술가들은 여전히 경제적 이익보다는 자유를 선호한다. 그러나 언제까지 순수예술의 이상이 유지될 수 있을까? 과거 어느 정도 보장되었던 소수의 독자들도 점차 그 수가 줄어들고 있고 대중예술의 위상이 높아짐에 따라 순수예술은 점점 더 주변부로 밀려나는 추세이다. 순수예술과 대중예술을 구분하는 것 자체가 더 이상 의미 없다고 말하는 이들도 있다. 산업의 논리가 수반될 수밖에 없는 자본주의 법칙에 따라 문화예술, 특히 순수예술의 존재가 위태로워지는 것을 그대로 방치해야만 할까? 순수예술의 존속을 위한 국가적 보호를 요구하는 예술가들의 목소리를 대부분의 경제인들은 비판한다. 그들에 따르면 순수예술이 외부적 지원에 의해서만 존재할 때 그것은 의존적이고 나약한 활동으로 곡해될 위험이 있으며, 문화예술이 사회 속에서 존재하는 한 그것 또한 사회적 생산물이니만큼 경제성이 따져져야 옳다는 것이다.

돈을 주고 예술작품을 살 경우 우리가 진정으로 소유하게 되는 것은 무엇인가? 오늘날 우리가 예술에서 기대하는 것은 대부분 쾌감과 즐거움이다. 영화나 콘서트를 돈을 지불하고 관람할 때 우리는 그것이 우리로 하여금 잠시 동안 현실을 잊고 환상 속으로 도피할 수 있도록 도와주고, 내게 충분한 쾌감을 제공해 주리라 기대한다. 즉, 즐겁고 유쾌한 순간을 보내기 위해 우리는 돈을 지불하는 것이다. 그런데 쾌감은 결코 예술작품을 특징짓는 것이라고 말할 수 없다. 스포츠 관람이나 패션쇼를 통해서도 우리는 유사한 쾌감을 충분히 느낄 수 있기 때문이다. 예술의 생명은 자유와 창조정신이다. 즉, 관객의 기호를 참작하여 기존 틀에 맞춘 영화가 관객들을 즐겁게 한다면 새로운 영화방식을 도입한 실험영화는 세상을 새로운 방식으로 바라볼 수 있는 가능성을 제공한다. 만약 이러한 독창적인 시도 없이 단지 유흥과 관객의 만족만을 염두에 둔 작품이라면 그것은 일반적인 상품과 다를 바 없다. 예를 들어 거액이 오고가는 쇼비즈니스 방송을 예술이 아닌 상품으로 인지하는 것도 이런 맥락에서이다. 마케팅 조사에 의해 소비자의 기호에 맞춘 광고상품과 경제적 이익에 구애받지 않는 예술작품의 차이는, 전자는 상업적 이익을 목표로 하는 데 반해 후자는 외부적 상황과 상관없이 예술가의 본질적 내면세계를 표현하는 것을 목적으로 한다는 것이다. 우리가 여전히 예술을 선망하고 예술가를 존경하는 것은 바로 이 예술 본연의 무목적성과 순수성 때문이다.

예술작품은 사회적 지위를 나타내는 사치품인가?

우리가 예술작품에 부여하는 의미는 무엇인가? 예술작품은 우리에게 무엇을 가져다주는가? 영화나 음반 한 장 덕에 우리는 새로운 관점으로 세상을 고찰할 기회를 갖게 된다. 좋은 소설과 미술작품은 문화적 지식을 제공해 줘 풍요로운 내면을 가꾸게 해주기도 한다. 그리고 이러한 예술 경험과 지식은 좀더 교양 있는 모습으로 나를 비춰지게 함으로써 나의 문화적 신분을 결정짓기도 한다.

예술적 취향은 항상 상층계급의 상징, 즉 사회적 성공을 의미하는 지표로 간주되었다. 특히 산업사회에 이르러 종교가 상대적으로 쇠퇴함에 따라 예술은 점차 정신문화를 대표하게 된다. 오늘날 중요한 전시회나 공연은 과거 교회에서 볼 수 있었던 대운집 현상을 빚고 있으며 현대인들은 이러한 참여를 통해 자신의 신분과 지위를 과시하고자 한다. 중세와 르네상스 시대의 거부(巨富)들이 종교적 기관이나 예술가들을 재정적으로 지원하고 그런 행위를 통해 현세의 명예와 후세의 영광을 보장받았듯이 오늘날에도 예술 활성화를 위한 기업의 후원은 여전히 기업인들의 명예나 도덕적 이미지와 연관이 있다. 그러나 이러한 투자와 후원이 과연 정당한 것일까? 물론 예술가들의 현실을 고려할 때 이들의 후원은 결정적인 경제적 해결책일 수 있다. 그러나 예술작품에 대한 기본적인 이해나 관심도 없이 단지 자신의 이미지를 개선하기 위해 예술작품을 구입하는 것이 바람직한 행동인가라는 질문은 여전히 유효하다. 평소 예술작품을 전혀 접하지 않는 사람이 문화 애호가로서의 이미지를 남기고 자신이 물질만을 추구하는 인간이 아닌 정신적·윤리적 존재임을 알리기 위해 가난한 예술가를 후원하는 행동은 옳은 일인가? 예술작품을 구입하는 부자는 돈으로 영혼을 구할 수 있다는 환상에 빠지게 된다. 마르크스(K. Marx)가 1844년에 밝혔듯이 돈은 돈을 가진 자를 무엇으로도 변화시킬 수 있는 위력을 지니기 때문이다. "돈의 가치는 나의 가치이고 돈을 소유한 자로서의 나의 진정한 힘이다. …… 나는 못생겼지만 나는 가장 아름다운 여인을 살 수 있다. 나는 못생기지 않았다. 왜냐하면 추함이 가져오는 역겨움은 돈에 의해 소멸되기 때문이다. 내가 마비된 환자라 할 때에도 돈이 있다면 그것은 내게 24개의 발을 제공해 준다. 따라서 나는 마비환자가 아니다." 이런 논리에 따라 부자는 예술작품을 구입함으로써 스스로가 예술가가 된 듯한 착각에 빠지게 된다. 그러나 예술작품이 완성되기까지의 노력, 고통, 숙고, 감동마저도 구입할 수 있을까? 즉, 교환논리에 의해 돈으로 가격 매길 수 없는 것을 구입한다는 것은 환상에 불과한 것이 아닐까? 예술작품을 돈으로 사고 집에 보관한다 해서 그 예술작품 속에 들어 있는 고귀한 가치와 위대함마저 소유할 수는 없다. 돈으로 정신과 마음을 살 수 없다는 것은 자명한 사실이기 때문이다.

특정 공연이나 콘서트 자리의 가격이 매우 높을 때 우리는 로열석을 소유함으로써 부를 과시할 수 있다. 18세기 부르주아들은 연극과 오페라 공연장에 갈 때 사람들에게 잘 보이는 가장 비싼 자리를 예약함으로써 공연 관람을 그들의 재력을 보여줄 수 있는 기회로 삼았다. 이는 부르주아 전에 권력을 독차지했던 귀족들에게서도 발견할 수 있는 습관으로 그들은 특히 예술가들을 지원하는 것으로 그들의 고상함을 인정받고자 했다. 오늘날에도 거부들은 개인 박물관을 짓거나 예술가의 후원자 역할을 하면서 사업적 명성을 예술·문화 분야에까지 이어가고 있다. 그렇다면 왜 부자들은 자신들의 부를 상징하는 것으로 예술을 선택하는 것일까? 부자들은 그들이 획득한 돈보다 더 우수하고 귀족적인 것, 실용성이나 물질적인 것을 넘어서는 정신적인 가치가 예술 안에 존재한다고 믿고 있기 때문이 아닐까? 아무리 시대가 바뀌었다 해도 예술에 대한 동경은 변함없이 지속되고 있다. 예술의 무엇이 사람들로 하여금 그것을 갈망토록 하는 것일까?

예술과 자유

예술작품은 우리에게 감수성을 길러주고 세상과 인류에 대한 독특한 시각을 제공한다. 독특하다는 것은 일반적이지 않다는 것, 평이하지 않고 일상적이지 않다는 것을 말한다. 독특한 주관은 예술가의 강한 감수성, 작은 무엇도 놓치지 않는 예술가의 특성을 반영한 것으로 예술가는 예민한 감수성을 통해 남들이 보지 못하는 것을 보고 듣고 표현한다. 작곡가 바흐는 피아노의 음조 덕에 말로 형용할 수 없을 정도로 많은 감정의 변형을 표현할 수 있었고, 고흐는 현실의 모순을 색깔로 강렬하게 보여주었다. 시인 르네 샤르(René Char)는 언어로써 하늘과 땅, 영혼과 정신 사이에 놓인 인간 모순을 아름답게 표현했다. 베르그송은 "그림이건 조각이건 시이건 음악이건 예술은 실질적으로 유용한 기호, 관습적으로 사회적으로 받아들여진 일반성, 즉 현실 그 자체와 우리가 대면할 수 있도록 현실을 가리는 모든 것을 배제하는 것을 목적으로 한다"고 기술하기도 했다. 즉, 세상의 위선과 가면을 드러내고, 있는 그대로의 현실과 직면하여 진실된 고찰을 하는 것으로부터 예술은 시작된다. 그렇다면 이토록 특이하고 순수한 것을 돈으로 살 수 있을 것이라 생각하는 것은 얼토당토않은 사고가 아닐까? 예술은 사회적 규범을 벗어나는 것을 목적으로 하고 상품교환은 사회적인 규범을 대표하는 것이므로 이 둘은 결코 양립할 수 없다. 즉, 돈으로 예술가의 정신을 살 수 있다는 것은 예술의 근본 가치와 어긋나는 것이다. 사랑, 정의, 인간다움과 같이 재화와 교환의 논리를 뛰어넘는 것은 분명 존재하며 예술 역시 이런 상징적 가치에 속한다. 사회는 모든 것을 돈으로 살 수 있는 것처럼 말하지만 인간은 초월적 가치를 추구하는 존재이기에 물질적 교환논리만으로는 만족할 수 없다.

예술적 감수성은 우리를 자유롭게 하고 새로운 방식으로 세상을 보고 느낄 수 있게 도와준다. 그렇다면 세상을 바라보는 것 그 자체가 노력을 요구하는 창조적 행위라고 할 수 있다. 우리가 일상에서 보게 되는 모든 것은 획득된 습관에 의해 변형되어 있게 마련이다. "특히 영화와 광고, 잡지가 매일매일 이미 만들어진 다량의 이미지를 강제로 투여하는 현대에 있어 이 사실은 더욱 그러하다"는 앙리 마티스(Henri Matisse)의 주장은 현대사회에서 예술이 처한 어려움을 잘 보여준다. 선입견과 습관으로 가득 찬 현실에서 중요한 것은 예술작품을 소유하는 것이 아니라 그것으로 인해 스스로를 변형시키는 것, 즉 현실 속에서 더욱더 자유로워지는 것이다.

요컨대 상품의 교환논리에 의해 예술의 본질을 획득한다는 것은 불가능하다. 예술작품이 우리에게 제공하는 것은 소유와 상관없는 것이다. 예술작품은 존재하는 그 자체로 의미를 지닌다. 내가 좋아하는 그림이 내 것이 아니라고 해서 내가 그것을 덜 사랑하는 것은 아닌 것이다. 그리고 바로 이 점에서 예술작품은 그외 제품이나 물건과 성격을 분명히 달리한다. 더 나아가 예술작품은 관객이나 독자에게 특정한 태도를 취할 것을 요구한다. 아무리 작품이 훌륭하다 하여도 독자가 작품의 수준에 미치지 못하는 정신세계를 지녔을 경우 작품과 독자 간의 대화는 불가능하기 때문이다. 예술작품에 대해 관심을 갖고 점차적으로 그것들과 친숙해지는 것은 어떤 면에서 예술가가 되는 과정이라고 할 수 있다. 비록 창조적 활동보다 덜 강렬하고 덜 지속적이라 할지라도 독창성과 비효율성의 원리를 존중하는 예술작품의 감상은 그 자체로 예술가의 창작활동과 유사한 면을 띤다. 진정으로 예술작품을 사랑하기 위해선 그것을 소유하지 않고 그것에 자신의 마음과 정신을 조건 없이 주어야 한다. 그외 모든 것은 상품거래에 불과하다.

결론

예술가가 자신의 작품으로 생계를 유지할 수 있기를 바란다면 예술작품은 상품이 되는 것이 마땅하다고 주장해야 할 것이다. 그러나 모든 시대에 있어 예술가들은 사회 변방에 위치했고 경제적 어려움을 피할 수 있었던 예술가는 극소수였다. 후원을 받는 경우에도 종교, 정치, 경제 권력가들로부터 제재와 복종을 요구받는 등 그들은 수많은 갈등과 어려움을 경험해야 했다. 예술가들은 자신들의 생계를 위해 외부적 지원구조에 의지해야만 하기에 반복적인 고통에서 벗어나기 어렵다. 오늘날에도 예술가 개인에게 있어 자신의 작품이 상업화된다는 것은 행운일 수 있겠지만 예술작품의 상업화는 그 자체로 예술의 정신을 위배한다는 사실을 부인할 수는 없다.

중세의 예술이 종교적 속박에서 벗어나려 노력했듯이 현대의 예술도 보이지 않는 손이라 불리는 자본주의의 황금논리에서 벗어나 예술 고유의 특성을 유지하기 위해 노력해야 옳지 않을까? 예술가에게 가장 큰 비난은 여전히 상업예술가라는 비난일 것이다. 예술은 자유의 정신이며 정신은 누구도 돈으로 사거나 소유할 수 없는 고귀한 것이다. 따라서 예술작품에 따라오는 명성과 이미지를 살 수는 있다 하여도 예술작품 속에 녹아든 독창성과 심오함, 자유, 인류애 등은 누구에 의해서도 독점될 수 없다. 예술은 모든 사람이 보편적으로 공유할 수 있는 것인 동시에 아무에게도 소유될 수 없는 특수한 것이다. 따라서 우리는 예술작품을 소유하기보다는 그것을 사랑함으로써 좀더 예술을 닮은 모습으로 스스로를 변화시켜야 할 것이다.

바칼로레아의 질문들

- 불필요한 행위가 가치를 지닐 수 있는가? (1990)

더 생각해 봅시다 ❶

살 수 없는 것은 가치가 없는가? (1997)

우리는 우리가 지불하는 것과 상응하는 가치를 지녔다고 생각하는 물건을 구입하며 사물의 가치를 그 가격이 얼마인지에 따라 측정하는 경향이 있다. 이것은 모든 교환의 논리이기도 하다. 그럼에도 우리는 어떤 물건들은 가격을 매길 수 없다는 표현을 쓰곤 한다. 즉, 모든 상업적·교환적 가치를 넘어서는 어떤 특별한 것이 존재한다고 우리는 믿는다. 가령 루소는 《사회계약론》에서 어떤 민족이나 개인도 미치기 전엔 스스로를 팔 수 없다고 말했다. 윤리적 가치, 예를 들어 사랑, 우정, 믿음도 팔거나 살 수 없는 것들이다. 또한 구입 가능하다고는 하지만 진정한 예술가라면 물질적 조건에 현혹되어 자신의 작품의 성격을 결정하는 일은 없을 것이다. 경제적 이윤을 목적으로 하는 작품은 제품이지 예술작품일 수 없다. 돈이 결코 행복의 조건이 아니라는 것은 잘 알려진 사실이다. 돈은 가질수록 더욱 그것을 욕망하게 만들기 때문에 결코 인간을 행복하게 만들 수 없다. 소크라테스, 몽테뉴, 루소, 붓다, 칸트 등 수많은 사상가들도 행복하기 위해선 최소한의 물질만으로 충분하며, 진리와 자유의 추구가 우선이라고 강조했다. 돈으로 살 수 없는 것들에 대해 생각해 보자.

더 생각해 봅시다 ❷

예술은 사치인가?

사치란 화려함과 풍요의 동의어로 쓰인다. 따라서 "그것은 사치야"라고 말하는 것은 곧 그것이 불필요하고 피상적인 것임을 의미한다. 예술은 사치인가? 물론 기아나 육체적 위험 등에 위협받고 있는 자에게 예술은 부차적인 것일 수 있다. 그러나 그러한 극단적 상황의 예가 예술의 불필요성을 증명할 수는 없다. 프리모 레비(Primo Levi)는 《만약 인간이었다면》에서 나치 수용소에서 조금이라도 인간성을 유지할 수 있었던 것은 책을 읽었기 때문이라고 말했다. 만약 인간성을 고양시킬 수 있다면 예술적 사치는 영위해도 좋은 것이 아닐까? 이 문제는 사치 자체를 부정적인 것으로 부각시키지만 우리는 사치도 인간 문명에 필요하다고 반박할 수 있으며 노동을 넘어서는 작업도 가치가 있다고 주장할 수 있다. 경제적 조건과 상관없이 모두가 공유할 수 있는 예술에 대해 생각해 보자.

더 생각해 봅시다 ❸

예술은 오락에 불과한가?

오락을 즐긴다는 것은 진지한 것을 외면한 채 정신을 이완하기 위해 가벼운 즐거움을 추구하는 것을 말한다. 그리고 예술이 오락이라고 말하는 것은 곧 예술이 현실의 진지함과 심각성을 강조하기보다는 쾌락과 기쁨을 주는 것을 주목적으로 한다는 것을 의미한다. 예를 들어 연극이나 영화를 보러 갈 때 우리는 즐기기 위해 간다고 말하곤 한다. 그러나 과연 오락이 예술의 목적이 될 수 있을까? 물론 예술감상을 통해 현실의 문제를 잠시 잊고 상상의 세계로 빠질 수는 있다.

그러나 예술 걸작들이 증명하듯이 예술은 결코 가벼운 문제를 다루거나 현실을 외면하는 도피적 수단이 아니다. 예술의 주제는 대부분 죽음, 사랑, 사회, 인간 등 심각한 것들이며 우리가 예술이 문화와 인간성을 상징한다고 생각하는 것도 이 때문이다. 또한 예술이 현실이 아닌 환상의 세계를 그리고 있다 해도 그것은 현실외면이라기보다는 현실에 대한 새로운 접근, 새로운 이해를 의미한다. 예술은 일상적인 관계에서는 보이지 않는 진정한 삶의 모습을 상상력을 통해 보여준다. 즉, 예술은 진리의 문제와 관계하며 결코 오락으로 국한될 수 없다. 언제 예술이 오락으로 느껴졌는지 생각해 보고 오락과 예술의 차이점을 고찰해 보자.

더 생각해 봅시다 ❹

영화는 상품인가 예술인가?

영화는 예술인가 상품인가? 영화감상을 통해 아름다움에 대한 강렬한 느낌, 인생에 대한 고찰, 시적 문구에 따른 감흥을 느낄 수 있다는 점에서 영화는 분명 예술의 한 장르로 간주될 수 있다. 작가주의 영화에서 볼 수 있듯이 감독의 예술관과 미학도 충분히 영화 속에 반영될 수 있다. 그러나 스타시스템을 동반한 채 영화가 거대한 산업으로 성장하고 있는 현대사회에서 영화가 투자와 대중문화 산업 논리를 벗어나 순수한 예술로 남는다는 것은 매우 어려운 일임이 분명하다. 예술은 비생산적인 가치관을 지닌다. 그런데 영화는 상업영화이든 예술영화이든 제작하려면 상당한 인적·물적 자원을 필요로 한다. 글, 그림이나 음악처럼 간단한 차원의 예술이 아닌 다차원의 종합예술이기 때문에 제작과정이 복잡하며 제작팀에겐 상당한 경제적 책임감이 따른다. 영화는 상업과 예술 양면성을 띠고 있다고들 하지만 현실적으로 이 두 면의 화해는 쉽지 않은 것이 사실이다. 상업영화와 예술영화의 구분이 타당한지에 대해 논의해 보자.

02

선입견으로부터 벗어날 수 있는가?

Baccalauréat, 1991

나는 우리로 하여금 몇몇 사물에 대해 모르게 하는 것을 선입견이라 부르지 않고 우리 스스로를 모르게 하는 것을 선입견이라 부른다.
몽테스키외(Montesquieu, 프랑스 사상가)

다른 사람의 자유를 빼앗은 사람은 증오와 선입견, 좁은 심성의 노예가 된 자이다.
만델라(Nelson Mandela, 남아프리카공화국 대통령·흑인인권운동가)

이성과 판단은 천천히 오고 선입견은 대중 사이를 뛰어다닌다.
루소(Jean-Jacques Rousseau, 프랑스 사상가·소설가)

서론

우리는 일반적으로 우리의 믿음은 객관적으로 검증되어야 하며 검증받지 않은 주관적 판단은 가치가 없다고 생각한다. 이 주관적 판단의 대표적인 예가 선입견이다. 오래 전부터 철학자들은 선입견을 근거 없는 믿음으로 정의하고 이성적 판단을 거치지 않은 고정적인 편견에 빠지지 말 것을 권고했다. 그들에 따르면 선입견을 갖는 것은 사물의 외양에 유혹되어 기존의 생각에 수동적으로 동조하는 것과 같다. 후설(E. Husserl)은 "전통과 권위, 기성의 이론과 사고 등에 대한 일체의 선입견을 버리고 사상(事象) 그 자체로 돌아와 문제시되는 사항 그 자체를 있는 그대로 볼 수 있는 것"이 모든 지적 활동의 출발점이라고 주장했다. 그러나 과연 인간이 선입견에서 벗어날 수 있을까? 선입견은 우리가 일반적으로 생각하는 것처럼 그렇게 단순한 것이 아니다. 헤겔(G. W. F. Hegel)은 《법철학》에서 다음과 같이 말한다. "단적으로 말해 모든 개인은 그 시대의 아들이다. 어떤 철학이 자신의 현재 세계를 벗어날 수 있다고 생각하는 것은 마치 한 개인이 자신의 시대를 뛰어넘을 수 있으며, 로도스[1]를 뛰어

---

1) 고대 그리스에 잘난 척하는 육상선수가 있었다. 해외여행을 갔다 온 그는 로도스에 갔더니 올림픽 선수 뺨칠 정도의 실력이 나오더라고 자랑하면서 제 땅을 욕했다. 이때 사람들이 그에게 말했다. "Hic Rhodus, hic salta!(여기가 로도스다, 여기서 뛰어봐라!)" 이 라틴어 표현을 헤겔은 그의 《법철학》 서문에서 "여기에 장미꽃이 있다. 여기에서 춤추어라(Hier ist die Rose, hier tanze! = Here is the rose, dance here!)"라는 말로 변형하여 표현하고 있고, 이러한 변형 가운데 헤겔은 장밋빛 미래를 꿈꾸지만 말고 당장 실행에 옮기라는 메시지를 나타낸 것으로 유명하다.

넘을 수 있다고 말하는 것과 마찬가지로 우스꽝스러운 일이다." 실제로 어렸을 때는 물론, 성인이 되어서도 우리는 검증이나 비판과정을 거치지 않고 사람들이 전해 주는 수많은 믿음을 무의식적으로 받아들이고 있지 않은가? 대부분의 시간 동안 나는 특별한 비판정신 없이 수동적 믿음이나 습관에 따라 움직이고 생활한다. 만약 일상적인 삶 속에서 선입견을 제거하고 스스로 모든 것을 새로 정의, 비판, 결정해야 한다면 나는 과로한 지적 노동으로 인해 정상적인 삶을 영위하지 못할 수도 있다. 아무리 부정하려 해도 선입견은 우리의 삶과 긴밀한 관계를 맺고 있다. 그렇다면 선입견에 대해 어떤 태도를 취해야 하는가? 모든 선입견을 비판하고 거부해야 하는가? 혹 좋은 선입견이 있다면 그것은 무엇이고 어떤 특징을 지니는가?

선입견과 진리

선입견을 문자 그대로 해석하면 '앞서 판단하다'라는 뜻이다. 즉, 선입견이란 어떤 경험적 확신이나 이론적인 추론과정 없이 수동적으로 받아들인 견해(opinion)에 불과하다. 선입견은 역사적·사회적·종교적인 맥락에서 형성되며, 개인의 무의식으로 침투하는 특징을 지닌다. 예를 들어 이슬람 문화권에서 태어날 경우 나는 서구 기독교인들에 대해 안 좋은 선입견을 갖게 될 가능성이 크다. 만약 교양 있는 상류층 계급에서 태어난다면 나는 하층민들의 음악, 오락, 생활습관에 대해 부정적인 인식을 갖게 될 것이다. 이와 관련해서 마르크스는 "삶(사회·경제관계, 사회계층)이 의식을 규정한다"고 말한 바 있다.

이데올로기와 마찬가지로 선입견은 한 사회의 객관적 진리로 고정되는 경향이 있기 때문에 일단 정착되고 나면 그것이 오류라는 것을 알아차리기가 매우 어렵다. 고대나 중세 때 인종편견이나 성차별이 선입견이 아닌 진리로 받아들여졌다는 사실만 보아도 선입견에서 벗어나는 것이 얼마나 어려운 것인지를 잘 알 수 있다. 우리가 도덕적 양심이라 부르는 것도 결국 우리의 교육이 인위적으로 만든 결과물일 수 있다. 그러나 동시대에 살면서 시대정신을 비판한다는 것은 굉장히 어려운 일임이 분명하다. 선입견의 흡수력은 굉장히 강렬하기 때문에 사회구성원들은 선입견에 대해 무비판적이고 감정적인 애착을 나타내게 마련이다. 만약 선입견을 선입견이라고 말하는 자가 있다면 오히려 그가 사회적 비난을 받고 이상한 사람으로 취급될 위험이 있다.

플라톤(Platon)의 동굴의 비유에 등장하는 죄수들, 태양과 마주하길 거부하고 동굴 속에서 그림자에 매달려 사는 사람들의 어리석은 모습은 인간이 얼마나 선입견에 사로잡혀 있는 존재인지를 상징적으로 보여준다. 플라톤은 철학자의 소명은 동굴 밖으로 나가 태양을 보고 진리를 인식한 후 다시 동굴로 들어가 편견에 사로잡힌 죄수들에게 진리를 알리는 것이라고 생각했다. 그러나 바로 이러한 행동을 감행했기에 소크라테스(Socrates)는 "젊은이들을 타락시킨다"는 죄명으로 사형을 당하지 않았는가? 선입견은 일종의 운명처럼 개인이 피할 수 없는 것이 아닐까?

다이아나 블록(Diana Block)의 〈보이지 않는 힘〉, 1979.
"나는 우리로 하여금 몇몇 사물에 대해 모르게 하는 것을 선입견이라 부르지 않고 우리 스스로를 모르게 하는 것을 선입견이라 부른다." －몽테스키외

교육과 전통

아무리 선입견을 비판한다 해도 우리는 우리가 속한 사회적 환경이나 우리가 사용하는 언어에 의해 어느 정도 결정된 존재이다. 교육은 또 어떠한가? 아무리 부인한다 해도 우리가 받은 가정교육이나 학교교육은 우리 내부에서 선입견을 형성하고 있다. 즉, 선입견은 사회생활을 시작함과 동시에 형성된다. 선입견 속에는 초개인적인 전통의 힘이 발견되는데, 한 개인이 이 전통의 힘으로부터 벗어난다는 것은 그가 소유한 언어, 문화, 인간관계 등을 모두 포기하지 않는 한 불가능하다. 선입견 없이 스스로 생각한다는 것은 사실상 이상에 불과할지 모른다. 일상생활 속에서 우리는 끊임없이 선입견에 의해 사물과 사람을 평가한다. 출신지역, 외모, 학벌에 대한 호기심은 곧 선입견으로 전환된다. 뚱뚱한 사람은 게으르게 느껴지고 대학을 나오지 않은 사람은 어리석게 느껴지며 잘생긴 사람은 왠지 내면마저 아름다울 것이라고 생각하게 된다. "사람을 만날 때 우리는 그 사람이 어디 출신이며 어떤 사람인가 하는 선입견을 버리고 곧바로 신과 대화를 한다고 느껴야만 한다"고 에머슨(R. W. Emerson)[2]은 충고했지만 사람들이 외모나 조건에 집착하여 진정한 대화의 가능성을 놓치는 경우를 우리는 흔히 볼 수 있다.

좀더 객관적인 학문으로 간주되는 과학은 선입견에서 자유로울 것이라 생각할 수도 있으나 사실은 그렇지 않다. 사전에 실험결과를 예측하는 것, 혹은 어떻게 될 것이라고 믿는 바를 증명하기 위해 실험이나 관찰을 하는 것은 과학의 객관성에 위배되는 것처럼 보이지만 이러한 가정 없이 무조건적인 관찰과 실험을 행하는 것은 불가능하다. 과학자도 한 시대의 아들이므로 종교적·형이상학적 믿음에서 자유로울 수 없다. 또 가설이라는 역사적·사회적 선입견 없이 순수한 실험은 이루어질 수 없다는 것도 여러 이론을 통해 확인되었다. 진화론이나 빅뱅이론 등도 유력한 가설에 불과하다고 말할 수 있는 것은 그것 역시 특정 종교적·우주적 가치관을 근간으로 한 견해이기 때문이다. 뉴턴(I. Newton)의 운동법칙, 아인슈타인(A. Einstein)의 상대성이론, 하이젠베르크(W. K. Heisenberg)의 불확실성의 원리가 각 과학자들이 속한 사회의 시대정신과 일치하는 것만 보아도 과학이론과 한 시대의 지배이데올로기 사이에는 밀접한 관계가 있음을 알 수 있다. 과학적 지식이 그 시대의 산물이라는 주장은 토머스 쿤(Thomas S. Kuhn)의 패러다임(paradigme)[3] 이론에 잘 나타나 있다. 쿤에 따르면 한 시대의 패러다임에 의해 결정되는 과학적 지식은 자연에 있는 객관적인 사실이라기보다는 특정 시대의 전문집단이 공유하고 있는 지식체계에 불과하다. 요컨대 객관성

---

2) 에머슨(Ralph Waldo Emerson, 1803~1882) : 미국의 강연가·시인·수필가. 뉴잉글랜드의 초절주의(超絶主義, Transcendentalism. 모든 피조물은 본질상 하나이고, 인간은 본래 선하며, 가장 심오한 진리를 밝히는 데는 논리나 경험보다는 통찰력이 더 낫다는 믿음에 기초한 관념론 사상체계)를 주도한 대표적 인물이다. 에머슨은 18세기 합리주의의 막다른 골목에서 이상적인 철학을 개진했다. 그는 감각적 경험과 사실로 이루어진 물질적 세계를 초월하는 능력, 우주에 내재하는 영혼을 깨닫고 인간 자유의 잠재력을 의식할 수 있는 능력이 인간에게 있음을 주장했다.
3) 어떤 한 시대 사람들의 견해나 사고를 지배하고 있는 이론적 틀이나 개념의 집합체. 미국의 과학사학자이자 철학자인 토머스 쿤이 그의 저서 《과학혁명의 구조(*The Structure of Scientific Revolution*)》(1962)에서 처음 제시한 개념이다.

을 상징한다고 여겨졌던 과학이론마저도 선입견과 편견에서 자유로울 수 없으며 특정한 패러다임의 규제를 받는다는 사실은 선입견에서 벗어나는 것이 얼마나 어려운지를 다시 한번 증명해 준다.

친숙함에 현혹되다

"선입견으로 사람을 평가하지 말라!" "선입견을 버려라!" 수없이 들어온 이 문구들이 보여주듯이 어릴 때부터 우리는 선입견을 버려야 할 악덕으로 간주해 왔다. 그리고 진리는 선입견과 편견을 타파함으로써만이 획득할 수 있다고 믿었다. 그런데 이토록 선입견의 해악성을 잘 알고 있으면서도 왜 우리는 그토록 쉽게 선입견에 빠지게 되는 것일까? 프로이트(S. Freud)는 인간의 정신이 선입견을 쉽게 받아들이는 것은 인간의 신경이 낯선 것을 불편해하고 그에 대해 거부반응을 나타내기 때문이라고 설명한다. 프로이트의 주장대로 우리는 새롭고 독창적인 사고를 불편해하고 친숙한 선입견을 무의식적으로 선호하지 않는가? 선입견은 그것이 비록 오류라 할지라도 내게 안도감을 준다. 그것은 알코올중독자 아버지를 평생 미워한 여자아이가 무의식적인 친숙함에 이끌려 아버지와 유사한 사람을 배필로 결정하는 것과 같은 논리이다. 문제는 선입견을 갖고 있으면 그것이 눈을 가려 계속해서 보이던 것만 볼 수 있다는 것이다. 인간은 친근한 것을 진리로 오해하는 성향이 있으며 더 나아가 믿고 싶은 것을 믿는 경향이 강하다. 그것이 바로 선입견에서 벗어나는 것이 그토록 어려운 이유이다. 인간은 감정적인 판단에 더 쉽게 현혹되고 욕망이 이끄는 것을 옳은 것으로 착각하는 경향이 있으므로 논리적·이성적인 설명만으로 사람들을 설득하는 것은 매우 힘든 일이다. 역사를 뒤돌아볼 때 진리에 대한 선입견의 저항이 얼마나 강했는지는 수없이 목격되었다. 천동설의 경우 코페르니쿠스나 갈릴레이가 천동설의 거짓됨과 지동설의 타당성을 아무리 잘 설명하였다 하더라도 그것만으로 당대의 사람들에게 이해받기에는 역부족이었다. 요컨대 선입견과 진리의 문제에 있어 중요한 관건은 인식론적인 문제라기보다는 인간 심리와 연관된다고 볼 수 있다.

스스로 생각하기

선입견이 얼마나 유혹적이며 그것에서 벗어나는 것이 얼마나 어려운지를 충분히 인지하고 있었기에 철학자들은 더욱더 강력히 선입견을 비판했다. 철학자들의 소명이라 할 진리에 이르는 과정은 자기 자신과의 투쟁과 같다. 안다는 것은 이미 주어진 선입견에 반해서 안다는 것이기 때문이다. 이미 알고 있다고 생각되는 것을 의문시하는 것에서 진정한 앎이 형성된다. 그렇다면 철학의 비판정신과 선입견의 수동성은 상극을 이룬다고도 볼 수 있다.

    소크라테스는 이념적 권위를 인정치 않았다. 따라서 그는 대화에 들어가기에 앞서 자신의 대화자들이 어떤 특정한 교육을 받았는지를 살피고 그 영향에서 벗어날 것을 촉구했다. 예를 들어 소크라테스는 메논이란 대화자와 '덕이란 무엇인가'에 대해 토론할 때 메논이 그의 스승인 고르기아스(Gorgias)가 가르쳐준 덕의 정의를 그대로 사용하는 것을 보고 정의의 가치가 무엇인지를 메논 스스로 숙고하도록 유도한다. 소크라테스에 따르면 유명한 선생님의 이름이나 권위 있는 전통에 의거하여 자신이 직접 사유하지 않고도 알고 있다고 자만하는 것은 오류의 시작이다. 즉, 선입견은 자신이 안다고 생각하는 착각이자 무지일 뿐이다. 플라톤이 "히피아스(Hippias)"[4)]라고 명명한 대화록에서 소크라테스는 "내가 아는 유일한 것은 내가 모른다는 사실이다"라고 적고 있는데 이 문장은 사고하는 자의 기본 자세는 이미 알고 있는 지식과 확신으로부터 벗어나는 것임을 명시한다.

  중세의 획일적 사고관을 비판했던 계몽주의자들 역시 권위에의 복종이나 수동적 지식에서 벗어나 이성에 입각한 자유로운 지식을 추구할 것을 권유했다. 선입견의 배후에 있는 권위는 맹목적인 복종의 원천이었기에 자유를 옹호하는 계몽주의자들에게 있어 선입견은 더더욱 받아들일 수 없는 것이었다. 이런 태도는 자연과학의 발달에 단초를 제공했다. "아는 것이 힘이다"라는 명언을 남긴 베이컨(F. Bacon)은 우상·권위·전통으로 표현되는 선입견을 버려야 한다고 말했고, 계몽주의 철학자인 칸트도 "너 자신의 지성을 사용할 용기를 가져라"라고 말하면서 "선입견의 성벽을 벗어나서" 이성의 자율성을 확고히 할 것을 강조했다.

  그러나 여기서 우리는 선입견으로부터의 탈출이 가능한지 다시금 질문하게 된다. 선입견에 의해 그토록 많은 영향을 받았기 때문에 그리고 그 사실을 인지하고 있기 때문에 나의 지식과 믿음들 역

---

4) 플라톤의 소피스트들에 대한 비판이 전면에 내세워진 대화록.

시 의심할 수 있는 것이 아닐까? 인간 지식의 근원적 역사성을 강조하는 현대의 해석학은 선입견을 우리의 이해를 가능하게 하는 선조건으로 간주함으로써 선입견에 대한 부정적 인식을 극복하고자 했다. 부정할 수 없는 선입견에 대해 마이어(G. F. Meier)는 다음과 같이 말한다. "우리 인간은 선입견을 통해 얻은 모든 것, 그리고 어쩌면 오로지 선입견으로 인해 얻어온 모든 것을 버리지는 않는다. 왜냐하면 마치 우리가 한 악마를 추방하기 위해 다른 악마의 도움을 받는 것처럼, 낡은 선입견들을 쫓아내는 일은 실제로는 새로운 선입견을 통해서만 가능하기 때문이다."

대표적인 해석학자 가다머(H. G. Gadamer) 역시 도대체 선입견이 제거될 수 있는가에 대해 자문하면서 "역사가 우리에 속한 것이 아니라, 우리가 역사에 속하기" 때문에 인간은 어쩔 수 없이 역사적 사상의 흐름을 피할 수 없다고 피력한다. 한 개인의 선입견은 그의 선입견이라기보다는 유한하고 역사적인 인간의 실존적 존재양식이기 때문에 피할 수 없으며 그렇기 때문에 선입견에 대한 적극적인 평가가 필요하다는 것이다. 해석학자들에 따르면 역사적 흐름을 거치지 않은 즉흥적이면서도 절대적인 진리를 인간에게 기대한다는 것은 관념적 이상에 지나지 않는다. 가다머는 절대적 이성은 인간의 환상일 뿐이라고 설명한다. "절대적 이성이라는 이념은 역사적 인간에게는 불가능하다. 우리에게 이성은 진정 역사적인 것이다. 다시 말해 이성은 자기 자신의 주인이 아니라 자신이 관계하고 있는 것들에게 항상 의존한다."

선입견 없이 홀로 자주적으로 생각할 수 있다고 말하는 것은 타자 없이 혼자 존재할 수 있다고 말하는 것과 같다. 타자 없는 독자적 삶을 상상할 수 있는가? 타자의 생각은 나의 사고에 큰 영향을 미치기에 그들의 도움이 없다면 사고하는 것 자체가 불가능할 수도 있다. 스스로 생각한다는 것도 혼자 생각하는 것을 의미하지는 않는다. 혼자 독백을 할 때 자아는 질문하는 나와 대답하는 나, 혹은 이성적 나와 감성적 나 등으로 나누어지게 마련이다. 이처럼 타자는 모든 사고에 있어 본질적 존재이다. 진정한 사고는 대화이며 대화에 있어 타자의 사고와 나의 사고를 교환하는 것은 반드시 필요하다.

즉, 선입견 없이 스스로 사고한다는 것은 타인의 생각을 무조건적으로 거부하는 것이 아니라 그것을 비판적으로 고찰하는 것이다. 독서가 책에 대한 성찰로 이어져야 하듯이 타자의 생각과 선입견은 나의 비판적 수용을 통해 재정립되어야 한다. 말하자면 선입견은 피할 수 없는 것이고 내가 스스로 생각하기 위한 조건을 마련해 주기도 하므로 무조건적으로 선입견을 부정하기보다는 선입견을 비판적으로 고찰할 수 있는 법을 배우는 것이 중요하다.

선입견이 인간 실존이 처한 현실을 증명한다면 내가 선입견을 비판할 수 있다는 사실은 내가 단지 문화나 교육의 산물이 아닌 자유로운 존재라는 것을 증명한다. 선입견이 필연적인 운명이라면 개인적 신념을 포기하지 않고 스스로 생각하고자 하는 노력은 윤리적 당위에 속한다고 볼 수 있다. 즉, 현실적으로 선입견을 극복할 수는 없다 하여도 정신의 자유를 추구하고자 하는 노력은 존재론적 한계를 윤리적 당위로써 극복하고자 하는 긍정적인 인간성의 한 단면이라고 할 수 있다.

결론

모두가 선입견을 비판하고 선입견에서 자신은 자유롭다고 주장하지만, 실제로 자기 자신이 어떤 역사 속에 던져져 있으며 그로부터 어떤 영향과 제약을 받고 있는지를 냉정히 통찰할 수 있는 사람은 드물다. 자신이 무의식적으로 지니고 있는 선입견을 인지한다는 것은 부단히 자기 자신을 떠나 타자의 눈으로 자기 자신을 관찰하고 열린 마음을 지닐 때에야 가능하다.

　삶은 편견과 선입견으로 가득하며 인간은 누구나 자신이 살아온 삶의 방식에 따라 사물을 판단한다. 그러나 비록 선입견에서 벗어날 수는 없다 하여도 선입견에 함몰되어서는 안 되며 그것을 비판적으로 수용하는 법을 배우는 것이 모든 인간의 의무이다. 나의 의식과 무의식을 에워싸고 있는 선입견에서 벗어나는 것은 대단히 어려운 일임이 분명하다. 그러나 내가 선입견에 빠져 있다는 사실을 겸허히 인정하고 '과연 내가 믿고 있는 것이 정당한가?' 하는 질문을 스스로에게 던짐으로써만이 우리는 진리에 가까워질 수 있다.

바칼로레아의 질문들

- 좋은 선입견이란 존재하는가? (1995)
- 선입견에 대한 전쟁은 종결될 수 있을까? (1991)

더 생각해 봅시다 ❶

자신이 속한 시대정신을 벗어나 자유로운 생각을 하는 것이 가능한가?

동시대인과 다르게 생각한다는 것은 가능한가? 우리는 알게 모르게 우리가 속한 시대의 지배이데올로기로부터 영향을 받고 있다. 한 세기 전에 태어났더라면 남녀평등이나 신분제도에 대해 우리는 지금과 다른 사고를 지녔을 것이다. 이러한 사실은 결국 개인의 사고가 각 시대의 이론적 틀에 의해 결정된다는 것을 의미하는가? 이 경우 나의 자유는 완전히 부인되는 것일까? 시대정신을 벗어나 자유로운 사고를 하는 것은 과연 불가능할까? 천재들은 시대정신과 단절하는 과감성과 독창성을 보여주지 않았는가? 니체가 말했듯이 인간은 시의에 적절치 않을 수 있는 능력을 지닌 존재이다. 그렇다면 시대정신을 뛰어넘을 수 있는 능력이 존재하지 않는다고는 말할 수 없다. 시대정신을 앞서간다는 표현에 대해 생각해 보자. 갈릴레이나 고흐는 시대를 앞서갔기에 동시대에 인정을 받지 못한 것일까? 한편 자기 자신의 개성을 강조한다는 이유로 시대정신에 무조건 반대하는 것이 옳은지에 대해서도 생각해 보자. 지금 현대인들에게 가장 큰 영향을 미치는 주된 이데올로기는 무엇이며 그것에서 벗어날 수 있는 방법은 무엇인가?

더 생각해 봅시다 ❷

견해는 무조건 옳지 않은가?

일반적으로 견해(opinion)란 하나의 의견, 관점으로 정의된다. 토론이 있을 때 사람들은 각자의 견해를 제시하고 상대방의 견해와의 충돌과 타협을 통해 자신의 주장을 개진해 나간다. 즉, 견해란 개인이 세상을 보는 방식이며 본질적으로 상대적일 수밖에 없다. 그렇기 때문에 철학자들은 견해를 진리와 반대되는 것으로 이해한다. 그들에 따르면 절대적인 진리와 달리 견해란 확고한 객관적 근거를 보유하고 있지 못하다. 가령 《과학적 정신의 형성》이라는 책에서 바슐라르(G. Bachelard)는 "견해는 과학과 반대되며 항상 틀리다"라고 말했다. 바슐라르에 따르면 견해가 옳은 듯해 보이는 경우에도 그것은 겉모습에 불과할 뿐 견해는 어떤 근거도 지니고 있지 못하다. 그러나 견해를 무조건 틀린 것으로 간주하는 것은 옳은 행동일까? 가령 정치에서 견해를 배제한다는 것은 불가능하다. 특히 민주주의는 바로 견해에 근거하고 있기에 견해를 옳지 않다고 말하는 것은 결국 민주주의를 비판하는 것과 마찬가지이다.

실제로 플라톤은 민주주의 체제하에서는 견해와 욕망이 권력을 잡는다는 이유로 민주주의 자체를 거부했다. 그러나 도덕영역의 경우 이성에 기초한 확고한 진리기준이 부재한다 하더라도, "그것은 좋다" "그것은 좋지 않다" 등으로 표현되는 선에 대한 보편적 직감은 정의로운 행동을 이끌어내기에 충분하지 않을까? 지하철에 낀 아이를 구하기 위해 달려나가는 시민들의 행동은 어떤 이성적 추론도 전제로 하지 않지만 그 자체로 선하다. 그렇다면 정치나 윤리에 있어서도 시민들의 견해와 직감을 신임해야 하지 않을까?

오랫동안 철학자들은 다수의 견해가 근거 없는 믿음이나 선입견으로 발전할 것을 우려했다. 그렇지만 절대적인 진리가 부정된 현대사회에서 견해의 역할은 더욱더 중요해지고 있다. 우리가 믿을 수 있는 견해로는 무엇이 있는지 생각해 보자.

더 생각해 봅시다 ❸

첫인상에 대한 선입견에 대하여: 외모는 우리에게 아무것도 말해 주지 않는가?

대기업 인사담당자 중 다수가 지원자의 첫인상이 당락에 영향을 미친다고 밝혔다. 인상과 외모가 취업의 주요 변수로 등장하면서 성형수술을 하는 사람이 더욱 많아지고 있다. 우리는 모두 첫인상에 의해 속은 경험이 있으며 외모지상주의를 비판한다. 동시에 인상은 어느 정도 그 사람을 대변한다고 말한다. 이는 모순적인 태도가 아닐까? 첫인상을 신임해야 하는가? 아니면 선입견으로 간주하고 나의 직관과 본능적 판단을 의심해야 하는가?

03

우리는 왜 아름다움에 이끌리는가?

Baccalauréat, 2004

아름다움이란 행복에 대한 약속이다.
스탕달(Stendhal, 프랑스 소설가)

아름답다는 것은 모든 여분의 정화이다.
미켈란젤로(Buonarroti Michelangelo, 이탈리아 화가·조각가)

금발들을 위한 시대가 있었고 갈색머리를 위한 시대가 있었다. …… 유행 그 자체와 나라가 우리가 아름다움이라고 부르는 것을 자주 결정한다.
파스칼(Blaise Pascal, 프랑스 철학자)

서론

모든 사람은 아름다움에 이끌린다. 그러나 우리는 단 한 종류의 아름다움에만 이끌리는 것일까? 아름다움 앞에서 각자가 느끼는 만족감은 같은 성격의 것일까? 그 차이점이 어떠하건 간에 미에 대한 관심은 보편적인 것임이 분명하다. 그리고 바로 이 보편성에 관해 우리는 질문을 제기하고자 한다. 왜 인간은 모두 아름다움에 이끌리는 것일까?

미와 관련된 경험의 종류가 다양하기 때문에 아름다움을 정의한다는 것은 쉬운 일이 아니다. 미에 관해 이야기할 때 우리는 자주 노을과 자연의 아름다움, 혹은 미인이나 귀여운 동물의 얼굴을 떠올리게 된다. 레오나르도 다빈치의 〈모나리자〉나 고흐의 〈해바라기〉처럼 유명한 예술작품에 대해 언급하기도 한다. 아름다움을 상징하는 이 대상들 사이에는 공통점이 존재하는가? 미는 어떠한 만족을 인간에게 제공해 주는 것일까? 아름다움이란 단지 감각에만 연관된 것일까? 아니면 감각을 넘어 정신에까지 영향을 줄 수 있는 것일까? 만약 정신과도 관계한다면 정신의 어떤 면과 연관관계를 맺고 있기에 우리는 아름다움 앞에서 그토록 큰 만족감을 느끼는 것일까?

아름다움과 힘

미(美)와 추(醜)에 대한 감정은 예술활동에 선행하여 존재한다. 아름다운 그림이나 조각품들이 존재하기 전에, 특별한 예술적 지식을 갖추기 전에 인간은 이미 꽃, 하늘, 바다, 얼굴 등에 대한 아름다움을 경험한다. 그렇다면 이러한 자연적인 아름다움의 기준이 되는 것은 무엇인가? 우선 우리는 모든 사람들이 힘을 상징하는 젊음에 애착을 보이고 있음을 발견하게 된다. 사람들이 좋아하는 생물체는 젊음, 건강, 생기라는 공통점을 지니고 있는 데 반해 약함, 병, 늙음은 죽음을 상징하므로 사람들에게 거부감과 혐오감을 불러일으킨다. 우리가 순수함, 순결함에 이끌리는 것도 바로 이 생명의 논리에 의해서이다. 현실에 의해 더럽혀지지 않았다고 생각되는 대상은 인간에게 완전성으로 다가오며 그 앞에서 인간은 아름다움을 경험하게 된다. 또 자연계의 아름다움은 생물의 힘, 기능, 그 적합성과 연관된다. 더 넓은 바다가 더 아름답고 더 푸른 하늘이 더 아름답고 더 세찬 폭풍우가 더 아름답다. 마찬가지로 사자다운 사자, 토끼다운 토끼를 우리는 아름답다고 칭한다. 만약 토끼가 사자의 용맹성을 지녔다면 우리는 그것을 특이하다고 생각할 수는 있어도 아름다움을 느끼지는 못할 것이다. 경마용 말이라면 가장 유연한 몸과 강건한 다리를 지닌, 즉 가장 빨리 달릴 수 있는 말이 사람들의 감탄을 불러일으킬 것이다. 어떤 의미에서 본다면 미란 세상 만물이 자신에게 부여된 속성을 최대한 발휘할 때, 그리하여 우주의 질서에 부합하는 역량을 과시할 때 발산되는 것이라고도 볼 수 있다. 그리고 이 점에 있어 미는 존재론적 의미를 띠게 된다. 인간에게 가장 소중한 것이 생명이듯이 어떤 대상이 우주의 질서에 순응하여 자신의 본질적 의무라 할 생명력을 극대화할 때 우리는 그것에서 아름다움을 느끼게 된다. 이런 관점에서 랄로(C. Lalo)는 "아름다움은 힘"이라고 정의했다.

미와 조화

미를 평가하는 또 하나의 중요한 기준은 조화와 균형이다. 특히 고대에 이 원리는 매우 중시되었다. 플라톤은 미는 초감각적 존재이며 균형, 절도, 조화 등이 미의 원리라고 보았다. 그는 "적당한 척도와 비례를 유지하는 대상은 항상 아름답다"고 주장했고, "적당한 척도가 결여되면 추하다"고 말하기도 했다. 조화와 균형이 중시되는 미에는 수학적 개념이 내포되어 있다. 고대 그리스의 수학자 피타고라스(Pythagoras)는 "질서와 비례는 아름다운 것이고 적합한 것"이며, "수 때문에 모든 사물은 아름답게 보인다"고 기술했다. 중세의 토마스 아퀴나스(Thomas Aquinas) 역시 "미는 완전성과 조화를 갖춘 사물이 거기에 간직된 형상의 빛남을 통해서 인식될 때 비로소 기쁨을 자아낸다"고 말한 바 있다. 미는 곧 조화와 비례라는 사고는 아주 오랫동안 이론과 실천을 통하여 서구인들을 지배해 왔고 근대에 이르기까지 이 같은 사고에 영향을 받지 않은 이론은 거의 없다. 음악에서는 음률의 조화, 화음 등이 중시됐고, 건축이나 조각 또는 회화에서는 비례가 중시됐다. 지금도 조화와 균형은 미인을 판단하는 기준으로 간주된다. 균형과 조화가 아름다움의 조건으로 느껴지는 것은 아름다움은 곧 생명, 힘이라는 논리와도 연관된다. 일반적으로 균형은 생존에 있어 유리한 조건이다. 조화와 규칙성, 일정한 비율은 혼돈을 두려워하는 인간에게 평화를 상징하며 안도감을 안겨준다. 즉, 조화의 아름다움은 우주의 질서와 영원의 상징으로 인간을 매혹한다.

한편 다양한 것을 총체적으로 종합할 수 있는 유기적 성격도 한

산드로 보티첼리(Sandro Botticelli)의 〈비너스의 탄생〉, 1487.
이탈리아의 르네상스 시대 화가 보티첼리의 대표적인 작품. 사랑과 미의 여신인 비너스는 푸른 바다 거품으로부터 태어나 진주조개를 타고 바다 위에 서 있다. 수줍어하고 있는 비너스의 신체는 10등신이며, 모델은 당시 피렌체에서 최고의 미인으로 꼽던 시모네타로 전해지고 있다.

사물을 아름답게 보일 수 있게 한다. 칸트에 따르면 다양한 요소가 유기적으로 결합되어 그 나름의 자율적 총체성을 지닐 때 사물 혹은 자연은 아름다움을 자아낸다. 대자연의 조화 앞에서 우리가 느끼는 경탄과 감동도 다양성을 종합할 수 있는 자연의 역량과 연관된 것이라고 볼 수 있다. 자연에서 발견되는 조화미는 고전예술 작품에 잘 반영되어 있다. 고전예술은 시의 운율규칙, 미술의 황금률, 음악의 화성 등을 통해 이러한 통일성과 종합성의 미를 잘 보여주었다. 또한 양극성의 체험과 양극의 갈등을 뛰어넘는 초월적 미에 대한 최종적 지향 역시 조화와 통일성에 근거한 그들의 예술관을 보여준다. 고전주의 예술가들에게 있어 미란 '전체와 부분의 조화', '형식과 내용의 이상적인 결합', '육체와 정신의 조화'를 의미했기에 그들은 적절한 통제와 자제, 이상적인 아름다움에 대한 통찰력, 섬세한 기교 등을 통해 미의 이상을 실현하고자 했다.

미적 기준의 변화

그러나 균형과 조화를 중시하는 고전적 미의 이론은 낭만주의 운동과 경험주의 철학의 등장과 함께 추방되었다. 낭만파 예술가들은 미를 안정성보다는 생동성, 즉 규칙성의 결여, 박진감, 충만성으로 이해했다. 그들은 고대인들이 추구한 조화의 이상을 버리고, 내면적 부조화 속에서 자아의 열광에 의해 새로운 예술미가 창조된다고 생각했다. 19세기 이후의 예술사를 살펴보면 우리는 예술가들이 기존의 형식적 규칙을 따르는 것을 비판했으며 새로운 형식을 찾아 독창적인 미를 창조하려고 노력했음을 볼 수 있다. 특히 현대예술에 있어 형식과 조화에 대한 강조는 더 이상 유효하지 않다. 보들레르는 "미는 항상 이상하다"고 말하지 않았던가? 오늘날 수많은 예술가들은 규범이나 형식에 얽매이지 않는 혼돈과 불균형의 미학을 실현하고 있다. 이 같은 미적 기준의 전환을 어떻게 이해해야 할까? 우선 19세기 이후의 사상과 가치관이 우주를 구성하는 아폴론적 논리(질서, 조화, 이성)와 디오니소스적 논리(혼란, 역동성, 욕망) 중 후자에 의해 더 많은 영향을 받음으로써 미적 관점 역시 전환된 것으로 파악할 수 있다. 그러나 이것이 앞에서 밝힌 힘의 논리에 어긋나는 것은 아니다. 조화나 질서에 의해 안전이 보장된다면 자유에 의해 생명은 보다 더 높은 생산력을 지니게 된다. 현대예술은 에너지의 억제를 강요하는 모든 틀, 규범을 거부하며 파괴나 추함마저도 추구하는 등 새로운 양태의 미를 선보이고 있다.

미학자 미켈 뒤프렌(Mikel Dufrenne)은 시대를 통해 미의 개념은 끊임없이 변하기 때문에 미의 개념을 정의하는 것은 불필요할 뿐 아니라 아마도 위험한 것이라고 지적한다. 과연 미는 단 하나인가, 혹은 여러 개인가? 어떤 대상이 아름답다고 하는 나의 개인적인 판단이 있을 때 다른 사람의 동의를 요구할 권리가 내게 있는가? 칸트는 실제로 그렇지 않다 하더라도 '이것은 아름답다'라는 말은 얼마간 다른 사람의 동의를 구하는 것이라고 설명한다. '이것은 아름답다'라는 판단은 다른 사람들도 그 대상을 아름답다고 보아야 한다는 보편성을 함축한다는 것이다. 이처럼 칸트는 감성적 현상으로서의 미의식의 기초를 선험적인 데 두었지만 그가 실제로 관심을 가진 미적 대상은 자신이 살았던 유럽의 것에 국한된다. 우리는 대부분 자기가 살고 있는 시대, 지역이 제공하는 미의 기준을 보편적인 것으로 파악한다. 그러나 다른 시대, 다른 지역, 다른 사회계층에 속한 사람들의 미적 취향을 연구하면서 미에 대한 정의가 얼마나 다양하고 복잡한 것인지를 실감하게 된다.

예를 들어 인간의 신체에 대한 평가를 살펴볼 때 그 미적 기준이 시대에 따라 얼마나 다른지 우리는 쉽게 알 수 있다. 이러한 사실은 미에 대한 평가가 그것을 평가하는 사람의 문화적 맥락과 연관이 있다는 것을 의미한다. 아름다움으로 상징되는 그리스적 코가 보편적 미의 상징이라고 말하거나, 아마존 부족들의 문신이 덜 아름답다고 주장할 수 있는 기준은 없다. 성을 묘사한 그림 앞에서 중세의 신부가 느끼는 것과 현대인이 느끼는 것도 결코 동일할 수 없다. 즉, 아름다움에 대한 판단은 문화적·주관적인 것이라 할 수 있다. 아름다움에 대한 판단은 개인 각자의 취미와 관계가 있고, 시대나 문명에 따라서 달라진다. 낭만주의 작가들이 찬양했던 인적이 없는 깊은 숲은 고전주의 작가인 세비녜 부인(Marquise de Sévigné)에게는 "무서운 고독"일 뿐이다.

작품에 대한 평가는 우리가 속한 문화적 상황뿐 아니라 우리의 주관에 의해서도 큰 영향을 받는다. 흄(D. Hume)은 "미는 사물 그 자체의 성질이 아니다. 미는 오로지 사물을 응시하는 사람의 머릿속에만 존재할 뿐이며, 모든 정신은 미를 서로 다르게 지각한다"라는 정의를 통해 어떤 대상을 아름답게 만드는 것은 사물 자체가 아니라 그 사물에 대한 인간의 욕망이라고 강조한 바 있다. 실제로 우리는 대부분 각자의 기호와 취향에 따라 자신이 좋아하는 작품을 선택하고 거기서 기쁨을 느낀다. 그렇다면 우리가 동일한 예술작품 앞에서 다양한 감정을 느낄 수 있다는 사실은 지극히 자연스러운 것이라고 볼 수 있다.

예술작품에 대한 개인의 판단은 그가 속한 문화에 의해서도 특징지어진다. 한 개인의 사회문화적 위치와 그의 예술적 취향 사이에는 밀접한 상관관계가 있음을 부르디외(P. Bourdieu)는 《구별짓기》란 책에서 상세히 설명한다. 부르디외의 설명에 따르면 엘리트들이 아름답다고 느끼는 추상미술이 농부들에겐 이해할 수 없는 물건으로 여겨질 수 있다. 반대로 노동자들이 좋아하는 음악을 엘리트들은 천박한 것으로 평가할 수 있다. 여기서 우리가 주시할 것은 미적 관점도 권력의 논리와 연관관계를 맺고 있다는 사실이다. 엘리트들이 좋아하는 〈피아노 평균율〉, 〈푸가의 기법〉은 자신들이 속한 세계를 다른 계급과 구분해 주는 기준이 되고 노동자들이 아름답다고 평가하는 연속극의 스타는 그들이 꿈꾸는 이상을 상징한다. 이처럼 엘리트들과 노동자들이 아름답다고 평가하는 대상은 다르지만 분명한 것은 그 대상들이 모두 힘과 권력을 상징한다는 것이다. 오늘날 서구여성의 미가 보편적 미로 각광받고 찢어진 청바지를 입은 근육질의 배우가 흠모의 대상이 되는 것은 그런 문화를 주도한 사회가 현실적인 권력을 쥐고 있기 때문이다. 아름다움은 권력을 중심으로 움직인다. 다시 말해 시대에 따라 미적 관점은 변하며, 그 변화의 중심에는 항상 힘과 권력이 있다.

그렇다면 주관적인 평가를 보편적인 것으로 승화시킬 수 있는 기준은 존재하지 않는가? 아무리 미적 평가가 상대적이라고 해도 모나리자가 아름답다고 내가 말할 때 나는 암시적으로 다른 이들도 그렇게 평가할 것임을 기대하고 있는 것이 아닐까? 우리 모두는 자신이 좋아하는 예술작품이 보편적으로 인정받을 가치가 있다고 주장한다. 그러나 내가 피카소의 그림을 아름답다고 생각하는 데 반해 내 이웃은 그것을 어린애 장난 같은 것으로 평가할 수 있다. 반대로 내게 전혀 매력이 없게 느껴지는 작품을 그는 훌륭한 것으로 평가하고 거실에 장식할 수도 있다.

  이처럼 단지 자신의 취향에만 익숙한 사람은 새로운 예술적 시도를 모두 이상한 것으로 간주하게 될 것이다. 그러나 아름다움에 대한 깊은 감수성은 미를 넓고 여유로운 시선으로 받아들이는 사람에게서 발견된다. 예상치 못했던 것에 대한 열린 마음은 아름다움에 대한 우리의 지평을 넓혀준다. 독창적인 예술작품은 항상 기존의 미 개념을 의문시하는 데서 탄생하였다. 즉, 도전정신과 아름다움에 대한 다채로운 경험을 한 사람일수록 아름다움에 대한 강한 감수성을 지닐 수 있다. 역사적·문화적으로 다양한 예술작품을 경험함으로써 더 많은 종류의 아름다움에 이끌릴수록 인간은 더욱 자유로워진다. 미란 객관화된 주관성이자 주관적 보편성으로, 다양한 미적 표현의 수용을 통해 주체와 객체는 화해할 수 있다.

아름다움과 무목적성

우리는 감수성을 통해 세상과 대화를 한다. 그 세상은 추한 것일 수도 아름다운 것일 수도 있으며, 우리와 세상의 관계는 아주 즉각적인 욕망의 관계일 수도 고차원적인 미적 관조일 수도 있다. 그러나 감수성이 없다면 우리는 세상을 느끼거나 그것과 관계를 맺을 수 없을 것이다. 헤겔은 예술작품이란 욕망과 상관없는 것임을 강조했다. 욕망에 의해 주체는 객체를 완전히 소유하는 데 반해 미적 관계에 있어 주체는 작품을 객체로 소유하지 않고 작품의 고유성과 특수성을 그 자체로 인정한다. 그리고 바로 이 비물질적인 관계 속에서 정신적 만족감이 발생하게 된다. 즉, 아름다움에 끌리는 것은 우선 감각적으로 그것을 받아들이는 것을 의미하지만 그것은 첫 번째 단계에 불과하다. 쾌적한 것은 신체의 반응과 관련되는 데 반해 미적인 판단은 사물의 존재에 의해 동요되면 안 된다. 쾌적한 것은 신체적인 감관(感官)에 만족을 주는 것이다. 맛있는 음식을 먹을 때, 입과 코가 만족할 때, 이는 쾌적한 것이 된다. 또 바닷가에서 바람이 불어 시원함을 느낄 때 우리는 쾌적하다고 말한다. 그러나 본질적 의미에서의 아름다움은 이와 다르다. 꽃을 보고서 그 향기에 취해 꽃을 찬양하는 것은 그 아름다움을 보고서 찬양하는 것과 구분되어야 한다.

칸트는 두 종류의 미를 구분했다. 자연(꽃이나 말 등)이나 특수한 목적이나 필요성에 의해 만들어진 것(성당 등)에서 발견되는 동의적·점착적 미가 그 하나이고, 다른 하나는 목적이나 필요성을 지니지 않는 대상 앞에서 체험하는 자유로운 미이다. 이중 사물이 주는 만족감이 실제적 이득과 무관한 데서 발생하는 자유로운 미는 예술작품을 특징짓는다. 예술작품을 감상할 때 우리는 '감탄'이란 감정에 휩싸이게 된다. 아름다운 음악이나 멋진 그림을 감상할 때 우리는 그것이 우리로 하여금 일상적 범주에서 벗어나게 하는 듯한 초월적 느낌을 갖게 된다. 예술작품을 감상할 때 우리는 그것의 효율성을 따지지 않고 완전히 미적인 측면에서 그 가치를 평가한다. 현대 미술평론가들에 의해 각광받는 신석기 시대의 작은 항아리의 경우 평론가들은 그것이 당시 어떤 용도로 사용되었는지조차 알 수 없겠지만 그렇다고 해서 항아리의 미적 가치가 줄어드는 것은 아니다.

이처럼 '미를 위한 미'는 이 세상에 필요성의 논리를 넘어서는 영역이 존재함을 일깨워준다. 본질적 의미에서의 아름다움은 불필요한 것, 아무것에도 소용이 없는 것이다. 말하자면 생존을 위한 일차적 필요와 연관이 없는 것에서 우리는 아름다움을 느끼게 된다. 태풍을 만난 고대의 뱃사람이 바다를 아름답다고 생각할 수 있었겠는가? 그는 하늘의 별을 보고 시를 읊기보다는 방향을 찾으려 했을 것이다. 귀족들에게 심미적 감흥을 불러일으키는 드넓은 논과 밭도 고대 노예에겐 감당해야 할 노역을 의미할 뿐이다. 내가 어떤 사물로부터 특정한 결과를 얻으려고 한다면 나는 그것을 제대로 관찰할 여유가 없다. 기근을 걱정하는 농부는 땅의 색깔, 벌레의 모양, 아름다움에 관심을 가질 여유가 없을 것이다. 즉, 생존의 위협에서 벗어나 대상의 실용적 가치에 무관심해졌을 때에 비로소 우리는 아름다움에 눈뜰 수 있다. 칸트에 의하면 한 사물이 아름답게 보이려면 그 사물이 주는 만족감이 실질적 이득과 무관한 것이어야 한다. 말하자면 인간이 단지 물질적인 존재가 아님을 증명하는 것이 바로 미에 대한 감수성이다. 이러한 감정은 인간에게만 가능하다. 인간만이 현실적 효용성의 논리를 떠나 미적인 판단을 할 수도 아름다움에 이끌릴 수도 있다는 사실은 미적 판단이 고유한 인간성의 영역임을 보여준다.

숭고미

한편 평화, 안정감, 만족 등의 감정을 제공하는 미와 달리 충격, 불쾌, 공포 등을 안겨주는 숭고미에 대해서도 생각해 볼 수 있다. 칸트는 숭고미와 일반적 아름다움을 다음과 같이 구분한다. "엄청 큰 나무나 성스러운 숲 속의 외로운 그늘은 숭고하며 꽃이나 자그마한 울타리, 또는 목각인형 등은 아름답다. 밤은 숭고하며 낮은 아름답다. 숭고한 느낌의 감정상태는 한여름 밤의 조용한 정적을 통해, 만약 밤의 푸르른 그늘을 통해 별들의 떨리는 빛이 나타나거나 또는 시야에 외로운 달이 떠 있다면, 점차 높은 감정의 수준으로 이끌어진다. 우정에 의해서나, 이 세상에 대한 멸시 내지는 영원성에 의해서 말이다. 눈부신 낮은 분주한 열망이나 흥미로운 느낌을 선사한다. 숭고함은 감동시키고 아름다움은 자극한다. 숭고한 느낌 속에 푹 빠져 있는 사람의 행동거지는 진지하고, 때론 놀라움에 굳어 있다. 반면 아름다움의 생생한 느낌은 반짝이는 명랑성을 띤 눈을 통해서, 웃음 짓는 모습이나 때론 떠들썩한 장난스러움을 통해 나타난다."

이 예문에서 볼 수 있듯이 숭고미란 일상생활에서 벗어나거나 정상의 한계를 초월한, 크고 웅장한 것을 추구하는 과정에서 발생하는 감정이다. 일반적으로 미가 안정감과 평화를 선사한다면, 숭고는 경이, 당혹, 공포를 안겨준다. 숭고미는 대상을 완전히 이해할 수 없을 때 유발되는 위압감을 내포하고 경건하고 엄숙한 분위기를 자아내며 고고한 정신적 미의식을 경험하게 해준다. 숭고미는 창조주의 권능이 신앙인을 융합, 압도함으로써 나타나는 미의식이다. 때문에 숭고함을 느끼게 하는 대상은 우리 자신을 초라하게 만들 수도 있다. 그러나 우리의 이성능력이 발동되어 자연보다 도덕적인 우리 자신이 더 위대하다는 것을 느낌으로써 우리는 숭고한 존재로 격상된다. 우리가 숭고의 체험 속에서 느끼는 심미적 감동은 현상적으로는 대상에 관한 것이지만 본질적으로는 인간의 이성, 우리 자신이다. "우리가 대상에 대해 느끼는 존경과 전율은 실상 우리의 이성 자신에 대한 것이다. …… 그리하여 자연 속에서 느끼는 숭고의 감정은 우리 자신의 사명에 대한 존경심이다. 우리는 다만 우리의 주관 속의 인간성의 이념에 대해 표시해야 할 존경심을 대상에 대한 것으로 뒤바꾸는 일종의 치환(subreption)을 통하여 자연의 객체에다 존경심을 표시할 뿐인 것이다."

칸트의 숭고미에 관한 논지를 따른다면 우리가 아름다움을 느끼는 대상은 인간 외부에만 존재하는 것이 아니라 인간의 내부에 이미 존재한다고 볼 수 있다. 아무리 아름다운 대상이 눈앞에 있더라도 그것을 미적 존재로 승화시킬 수 없다면 아무 의미가 없다. 인간은 인간인 것에 만족하지 않고 인간 이상의 위대한 자, 보다 위대하고 높은 것을 꿈꾸는데 이러한 초월적 감정을 우리는 숭고미를 통해 경험하게 된다. 요컨대 숭고미가 주는 정신적 고양감은 현실적·기계론적 논리로는 설명할 수 없으며 인간이란 존재에 대한 경외감을 느끼게 한다.

아름다움은 정신적 선을 증명한다

숭고라는 미적 감정이 외부세계에 대한 도덕적 자질과 연관되어 있음을 우리는 살펴보았다. 좀더 본질적인 의미에서 미와 선은 어떤 관계를 맺고 있을까? 미는 원래 진, 선, 미의 연관관계에서 고찰되었으며 인간이 추구해야 할 중요한 가치로 여겨져 왔다. 칸트는 아름다움이란 선을 상징하며 아름다움과 도덕성 사이엔 완벽한 유사성이 존재한다고 주장했다. 그에 따르면 우리가 아름다움에 이끌린다는 것은 우리의 도덕적 의식이 활기 있게 작용한다는 것과 같은 것이다. 플라톤은 미(칼로스, kalos)와 선(아가톤, agathon)이 하나가 된 상태로서 칼로카가티아(kalokagathia, 아름답고 선한 것)라는 이상을 내세웠다.

나이젤 발리(Nigel Barley)는 미를 악과 연관시키는 것은 매우 어렵다고 말했다. 실제로 하얀 도화지를 앞에 둔 화가의 눈에서 악을 찾아보기란 힘들다. 아름다움은 그 자체로 정화의 작용을 하며 인간의 정서를 고양시킨다. 바로 이 점에서 예술은 예술 그 자체로서만 존재하는 것이 아니라, 인간의 삶과 깊은 관련을 맺는다. 예술은 우리의 정서를 순화시키고 이상과 자유를 추구하게 한다. 그렇다면 예술작품의 아름다움은 정신적 삶과 선에 대한 증명이라고 말할 수 있다.

결론

시대와 공간을 초월하는 미의 이상은 무한한 생명력에서 발견된다. 형식의 문제를 떠나 우리가 아름답다고 간주하는 것에서 보편적으로 발견되는 것은 힘과 창조라는 생명력이다. 창조적 생명력은 자유로운 정신이다. 넓은 바다나 파란 하늘을 보고 경외감을 느끼듯 우리는 현실적 구속을 뛰어넘는 자연이나 예술작품 앞에서 자유로움에 감탄과 희열을 느끼게 되며 그것을 아름답다고 말한다. 그렇다면 아름다움을 볼 수 있는 눈을 기르는 것은 이익, 효율성, 생존경쟁에 기초한 세상의 논리를 넘어 도덕적 영혼을 기르는 작업이 될 것이다. 또 다양한 아름다움에 이끌릴 수 있다는 것은 그만큼 자유롭다는 것을 의미하므로 여러 세기의 문화와 예술작품을 폭넓게 감상할 필요가 있다.

인간만이 아름다움에 이끌릴 수 있다. 또한 어떤 것이 다른 것보다 더 아름답다고 결정할 수 있는 자도 인간뿐이다. 즉, 아름다움에 대한 모든 감수성은 인간성을 증명한다. 우리를 매혹시키는 아름다움들은 인간이 세상에 정신적 고유함으로 존재한다는 것을 재확인시켜 준다. 진, 선, 미는 밀접하게 연관되어 있으며 아름다움 속에서 인간은 자유롭고 무한한 생명력을 경험한다.

바칼로레아의 질문들

- 아름다운 사물은 모두 예술작품인가? (1993)
- 아름다움에 무관심할 수 있는가? (1998)
- 예술작품의 관조라는 표현은 미적 기쁨 앞에서 우리가 수동적임을 의미하는가? (1991)

• 아름다움은 예술적 창조의 참다운 목적인가?

더 생각해 봅시다 ❶

아름다움은 대상 안에 있는가? 아니면 그 대상을 아름답다고 생각하는 사람의 시야 안에 있는가?

내가 예술작품 속에서 느끼는 것은 나와 상관없이 독자적으로 존재하는 현실이 아니다. 아름다움이란 과학적으로 분석하여 보여줄 수 있는 것이 아니라 나와 그 대상과의 관계에서만 설명될 수 있다. 즉, 아름다움 안에서 내가 지각하는 것은 나와 작품 사이의 균형, 합일에 의해서만 가능하다고 볼 수 있다. 한 예술작품에 대해 감탄할 때 나는 거의 나 자신에 대해 감탄하고 있는 것과 같다. 시인의 감수성을 가져야 시의 의미를 제대로 이해할 수 있듯이 예술작품의 의미는 그것을 바라보는 사람과의 대화를 요구한다. 우리가 음식을 먹을 때 느끼는 쾌감과 아름다운 예술작품을 바라볼 때 느끼는 기쁨은 그 성격을 달리한다. 전자의 경우 우리는 대상을 소비의 대상으로 바라보지만, 예술작품을 대할 때 우리는 이해타산과 모든 효율성의 논리를 떠나 순수한 마음으로 접근한다. 예술작품을 감상할 때 우리가 느끼는 기쁨은 단순한 감각적 쾌락이 아니라 보편성을 지향하는 감정이며 나의 모든 감성과 실존을 함축한다. 그런 의미에서 베르그송은 예술작품이 우리로 하여금 세상을 달리 볼 수 있게 해준다고 말했다.

더 생각해 봅시다 ❷

예술은 추함에 관심을 기울여야 하는가? (1999)

일반적으로 우리는 예술을 특징짓는 것이 아름다움이라고 생각한다. 그러나 예술이 아름다움과 관계한다고 말하는 것은 또 다른 질문, 과연 아름다움이란 무엇인가 하는 질문을 낳게 한다. "추는 미가 존재할 때에만 존재하는데, 이는 미가 추의 긍정적인 측면을 구성하고 있기 때문이다. 만약 미가 없다면 추는 절대 존재할 수 없을 것이다"라고 칼 로젠크란츠(Karl Rosenkranz)는 《추의 미학》에서 설명했다. 이처럼 전통적인 예술철학에 의하면 미는 항상 선과 절대적인 것을, 추함은 악과 상대적인 것을 의미했다. 때문에 추한 것은 예술을 통해 정화되어야 하고 다시 미의 보편적인 법칙에 종속되어야 했다. 그러나 예술작품의 대상은 꽃, 여인, 자연 등 아름다운 것에 국한되지 않는다. 예를 들어 보슈(H. Bosch)의 작품에는 끔찍한 장면, 지옥, 연옥, 죄 같은 것이 자주 등장한다. 정물화에는 죽음, 시간의 유한성을 상징하는 해골도 자주 등장한다. 뭉크(E. Munch)의 그림에 등장하는 광인의 절규나 에곤 실레(Egon Schiele)의 그림에서 보는 여인들도 그 자체로 아름답다고 보긴 어렵다. 추함은 우리에게 대부분 비극성, 불편함으로 다가온다. 그러나 추함은 동시에 인간의 현실을 있는 그대로 보여주는 것이기도 하다. 추함이란 롤랑 바르트(Roland G. Barthes)의 표현을 빌리면 "나를 짓누르는 것, 내가 피할 수 없는 현실"과 같다. 그렇다면 예술이 인간 실존의 진솔한 모습을 외면할 수는 없다. 인간의 환상뿐 아니라 현실 모두를 독창성으로 승화시킬 때 예술은 그 진가를 발휘하게 되지 않을까? 추함이 등장하는 예술작품들에 대해 토론해 보자.

더 생각해 봅시다 ❸

나쁜 예술적 취향은 존재하는가?

"저 사람의 예술적 취향은 이상해"라고 말하는 것은 미학적 평가를 내리기에 그의 자질이 부족함을 비판하는 것이다. 반대로 우리는 어떤 사람이 뛰어난 예술적 취향을 지니고 있다고 칭찬하기도 한다. 그러나 '취향과 색깔은 토론대상이 아니다'라는 속담처럼 각자의 개성과 취향은 존중되어야 하는 것이 아닐까? 과연 한 예술작품을 객관적으로 평가할 수 있는 보편적 기준이 존재하는가? 아니면 그것은 개인의 관점에 따라 다르게 평가될 수 있는가? 만약 취향에 따라 각기 다른 평가를 내리게 된다면 극단적인 상대주의에 빠져 어떤 보편적 가치도 인정할 수 없게 되는 것이 아닐까? 한편 좋은 취향과 나쁜 취향이 있다고 인정한다면 그 기준을 설정할 때 우리는 많은 어려움을 겪게 될 것이다. 누구의 취향이 더 우수하다고 말할 수 있을까? 감수성이 뛰어난 사람의 취향과 예술을 진심으로 사랑하는 사람의 취향, 전문적 교육을 받은 사람의 취향 중 어떤 것을 가장 모범적인 취향으로 평가해야 할까? 웨인라이트(T. G. Wainewright)는 예술적 취향은 무의식적으로 형성되며 좋은 작품을 계속 접함으로써 올바른 형태를 지니게 된다고 말했다. 반면 부르디외는 개인의 예술적 취향은 자신이 속한 사회계급이 무엇이냐에 따라 달라진다고 주장했다. 어떤 사람의 예술적 취향을 객관적으로 비판할 수 있는 기준이 존재하는지에 대해 생각해 보자.

04

시간은 반드시 파괴적인가?

Baccalauréat, 1997

공간은 나의 능력의 형식이고, 시간은 나의 무능력의 형식이다.
라뇨(Jules Lagneau, 프랑스 철학자)

시간이 말하는 것을 잘 들어라. 시간은 가장 현명한 법률고문이다.
페리클레스(Perikles, 고대 아테네의 정치가·군인)

과거와 미래의 관계가 없으면, 괴로움은 존재하지 않는다. 그러나 인간에게 이 관계보다 더 실제적인 것은 없지 않은가?
시몬 베유(Simone Weil, 프랑스 여류사상가)

서론

시간성이란 태어나고 성장하고 죽음에 이르는 삶의 과정을 나타내는 가장 대표적인 실존의 범주이다. 시간은 인간의 생명과 관계하기에 무엇과도 바꿀 수 없을 만큼 소중하며 인간에게 희망과 절망을 동시에 안겨준다. 우선 시간성 덕에 우리는 희망할 수 있다. 시간 속에서 우리는 지금까지 몰랐던 새로운 사건과 사실을 알게 되고 성장하며 사랑하는 사람을 만나게 된다. 문제는 내게 주어진 시간이 영원하지 않다는 것이다. 시간이란 현재를 끊임없이 과거로 전환시키고 인간을 변질시키며 결국엔 인간에게서 생명을 빼앗기에 궁극적으로는 절망의 원인이 된다. "얼마나 오랫동안 시간은 비행을 멈출 수 있을까?" 하고 시인 발레리(P. Valéry)는 시간의 흐름을 한탄했고, 철학자 우나무노(Miguel de Unamuno)[5]는 시간을 "가장 잔인한 폭군"이라고 묘사했다. 시간의 흐름을 막을 수 있는 것은 아무것도 없고 시간의 흐름 앞에서 인간은 허약한 그 본연의 비극적인 모습을 드러내게 된다. 죽음과 시간은 인간의 운명을 휘두르는 절대적 주인과 같다. 나이를 먹을수록 우리는 쇠약해지고 황폐해지며 결국 무(無)로 귀결되게 된다.

---

5) 우나무노(Miguel de Unamuno, 1864~1936) : 스페인의 교육자·철학자·작가. 우나무노는 지성과 감성, 신앙과 이성 사이의 긴장에 대해 대단한 관심을 가졌던 초기의 실존주의자였다. 그가 주장한 바에 따르면 인간이 지닌 '영생에 대한 갈망'은 오직 이성에 의해서만 거부당하며 믿음에 의해서만 충족될 수 있고 그 사이에서 빚어지는 갈등은 끊임없는 고통을 낳는다. 시인·극작가로서도 뛰어난 재능을 발휘했지만 우나무노는 수필가나 소설가로서 가장 큰 영향력을 발휘했다.

어떻게 시간 속에 내재한 파괴성을 이해할 것인가? 영혼은 모든 것을 앗아가는 이 시간의 논리에서 벗어날 수 있을까? 시간의 파괴성을 정신만으로 극복할 수 있을까? 여기서 문제가 되는 것은 인간이 자신의 구원을 시간 안에서 구하느냐 아니면 시간성을 벗어난 영원 속에서 구하느냐 하는 것이다. 초월적 존재인 신을 믿음으로써 우리는 죽음의 공포에서 벗어나기도 하며, 시대를 가로지르는 영원불멸의 예술작품 속에서 시간과 함께 모든 것이 소멸하는 것은 아니라는 위안을 얻기도 한다. 시간은 무엇이며 왜 우리는 시간을 두려워하는지 알아보기로 하자.

시간의 불가역성

시간은 그 자체로 존재하지 않는다. 누구도 시간을 붙잡거나 소유할 수 없다. 아리스토텔레스(Aristoteles)의 표현대로라면 그것은 존재했다가 더 이상 존재하지 않는 것, 혹은 아직 존재하지 않는 것이다. 성 아우구스티누스(St. Augustinus)는 이와 관련해서 다음과 같이 말한다. "과거와 현재라는 이 두 시간은 어떻게 존재하는가? 과거는 더 이상 존재하지 않고 미래는 아직 존재하지 않는다. 현재의 경우, 만약 그것이 항상 존재하고 과거에 접목되지 않는다면 그것은 시간이 아니라 영원성일 것이다." 이처럼 존재하지도 않는 시간이 실재하는 인간의 삶을 해체하고 무효화한다는 것은 매우 놀라운 일이다.

시간에 대해 생각할 때 무엇보다 흥미로운 것은 공간은 가역적인데 반해 시간의 방향은 일정하며 불가역적이라는 것이다. 공간적으로 나는 A에서 B로 다시 B에서 A로 움직일 수 있다. 반면 시간은 돌이킬 수 없는 움직임이다. 시간적으로 나는 과거로 되돌아갈 수 없으며 작년을 기억할 수는 있어도 다시 그 시간을 되풀이할 수는 없다. "인간은 같은 강물에 결코 두 번 목욕하지 않는다"는 헤라클레이토스(Herakleitos)의 유명한 문장이 시사하듯이 시간은 흘러갈 뿐 돌아오지 않으며 그 과정에서 발생하는 나쁜 일들은 나의 인생에 되돌릴 수 없는 상처와 자국을 남긴다. 프루스트(M. Proust)는 이 불가역성의 비극을 자신의 주인공들의 변해 버린 모습을 통해 묘사했다. 《잃어버린 시간을 찾아서》에 등장하는 프루스트의 주인공이 오랫동안 보지 못했던 사람들을 다시 만났을 때 그는 젊고 아름답던 아가씨가 돈 많은 노파로, 씩씩하고 건강했던 젊은이가 백발의 뚱뚱한 노인으로 변한 것을 보고 씁쓸함을 느낀다. "이들이 원하지도 않았는데 오래 전부터 이렇게 변해 버린 모습들은 축제가 끝나고 세수를 하더라도 벗겨지지 않는다"는 프루스트의 문장은 세월의 무상함에 대한 작가의 심경을 잘 보여준다.

    몇몇 철학자들은 변화 자체를 시간으로 이해하기도 했다. 가령 아리스토텔레스는 시간이란 움직임의 숫자라고 정의했다. 나는 늙어가지만 자연은 늙지 않을 것이란 믿음도 신화에 불과하다. 사실 초목도 지구도 늙는다. 영원히 지속되는 듯해 보이는 것은 표면뿐이다. 이러한 시간의 비극성 앞에서 우리는 과거에 대한 후회와 고통을 피력한다. 기억이 고통스러운 것은 시간의 불가역성으로 인해 결코 일어난 일을 되돌릴 수 없기 때문이다.

    시간의 불가역성은 인간 실존의 가장 비극적인 무력함을 부각시

앙리 퀴에코(Henri Cueco)의 〈결혼〉, 1978.
"전진한다는 것, 그것은 시간을 인정하는 것이고 시간을 인정한다는 것은 죽음을 받아들인다는 것이다"라고 세실 웨브로는 말했다. 시간 속에서 모든 것은 사라지는 것일까?

킨다. 불가역적인 시간의 움직임은 죽음의 다른 모습에 불과하다. 시간의 중심에는 죽음이 있으며 시간이 파괴적으로 느껴지는 것도 그 때문이다. 시간성은 우리로부터 젊음을 앗아가고 세포를 분열시키며 결국 죽음에 의해 소멸시킨다. 아리스토텔레스는 《물리학》에서 다음과 같이 말한다. "시간 속에서 모든 것이 탄생하고 소멸한다. …… 시간은 그 자체로 발생의 원인이라기보다는 파괴의 원인이다. 왜냐하면 변화는 그 자체로 해체적이기 때문이다. 만약 시간이 발생과 존재의 원인이라면 그것은 우연에 의한 것에 불과하다."

즉, 시간은 그 본질에 있어 파괴의 원리이며 영혼은 이로부터 해방되어야 할 의무를 지고 있는 듯해 보인다. 사고와 명상을 통해 잔혹한 시간에서 해방되는 방법은 없을까? 인간의 적이라 할 시간에 대항해 싸우기 위해 플라톤은 정신을 정화하고 진리추구에 힘쓸 것을 촉구했다. 사실 모든 그리스 정신은 파괴적인 시간성에 대항하고 이와 반대되는 영원성을 지향하는 것으로 특징지어진다. 기독교 문화도 이 유한한 시간성을 뛰어넘는 천국이란 존재를 제시함으로써 사람들에게 희망을 제공했다. "시간이란 나의 무력함을 보여주는 지표이다"라고 프랑스 철학자 쥘 라뇨(Jules Lagneau)는 말했다. 인간의 능력으로는 어쩔 수 없는 시간의 불가역성 앞에서 우리는 시간의 한계를 넘어서는 초월적 세계를 꿈꾸게 된다.

불멸의 존재에게 시간이란 아무 의미가 없다. 시간이란 어쩌면 실제로 존재하는 것이 아니라 인간의 정신이 만들어낸 것일 수도 있다. 우리는 유한하기에 시간에 그토록 집착하는 것이다. 수많은 장례의식과 묘지는 영생을 바라는 인간의 염원을 반영하고 있다.

무덤을 만드는 존재는 인간뿐이다. 동물은 부모의 죽음을 슬퍼하지도 기억하지도 무덤을 만들지도 않는다. 어찌 보면 무덤을 만들고 불멸을 꿈꾸는 것으로부터 문명이 시작되었다고도 볼 수 있다. 죽은 자를 기리는 행위는 잊음을 거부하는 시간에 대한 인간의 도전이며 죽음에 대한 반항이다. 시간과 함께 모든 것이 덧없이 사라지고 죽음으로 인해 모든 것이 종결된다는 것을 받아들일 수 없다는 것은 인간의 본질적 허약함을 나타내지만 바로 그로부터 인간의 문화가 시작된다.

자유 실현과 창조의 과정

그러나 시간이 단순히 파괴적이기만 한 것일까? 시간이 없다면 인간은 성장할 수도 변화할 수도 꿈을 실현할 수도 없다. 인간은 시간 속에서만이 행위할 수 있고 창조할 수 있다. 즉, 운명의 개척과 자아실현은 시간 속에서만 가능하다.

시간은 본질적으로 파괴적이라는 주장을 하는 사람은 시간에는 여러 종류가 있다는 사실을 망각하고 있다. 우리는 생물학적으로 존재하는 것과 산다는 것에는 분명한 차이가 있다는 점을 인지해야 한다. 개개인의 주관이 투여된 '원해진' 시간은 그저 경험된 시간과는 구별되는 것이다. 나의 일과 계획에 따라 시간을 구성했다면 그리고 그 속에서 정신적인 성장을 이루었다면 그 시간은 파괴의 시간이기는커녕 자유의 실현장소로 간주될 수 있다. 관심과 일, 구성, 미래에의 계획 등에 의해 시간은 존재론적 시간에서 인간적·역사적 시간으로 전환된다. 즉, 인간 의지와 이성에 의해 구성된 이러한 시간은 파괴적이기보다는 창조적이다.

사르트르(J. P. Sartre)는 특히 미래에 관심을 보였다. 그에 따르면 미래란 나의 자유와 나의 힘이 발휘될 곳이며 나의 행위에 의해 채워질 실존범주이다. 사르트르는 다음과 같이 충고한다. "당신의 의식을 잘 파악하고 그것을 잘 살피십시오. 당신은 그것이 옴폭 패어 있다는 것을 발견하게 될 것입니다. 그곳에서 당신은 미래만을 발견하게 될 것입니다." 이처럼 파괴와 죽음으로 우리를 몰아가는 시간 옆에는 진보를 희망하게 하는 긍정적인 시간이 있다. 누구도 시간을 붙잡을 수 없으며 반대로 돌릴 수도 없다. 시간의 흐름을 가속화시킬 수도 느리게 할 수도 없다. 인간은 주어진 '시간' 속에서 살아가기에 시간은 인간의 실존을 결정짓는다. 그러나 "나날들은 시계에게는 동일한 것이지만 인간에게 있어선 같은 것일 수 없다"고 프루스트가 말했듯이 자신이 어떻게 시간을 사용하느냐에 따라 시간은 다양한 의미를 지니게 된다.

정신은 시간 속에서 형성된다

헤겔은 인간에게 자연적 시간이란 존재하지 않으며 인간의 시간은 역사적 시간이라고 기술했다. 인간의 시간과 자연의 시간의 차이점은 무엇인가? 인간의 시간이 자연계를 관장하는 우주적·자연적 시간과 구별되는 것은 그것에 의미를 부여하는 것이 인간 자신이기 때문이다. 인간에게 시간이란 결코 숫자로 된 추상적인 시간이 아니다. 시간에 의미를 부여하는 것은 인간이며 이 의미부여 과정을 통해 인간의 시간은 역사로 전환된다. 시간이 과거-현재-미래로 구성되었듯이, 나는 추억-행동-희망에 의해 형성된다. 그리고 인간의 의지가 투사된 역사적 시간 속에서 인간의 정신은 발전하게 된다. 파괴적인 동시에 건설적인 시간 속에서 변증법적으로 형성되는 것이 정신이며 바로 이 정신에 의해 시간의 부정성은 긍정성으로 바뀌게 된다.

동물은 시간이란 개념을 인지하지 못한다. 반면에 인간이 정신세계에 이르기 위해선 시간에 대한 자각이 반드시 필요하다. 유한성을 인식하기에 인간은 더욱 무한성과 불멸을 향해 정신을 발전시켜 나갈 수 있다. 주어진 시간이 내게 우호적이지만은 않다는 것을 파악함으로써 인간은 무엇인가를 시도해야 한다는 것을 깨닫게 된다. 즉, 시간은 내게 나의 나약함과 잠재력을 동시에 일깨우는 정신적 원동력이다. 단지 주어진 시간이 아니라 오래 숙고되고 계획된 시간은 비어 있는 여타의 추상적 시간과 구별되며 그 자체로 정신, 삶, 승리를 의미한다. 죽음이 인간의 삶에 의미를 부여하듯 시간을 통해 인간은 발전한다. 이처럼 시간은 개개인의 삶에 있어 본질적이며 시간을 어떻게 사용하느냐에 따라 그의 삶은 완전히 다른 의미를 지닐 수 있다. 시간성은 인간을 소멸로 내몬다기보다는 생의 다양한 의미를 창조할 수 있는 기회를 제공한다.

결론

인간의 구원은 시간을 벗어나선 이루어질 수 없다. 시간은 단지 파괴적인 것이 아니라 나의 정신이 성장할 수 있도록 하는 자유의 공간이다. 인간의 진정한 위대성은 죽음과 시간이라는 유한성의 지평에서만 구현된다. 만약 동물처럼 완전히 시간성에 무심하다면, 혹은 신처럼 시간성을 초월할 수 있다면 그는 더 이상 인간이 아닐 것이다. 파괴적인 시간이 가져오는 신체의 쇠퇴와 해체를 직접 목격함으로써 그리고 시간의 모순성에 과감하게 도전함으로써 인간은 인간 고유의 정신적 문화와 역사를 구축해 나가게 된다. 생의 의미는 시간을 앞서거나 시간을 넘어서는 것이 아니라 시간으로부터 도출된다. 시간과 함께 육체는 소멸하더라도 정신은 시간에 의해 파괴될 수 없다. 흘러가는 시간의 엄격성과 잔인함을 충분히 인식하는 의식은 시간에 속한 동시에 시간에서 벗어난 자유로운 의식이다.

더 생각해 봅시다 ❶

늙음을 거부하고 젊음을 숭배하는 사회

현대사회에서 늙음은 죄악인가? 외양이 중시되고 건강함, 패기, 창조성, 발랄함 등 젊음의 가치가 강조됨에 따라 늙음에 대한 생각이 크게 변화하고 있다. 과거 늙음이 지혜, 성숙, 우아함 등 긍정적인 이미지를 동반했다면, 오늘날 늙음은 무조건 피해야 할 거부의 대상이 되었으며 늙음이란 용어 자체에 계급적 차별과 멸시의 감정이 미묘하게 스며 있다. 여러 의학기술과 약물들은 젊은 외양을 유지하려는 사람들의 욕망을 가속화시키고 있으며 사회 전반에서 늙음을 거부하고 젊음을 지속시키려는 노력이 발견된다. 왜 우리는 늙음을 그토록 거부하는가? 물론 모든 인간은 젊음과 건강을 유지하고 싶어한다. 늙는다는 것은 서서히 붕괴된다는 것을 의미하며 그로부터 두려움과 수치심이 발생한다. 아리스토텔레스는 "늙은이는 두려워하고 망설인다. 고약하고 이기적이며 겁 많고 차갑고 자괴감에 빠져 있다"고 표현하기도 했다.

그러나 죽음에 대한 경멸이 보편적인 현상이라 해도 이런 자연성을 보완할 덕목이 과거에는 강조되었다. 영혼과 이성을 강조했던 고대 현자들은 육체적 소멸에도 불구하고 정신적 덕목은 사라지지 않고 오히려 강화된다고 주장하였다. 그러나 이성과 영혼의 가치가 부정되고 효율성과 육체적 매력이 중시되는 자본주의 사회에서 늙음을 거부하는 태도는 크게 강화되고 있으며 나이든 사람은 비생산적이고 효율적이지 못한 천덕꾸러기로 치부되고 있다. 그러나 늙음을 거부하는 것은 삶의 논리 그 자체를 거부하는 것이 아닐까? 젊음의 아름다움과는 또 다른 깊이와 향기가 느껴지는 연륜의 아름다움을 무조건 배제하고 젊음만을 획일적 미의 기준으로 제시하는 사회는 폭력적이다. 핵가족화와 젊음 숭상의 문화 속에서 과거 노인들에게서 느낄 수 있었던 지혜와 여유의 미덕은 점차 사라지고 있다. 젊음과 아름다움만을 숭상하는 사회에서 우리가 잃어가고 있는 가치들에 대해 생각해 보자.

더 생각해 봅시다 ❷

미래를 두려워해야 하는가?

우리는 자주 미래에 대한 불안에 사로잡힌다. 이런 불안은 이성적인 것일까? 아니면 망상에 불과할까? 어느 정도의 불안은 필요한가, 아니면 이런 불안을 털어버리는 것이 현명할까? 분명한 것은 미래에 대한 과도한 염려나 지나친 낙관주의 모두 해로울 수 있다는 것이다. 미래란 아직 씌어지지 않은 하얀 종이와 같다. 즉, 미래는 운명에 의해 정해지는 것이 아니므로 미래를 두려움 속에서 기다리는 것보다는 적극적으로 미래를 준비하는 자세가 필요하다. 미래는 현재의 연속일 뿐이다. 인류의 미래와 개인의 미래에 대해 생각해 보자.

더 생각해 봅시다 ❸

희망한다는 것은 항상 바람직한가?

희망을 갖는다는 것은 기다리는 미래가 있다는 것이다. "희망이 살게 한다"는 속담이 보여주듯이 고통스러운 시기에 사람들은 미래에 대한 희망으로 어려운 순간을 이겨나간다. 희망이 없다면 더 이상 살 의미가 없다고 사람들은 말하기도 한다. 그러나 미래에 너무 많은 것을 기대할 경우 현재의 삶에 충실하지 못할 위험도 존재한다. 이 문제와 관련하여 파스칼(B. Pascal)은 "항상 미래를 투사하기에 우리는 진정으로 사는 대신에 사는 것을 희망한다"고 말했다. 너무 미래의 행복에 집착할 경우 현재의 행복을 간과할 수 있다는 것이다. 무신론자들은 기독교인들이 내세의 행복을 위해 현세의 행복을 희생시키고 있다고 비판하기도 했다. 여기서 우리는 적극적인 희망과 소극적인 희망을 구분할 필요가 있다. 보다 나은 미래를 위해 현실에 충실하고 열심히 노력하는 것이 적극적인 희망을 가진 자의 행동이라면, 소극적인 희망을 지닌 사람은 나태하고 수동적인 모습으로 운명에 의한 변화를 바랄 것이다. 어떤 경우에 희망이 에너지의 근원이 될 수 있는지 생각해 보자.

05

어떤 점에서 언어는 지배의 수단인가?

Baccalauréat, 1983

언어란 근본적으로 사회지배의 욕구와 관계되어 있다. 그것은 상승하기를 원하며 그 기능은 대화인데 오늘날 그 대화란 무슨 얘기를 하든 전쟁이다.
파스칼 퀴나르(Pascal Quinard, 프랑스 작가)

무엇보다 앞서 언어 안에서 불평등이 표시된다.
클로드 알레그르(Claude Allegre, 프랑스 정치가·물리학자)

대중에게 절대로 순수한 이성의 언어를 전해선 안 된다. 단지 그들의 정념과 감정, 겉으로 보이는 이익만을 염두에 두고 말을 해야 한다.
필립 체스터필드(Philip Chesterfield, 영국 정치가·작가)

서론

신경심리학자 콜린 트레바덴(Colin Travarthen)은 "언어는 단지 의도나 정보를 전달하기만 하는 것은 아니다. 언어는 사람들 사이의 관계, 지위, 역할, 서열 등을 조절하기도 한다"고 말했다. 언어는 권력과 어떤 관계를 맺고 있는가? 언어는 지배하거나 권력을 획득하기 위한 수단인가? 아니면 언어 자체가 권력인가? 롤랑 바르트(Roland G. Barthes)는 "랑그(langue)는 파시스트다"라는 말로 언어의 권력적 성격을 설명했다. 특정 계급과 특정 언어의 밀착적인 관계에 의해 사회적 위계질서가 돈독해지고 그 언어를 사용하지 않는 사람들은 차별과 불이익을 받게 된다는 것이다.

언어능력은 단순한 기술적 능력이 아니라 지위의 상징이다. 어떤 언어를 사용하는지는 그가 어떤 계급에 속해 있는지를 보여준다. 화자의 발화내용보다는 사용 언어가 내포하고 있는 화자의 지위, 신분, 직업 등의 구조적 요인이 발화내용과 맞물려 발하는 효과가 더 큰 경우도 있다. 언어와 권력은 어떤 구조적 관계를 형성하고 있으며 어떤 방식으로 의미를 생성하는가?

언어는 세상을 보는 프리즘이다

우리는 일반적으로 언어를 커뮤니케이션에 필요한 도구로 이해한다. 물론 언어는 수많은 정보를 전달·보존하고 감정, 사고를 표현하는 기능을 한다. 그러나 언어란 커뮤니케이션의 도구에 불과한 것일까? 언어가 커뮤니케이션의 수단이라고 말하는 것은 언어와 상관없이 따로 독립적인 사고를 할 수 있으며 언어를 표현하기 전에 완성된 사고가 앞서 존재한다는 것을 가정하는 것이다. 그러나 언어 없는 사고가 과연 가능할까? 우리가 언어를 단순한 사고의 도구로 생각하는 것은 언어가 우리 사고의 형태를 결정짓는 것임을 미처 깨닫지 못하고 있기 때문이다.

언어는 기술적인 차원을 넘어서는 본질적인 것이다. 그러기에 언어는 현실에 있어 매우 강력한 영향력을 발휘한다. 언어는 현실을 창조하는 놀라운 능력을 지니고 있다. 신, 천사, 악마와 같은 가상적 존재들을 인간이 말로 표현하지 않았더라면 이들은 인간의 현실에 영향력을 미치지 못했을 것이다. 이미 소피스트들은 언어가 그것이 구사하는 존재를 스스로 창출한다고 주장한 바 있다. 이 같은 언어와 현실의 관계는 문화권에 따라 사용 언어가 다르다는 점에서도 드러난다. 예를 들어 눈이 자주 오는 곳에 사는 에스키모에게서 눈은 매우 다양하게 정의되지만("하늘에서 지금 내리는 눈", "내려서 쌓인 눈", "집을 짓는 데 쓰이는 눈" 등), 사막에 사는 아랍인들에겐 반대로 낙타와 관련된 단어가 굉장히 많다.

즉, 언어와 현실은 밀접한 관계를 맺고 있으며 어떤 사회에서 태어났느냐에 따라 우리는 특정 언어와 현실을 동시에 제공받게 된다. 우리가 바라보는 현실의 성격은 어떤 언어를 사용하느냐에 따라 달라진다고 말해도 과언은 아니다. 추상적 세계가 아닌 구체적이고 역사적인 '진짜 세상'은 상당 부분 그 집단의 언어습관에 의해 무의식적으로 형성된다. 19세기 독일의 철학자인 훔볼트(K. W. von Humboldt)는 한 민족의 언어는 그 민족의 가치관을 담고 있으며 모국어들 간의 차이는 곧 나라들 간의 상이한 세계관을 반영한다고 설명했다. 이어 인류·언어학자인 서피어(E. Sapir) 역시 언어는 우리가 속한 사회, 지위, 문화적 성격에 맞춰 우리의 무의식을 형성하고 우리는 그 언어적 창을 통해 세상을 바라보게 된다고 주장했다. 그렇다면 자신이 사용하는 언어에 따라 사물을 바라보는 관점, 즉 '언어적 세계관'이 달라질 수밖에 없다는 결론에 이르게 된다. 서피어의 제자 워프(Benjamin Lee Whorf)는 "언어는 그것을 통하여 우리가 생각하게 되는 것이 아니고, 그것의 도움을 통하여 우리가 생각하게 되는 그런 것"이라고 적고 있다. "각 언어의 언어적 기반구조(다시 말해 문법)는 단지 사고 표현의 도구를 형성하는 것이 아니라 그 사고의 형태를 결정짓는다. 언어의 기반구조, 문법은 인간의 정신적 행위의 방향을 정하고 이끌며 각 개인의 분석과 인상, 결론이 자리할 수 있는 틀을 제공한다. 사상의 형성과정은 순전히 이성적인 독립적인 절차가 아니라 결정지어진 문법구조에 연관되어 있고 따라서 문법에 따라 매우 다양하게 변화한다. 우리는 자연을 우리의 모국어에 의해 그려진 틀로 자른다." 말하자면 언어는 사고의 범주로서 세상을 일정한 시각으로 보게 만드는 프리즘과 같은 역할을 수행한다고 할 수 있다.

 우리는 역사를 통해 강한 국가의 약한 국가에 대한 지배가 궁극적으로 문화의 지배, 언어의 지배로 이어짐을 흔하게 보아왔다. 한 언어를 배우는 것은 단순히 단어와 커뮤니케이션의 기술을 배우는 것이 아니라 한 민족의 정신과 세계관을 받아들이는 것이다. 그렇다면 식민주의자들이 자신의 언어를 식민지에 강요한 것은 결국 언어의 전환을 통해 새로운 권력과 이데올로기를 정착시키기 위함이었다고 볼 수 있다. 지배자는 피지배자에게 자신의 언어와 논리, 나아가 세상을 보는 관점과 가치관을 요구하고 피지배자는 이를 받아들일 수밖에 없다. 언어제국주의도 이 같은 언어적 불평등 상황에서 나온 개념이다. 만약 피지배자가 이런 언어적 지배를 거부한다면 지배자와 피지배자 간의 격렬한 충돌을 예상할 수 있다.

어떤 언어를 말하는가는 어떤 권력 시스템에 속해 있는지를 설명해 준다. 따라서 선진국의 언어를 구사한다면 그는 권력질서에서 우위를 차지할 것임이 분명하다. 특수한 언어를 특수 계층만이 보유한다는 것은 그 계층이 다른 계층과 차별화되는 권력을 지니고 있다는 것을 의미한다. 반면 특수한 언어가 금지되었다는 것은 그 언어를 사용하는 자의 자유가 억압되었으며 사회적 불이익을 받는다는 것을 의미한다. 역사적으로 볼 때 새로운 귀족은 어학실력과 사법수행의 능력이 있는 사람들 사이에서 배출되었으며 지배자의 언어를 말할 수 있다는 것은 신흥귀족이 되는 조건이었다. 수많은 사례가 보여주듯이 언어와 권력은 일치한다.

언어와 정치

지배층 언어를 사용하는 사람들은 그것을 더욱 연마하여 타인, 특히 피지배층을 유혹하는 데 사용한다. 언어는 사고를 왜곡시키거나 사물에 대한 인식을 바꾸는 힘을 갖기에 언어를 통해 정치가들은 군중을 선동하기도 한다. 소크라테스의 대화자로 등장하는 고르기아스는 권력의 수단으로서의 언어에 대해 이야기하면서 그것을 마약에 비교한다. 그에 따르면 언어는 대중을 잠들게 할 수도 혁명에

뉴욕 지하철 입구. 매그넘(Magnum) 회원인 프리드(L. Freed)의 사진작품.
한 개인이 어떤 언어를 사용하는지, 어떻게 사용하는지는 그가 어떤 사회계급에 속해 있는지를
보여준다. 이런 관점에서 볼 때 낙서문화는 특정 사회계층을 대변하는 문화코드로 이해될 수 있다.
현재 세계 주요 도시에서 볼 수 있는 일종의 '거리의 예술'이라 할 그래피티(graffiti art)는 인종차별에
저항하는 1970년대의 흑인문화 '힙합'에서 시작되었다. 정치적인 발언이나 사회적 문제점, 불만 등을
짧은 문장으로 표현하는 그래피티는 언어의 사회적 성격을 잘 보여준다.

참여하게 할 수도 있으며 그외 다양한 영향력을 행사한다. 실제로 웅변술이나 수사학은 모두 타인에 대한 언어의 영향력과 지배력을 연구한 학문이라고 할 수 있다. 소피스트들은 타인을 설득하거나 유혹하는 데 있어 결정적인 역할을 하는 언어를 강력한 정치적 수단으로 발전시켰으며, 소크라테스는 언어를 권력의 도구로 사용하는 소피스트들의 이러한 정치적 태도를 비판했다. 아리스토텔레스 역시 소피스트들이 언어가 감정에 미치는 영향에 관심을 갖고 말의 재주를 통해 논증보다는 비방, 동정, 분노 같은 감정을 이용해 재판관과 대중을 유혹하려 노력했음을 비난했다.

그러나 언어가 지배의 수단으로 사용된다는 것은 부인할 수 없는 사실이다. 국가권력의 국민에 대한 절대통제는 언어라는 매체를 통제하고 관리하며 지배할 때 가능하다. 가까운 예로 《1984년》에서 조지 오웰(George Orwell)은 전체주의 국가를 묘사하는데, 이 국가에서 금지되고 검열된 언어는 인간을 지배하는 수단이 된다. 이 소설을 통해 우리는 언어가 권력과 직접적으로 연관되어 있으며 인간의 감정과 사고를 지배하기 위해선 언어를 지배하는 것이 매우 중요하다는 것을 알게 된다.

현대 민주주의 국가의 언론과 미디어는 진실의 생산을 거의 전담하다시피 한 대표적 지식권력이다. 언론과 미디어의 언어는 일반인이 세상을 바라보는 창을 생성하고, 그것을 통해 우리는 외부를 판단하게 되므로 그 영향력은 막대하다. 권력집단이 혁명이나 전쟁 시 제일 먼저 장악하려 하는 기관도 언론기관이다. 언론기관을 점령함으로써 전쟁에 대한 국민의 평가를 자신들에게 유리하게 조작할 수 있기 때문이다. 미디어의 존재가 편재(遍在)하게 되고 인식할 수 없을 정도로 현대인의 생활에 깊숙이 침투할수록 그 권력은 더욱더 막강해진다. 대중매체에 비판적인 목소리들은 드라마나 스포츠와 같이 국민의 이성이 아닌 정념에 호소하는 방송이 도피적 환상을 유발하여 국민의 정치적 무관심을 야기하고 자본주의적 가치를 옹호한다고 지적한다. 그리고 이러한 현상은 현 체제를 재건하고 전복하려는 욕구를 무마시켜 특권층의 권력유지에 기여하게 되며, 소비를 강조하는 광고나 폭력물에 대한 규제완화는 사회 전체를 소비적이고 폭력적으로 만든다는 점을 지적한다. 그러나 이러한 비난에도 불구하고 유익한 방송은 즐거운 방송에 의해 점점 더 고립되고 있는 추세이다.

언어의 성격을 규정하는 자는 그 언어를 수용하는 자의 사고의 성격도 규정할 수 있다. 예를 들어 미디어 제국주의가 무서운 것은 시청자들이 강대국의 영화와 드라마를 접하면서 그 속에 담긴 그들의 생활양식과 이데올로기 역시 자연스레 받아들이게 되기 때문이다. 미디어는 대중이 동경해야 할 대상과 가치관을 제공한다. 동구권의 몰락이 미국의 연속극 〈달라스〉 때문이라고 주장하는 사람이 있을 정도로 미디어의 권력은 거시적이고 심층적이다. 그렇기에 언론과 권력의 문제를 연구함에 있어 현대의 가장 중요한 권력체계의 하나인 미디어와 언론의 구조 및 작동방식을 냉철히 이해하고 비판적으로 수용하는 것은 민주사회에 있어 필수적이다.

언어와 권력

커뮤니케이션은 남에게 자신의 의견을 객관적으로 전달하기보다는 권력을 행사하는 수단으로 쓰일 경우가 많다. 그리고 이것은 우리가 일반적으로 생각하는 것과 달리 커뮤니케이션이 중립적이고 객관적인 것이 아니라는 것을 시사한다. 한 사건에 대한 평가는 화자의 의도와 감정에 의해 좌우되며, 말하는 자와 청자의 관계가 평등하지 않을 경우, 혹은 설득하는 자와 설득당하는 자가 경쟁관계에 있을 경우 커뮤니케이션은 상당히 복잡한 관계 속에서 이루어진다. 사실상 커뮤니케이션에서 전달되는 것은 단지 내용이 아니라 정념과 욕망, 권력이다. 커뮤니케이션은 상호주관성(intersubjectivity)을 전제로 하며 살아 있는 두 사람 사이에서만 가능한 것이기에 언어를 통해 객관적인 지식전달만이 이루어질 것이라 믿는 것은 순진한 생각이다. 나탈리 사로트(Nathalie Sarraute)는 자신의 희곡과 소설에서 겉으로 드러나는 대화 아래 내재되어 있는 숨겨진 욕망, 감정이 미세한 비언어적 표현(침묵, 반복, 뉘앙스, 말실수)을 통해 상대방에게 전해지는 과정을 섬세하게 묘사했다.

언어는 그 안에 욕망과 권력구조를 내포하며 지배와 금지를 통해 사회공동체를 규정한다. 언어에 대한 제재나 규범은 구성원이 어떤 그룹에 속하는지에 따라 달라진다. 따라서 사용하는 단어의 양이 풍부한지, 어떤 발음을 구사하는지를 관찰함으로써 그 사람의 문화적·사회적 신분을 알 수 있다. 오늘날 영어나 프랑스어 등의 언어를 보면 아직도 과거 계급간의 대립(지배자와 피지배자, 주인과 노예)이 나타나 있다. 은어는 대부분 부랑자나 가난한 자의 언어이고, 드라마 등에서 인물을 희화화할 때 자주 사용되는 사투리는 권력 중심부에서 소외된 사람들의 언어이다. 여성에 대한 수많은 비하적 표현도 여자와 남자 간의 권력관계를 잘 보여준다. 남성은 부인을 "my baby"라고 부르기도 하고 여편네라고 부르기도 한다. 그 반대 경우를 상상할 수 있는가? 특징적인 것은 여성을 비하하는 표현이 대부분 성, 육체와 관련되어 있다는 사실이다. 더러움, 동물성, 악 등의 부정성과 연관된 여성에 대한 표현은 오랜 여성억압의 역사를 상징적으로 보여준다. 또한 현대에도 계속되고 있는 음담패설과 성적 대화는 여성을 향한 남성의 공격이 계속되고 있음을 시사한다. 한편 침묵과 말의 관계에 있어 남성은 말을 하는 자, 여성은 침묵하고 남성의 말을 경청하는 자로, 남성은 유머로서 여성을 웃기고 여성은 남성의 유머에 감탄을 보내는 자로 인지되는 것 역시 남녀간의 권력관계가 유지되고 있다는 것을 의미한다. 즉, 남성 언어와 여성 언어의 대립적 관계는 오랫동안 지배와 순종의 관계에 놓여 있던 남성과 여성의 관계를 반영한다. 이러한 현실이 증명하듯이 우리는 한 사회의 언어구조를 통해 그 사회의 권력구조를 파악할 수 있다. 베르나르 앙리 레비(Bernard Henri Levy)에 따르면 담화란 이데올로기적 충돌의 중립지대도 아니고 권력의 수단도 아니다. 그것은 "권력의 형태, 그 자체"이며 "언어란 금지와 차단의 그물"이다.

오늘날 언어의 이데올로기적 속성에 대해 이야기하는 것은 너무 진부한 주장일 수 있을 만큼 많은 현대 철학자들은 언어의 권력적 성격을 강조했다. 각 사회의 이데올로기는 언어 속에서 발견되고 대중은 언어를 통해 지배계층의 이데올로기를 진실로 받아들이게 된다. 베르나르 앙리 레비가 지적했듯이 민중들은 항상 지배계층을 비판하지만 "한시도 자신들의 지배자의 언어로 말하기를 그치지 않는다." 요컨대 이데올로기의 특수한 기능을 직접적인 방식으로, 그러나 폭력에 의존하지 않고 수행해 내는 것이 언어이다.

푸코(M. Foucault)는 담론이라는 개념을 통해 언어와 권력의 관계를 밝힌다. 그에 따르면 "담론 안에서 권력과 앎은 만난다." 다시 말해 권력체계가 한 사회를 통제하는 것은 담론을 통해서이며 결국 권력의 구조와 담론의 구조는 일치한다고 볼 수 있다. 예를 들어 이성을 강조했던 17세기에 권력이 광기를 이용하여 반사회적이고 비이성적인 사람들을 사회에서 배제했을 때 그 사건의 밑받침이 되었던 것은 이성과 신체를 나누는 이원론적인 담론이었다. 한 사회의 주도적 인물들의 담론은 다른 사람들의 담론을 제한한다. 이것은 단순히 그 사회가 언론자유가 제한되어 있는 독재국가냐 아니냐 하는 차원의 문제가 아니다. 담론규제의 법칙은 모든 시대와 사회에 적용된다. 각 계층과 상황에 허용된 언어가 있고 그 언어규칙을 위반했을 때 우리는 사회적 위협을 받게 된다. 권력관계를 바탕으로 사회생활을 분석한다면 인간의 일상생활은 이미 당연시된 집단 담론에 의해 지배받고 있으며 담론적 지식체계는 인간의 관점에서 볼 때 무의식에 더 가깝다. 요컨대 권력구조는 반드시 지배자나 행위자의 의도를 전제하는 것이 아니며 오히려 우리 사회에서 당연시된 것, 즉 언어사용의 관습에 의해 형성된다. 언어는 세상에 존재하는 것을 단순히 전하거나 창조하는 기능만 하는 것이 아니라 이미 존재하는 것을 나누고 구분하고 변형하는 권력적 기능을 수행한다.

실제로 언어는 그 언어를 사용하는 한 사회의 구성원들을 통합하는 기능을 수행하는 동시에 그들이 언어를 어떻게 사용하느냐, 주어진 언어적 문법, 관습, 규범을 제대로 준수하느냐에 따라 사회의 계층을 나누고 사회구성원들을 분열시키는 기능 역시 담당한다. 또한 다른 사회제도와 마찬가지로 언어는 개인의 자유를 억압하고 체제에 반항하는 자를 속박하기도 한다. 만약 어떤 사람이 권력언어를 거부한다면 그는 사회에서 도태될 것임이 분명하다. 언어는 힘이며 그것을 독점하는 자는 권력을 갖게 된다. 권력남용을 용납할 수 없듯이 특정 담론이나 특정 언어가 언어의 본질적 다양성을 무시하고 커뮤니케이션을 독점하는 것을 받아들여서는 안 된다. 언어권력의 횡포를 끊임없이 비판하고 견제함으로써만이 우리는 보다 공정하고 정의로운 언어문화를 형성할 수 있다.

결론

인간의 현실은 언어적 현실이다. 언어는 사고와 무의식을 결정하고 이러한 메커니즘을 통해 타인을 지배할 수 있도록 하는 강력한 권력수단으로 변할 수 있다. 그러나 지배와 권력을 목표로 하지 않는 언어도 존재한다. 가령 언어는 시적·예술적·감성적 힘 역시 지니고 있으며, 이러한 측면을 발전시킬 경우 언어는 인간에게 감동과 꿈을 안겨줄 수 있다. 또 진정한 대화를 통해 우리는 타인과 사랑과 교감을 나누고 그 속에서 행복을 찾을 수 있다. 그렇다면 예술과 대화를 통해 우리는 언어의 권력적 성격과 폭력성을 개선해 나갈 수 있지 않을까? 유혹, 설득, 지배하고자 하는 의지를 넘어선 언어사용을 통해 우리는 좀더 창조적이고 우호적인 언어적 삶을 가꿀 수 있다.

바칼로레아의 질문들

- 우리의 사고는 우리가 말하는 언어에 얽매여 있는가? (2001)
- 말한다는 것은 행동한다는 것인가? 언어는 우리를 사회 속에 참여하게 하는가? (2000)
- 모국어를 배우면서 우리가 배우는 것은 단지 말하는 것뿐인가? (1998)
- 우리는 자주 언어와 행동을 반대되는 것으로 생각한다. 이러한 설정이 옳다고 생각하는가? (1991)

더 생각해 봅시다 ❶

단어 사용 때문에 싸우는 것은 이성적인 행동인가? (2001)

"그것은 말에 지나지 않아"라는 표현이 보여주듯이 우리는 개념이나 단어 사용에 따른 싸움을 소홀히 여기곤 한다. 대부분의 사람들은 중요한 것은 사상과 원리이지 단어 사용은 부차적인 것에 불과하다고, 즉 중요한 것은 내용이며 표현은 그다지 중요하지 않다고 생각하는 경향이 있다. 이러한 관점은 단어, 나아가 언어란 기존에 이미 존재하는 사상을 표현하는 수단일 뿐이라는 생각을 함축하고 있다. 그러나 플라톤의《대화편》을 읽으면 소크라테스는 끊임없이 사고란 결국 정의(definition)의 문제임을 강조하는 것을 볼 수 있다. 실제로 내가 사용하는 단어의 뜻을 잘 이해하지 못할 때 나는 나의 생각 전반에 대해 자신감을 잃게 된다.

과연 단어는 나의 생각을 제대로 표현해 줄 것인가? 단어로 인해 오해와 싸움이 일어난다는 것은 곧 그 단어의 의미가 모호하거나 모순적이라는 것을 의미한다. 말싸움은 언어의 해석 문제와 연관된다. 가령 신에 대해 무신론자와 기독교인이 토론할 때 이 두 사람은 신에 대한 상반된 정의를 갖고 있기에 토론은 타협점을 찾지 못할 것이다. 즉, 두 사람은 같은 단어에 자신이 생각하는 세계관을 부여하고 그 때문에 싸우는 것이다. 자유를 방종으로 이해하느냐 해방으로 이해하느냐에 따라서도 논쟁이 시작될 수 있다. 아나톨 프랑스(Anatole France)는 "인간들은 대부분 단어 때문에 싸운다. 단어 때문에 죽이기도 하고 죽임을 당하기도 한다"고까지 말했다.

그러나 단어에 의한 싸움은 때론 긍정적인 결과를 낳기도 한다. 가령 플라톤의《대화편》에 등장하는 "아름다움이란 무엇인가, 정의는 무엇인가?" 등의 물음에 대한 다양한 해석은 미에 대한 사고를 심화시킬 수 있는 기회를 제공했다. 요컨대 단어의 싸움은 결국 사유의 싸움이라고 볼 수 있다. 나아가 "오래된 단어를 발설할 경우 오래된 이미지를 연상하게 될 것이다"라는 바슐라르의 문장은 특정 단어의 선택이 발설자의 무의식을 드러낼 수도 있음을 시사한다. 즉, 단어로 인한 싸움은 서로간의 이해와 가치관, 무의식을 조정하려는 인간들 간의 치열한 경쟁과 노력을 나타낸다. 그러나 그것은 동시에 인간의 비판적 사고와 일관된 진리에 대한 갈망을 담고 있다. 어떤 경우에 단어에 의한 오해가 발생하는지 단어의 의미를 결정하는 것은 무엇인지에 대해 토론해 보자.

더 생각해 봅시다 ❷

언어 없이도 인간은 자유로울 수 있는가?

인간과 동물을 구분짓는 것으로 우리는 자주 이성, 언어, 사회생활 등을 언급한다. 이 세 가지 특성은 서로 밀접하게 연관되어 있다. 사회생활을 한다는 것은 결국 타인과의 대화, 즉 언어를 전제로 하며 언어사용은 이성적 사유를 조건으로 한다. 그런데 언어는 사회제도와 마찬가지로 인간을 자유롭게 하기보다는 때론 속박하고 이용하는 등 권력적 성격을 띤다. 따라서 진정한 자유를 원하는 이들은 위선적이고 억압적인 사회규범과 언어관습을 거부하고 자연 속에서 침묵을 선택하기도 한다. 그렇지만 사회를 떠나 인간은 진정으로 자유로울 수 있을까? 사회의 억압으로부터 자유로울 수는 있을지라도 인간은 문명과 사회의 도움 없이 살기엔 너무도 허약하며, 자연의 위험에 노출되어 기본적 안전마저 위협받을 수 있다. 반면 사회 속에서라도 진정한 대화와 토론이 가능하다면 우리는 자유를 영위할 수 있을 것이다. 더욱이 아리스토텔레스의 비극론이 보여주듯 언어를 사용한 예술활동은 카타르시스적 만족과 보다 고양된 자유를 시민들에게 선사해 줄 수 있다. 이처럼 언어는 사용하기에 따라 위험한 무기가 될 수도 자유를 향한 길이 될 수도 있다. 어떤 경우에 언어에 의한 억압을 느꼈으며 어떤 경우에 언어를 통해 자유를 느꼈는지를 생각해 보자.

더 생각해 봅시다 ❸

언론의 객관성

한국의 대표적 언론사들은 그 보수적인 성향 때문에 진보성향의 지식인이나 대학생들로부터 많은 비판을 받고 있다. 그럼에도 그들은 엄청난 발행부수와 구독자를 보유하고 있으며 여론형성에 미치는 영향력 또한 지대하다. 비판세력들은 그들 신문사가 정경유착의 대표사례라고 지적하면서 언론의 공정성을 유지하기를 촉구한다. 그러나 과연 사유화된 자본주의 구조를 지닌 언론사에 객관성과 공정성을 기대할 수 있을까? 민주주의 사회의 주요 권력기관으로서의 언론의 진정한 자유와 중립성의 문제에 대해 생각해 보자.

더 생각해 봅시다 ❹

인터넷과 폭력

인터넷의 정보교환에 의해 피해를 당하는 국민이 기하급수적으로 늘어나고 있음은 주지의 사실이다. 사실확인을 제대로 하지 않은 탓으로 야기되는 오보들, 인명과 사진의 무단게재로 인한 명예 및 초상권의 침해, 범죄와 관련된 섣부른 보도로 인한 사생활 침해, 사회적 신뢰도의 실추 등 이루 헤아릴 수 없이 다양한 사례들이 속출하고 있다. 특히 신분이 밝혀진 소수에 대한 익명적 다수의 비난은 과거의 희생제의를 연상시킬 정도로 폭력적이다. 사이버 공간상에서 보장된 개인의 표현의 자유와 타자에 대한 윤리적 책임 간의 관계에 대해 생각해 보자.

더 생각해 봅시다 ❺

영어 파워와 언어제국주의

21세기 인류는 다시 한번 '바벨탑 이전의 단일 언어 시대'를 꿈꾸고 있다. 영어의 세계제패는 오래 전부터 공인된 사실이며 수많은 사람들이 영어 없이 살 수 없는 세상임에 공감하고 있다. 한국인들도 경쟁시대에 살아남기 위해선 어릴 때부터 영어를 배우는 것이 반드시 필요하다는 주장을 하고 있다. 영어의 공용화에 찬성하는 사람들도 점차 늘고 있는 추세이다. 영어 조기교육의 열풍은 모국어를 제대로 습득하지 못한 상태에서 외국어 교육을 지나치게 시키면 부작용이 생길 수 있다는 지적과 한국어가 한국인의 얼과 정신을 담고 있으므로 보호해야 한다는 정당한 비판마저 진부하게 느껴지게 할 정도이다. 영어의 신제국주의에 앞서 언어보안법이라도 만들어야 하는 것일까? 미스트랄(F. Mistral)은 "자신의 언어를 지키는 사람은 자신을 얽어매고 있는 사슬에서 벗어날 수 있는 열쇠를 지니고 있는 것"이라고 말했다. 언어를 배우는 것은 단지 커뮤니케이션의 기술과 단어를 배우는 것이 아니라 그 언어를 쓰는 민족의 정신과 가치관을 습득하는 것이다. 약육강식의 논리는 문화와 정신에도 뚜렷이 나타나고 있다. 영어의 제국주의는 수많은 민족의 문화를 희생시킨 대가이다. 경제의 세계화 움직임과 무한경쟁의 압력 속에서 영어제국주의에 우리는 자발적으로 동참하고 있는 것이 아닌지 자문해 볼 필요가 있다.

06

상상과 현실은 모순되는가?

Baccalauréat, 1997

유토피아는 안개를 싸고 있는 봉투와 같은 것이지만, 그 봉투 안에서는 실현 가능한 관념들이 튀어나온다.
뤼에(Raymond Ruyer, 프랑스 철학자)

상상은 지식보다 더욱 중요하다. 지식은 한계가 있지만, 상상은 세상의 모든 것들을 끌어안기 때문이다.
아인슈타인(Albert Einstein, 미국 물리학자)

절망이란 상상력의 부족에 불과하다.
장 카베(Jean Cavé, 프랑스 작가)

서론

부모들은 자식들의 비현실적인 꿈과 몽상가적 기질을 못마땅해하며 그들에게 현실의 엄정하고 냉혹한 규칙을 일깨우려는 경향이 있다. 그들은 아이들이 법, 의학, 정치경제이론 등 보다 현실적인 학문에 관심을 갖길 바라며 소설이나 영화, 음악 등에 심취해 학업을 소홀히 하지 않을까 우려한다. 실제로 우리는 게임이나 영화 등에 빠진 학생이 학업이나 현실적 의무를 소홀히 하는 경우를 자주 목격한다. 소설 속 환상에 빠진 여자주인공이 견딜 수 없이 권태로운 일상을 원망하다 결국 현실을 피해 자살에 이르게 된다는 《마담 보바리》의 줄거리는 상상의 부정적인 면을 잘 보여주는 대표적인 예이다. 이러한 상상의 현실도피적 성격 때문에 이성을 중시하는 철학자들은 상상을 현실의 진실을 외면하게 하는 무지의 근원으로 정의하곤 했다. 파스칼(B. Pascal)은 상상이 오류와 실수의 원인이며 인간을 혼돈으로 몰고 간다고 비판했다. 과연 상상은 현실도피적이고 무책임한 행동에 지나지 않을까? 만약 상상이 거짓, 허황됨, 현실의 부정에 불과하다면 그것은 위험하고 해악스러운 것으로 비난받아 마땅하다. 그러나 현실 속 상상의 역할을 자세히 고찰하다 보면 현실과 상상이 반드시 모순되는 것만은 아니라는 것을 알게 된다.

물론 상상이 만들어낸 대부분의 이미지가 현실 그 자체를 반영하지는 않는다. 그러나 상상은 현실을 왜곡한다기보다는 현실을 달리 볼 수 있게 해주는 기능을 한다. 나아가 픽션이 진실보다 더 진실되다는 작가들의 주장처럼 상상은 또 하나의 현실일 수도 있다. 보들레르는 "상상력은 모든 능력의 여왕"이라고 말했다. 실제로 상상이 없는 예술이나 삶은 건조한 기록이나 무기력한 일상으로 머물 것이다. 끝도 없고 법도 없는 상상의 특성은 자유와 비교할 수 있으며 따라서 현실을 더 좋게 만들기 위해 꼭 필요한 것이라고 말할 수 있다.

밖으로 보이는 모순

상상력이란 주어진 기존의 아이디어와 사실을 나의 주관에 따라 '새롭게' 조합하여 '다르게' 응용하는 능력을 지칭한다. 그렇다면 상상한다는 것은 주어진 외적 현실을 부정하는 것으로부터 시작된다고 볼 수 있다. 상상에 빠져 있을 때 나는 현실에서 벗어나 다른 세계로 빠져들게 된다. 가령 《구토》의 주인공 로캉탱의 경우를 보자. 그는 한 여가수의 목소리에 취해 현실을 망각하는 경험을 하게 된다. "묵직하고 쉰 듯한 여가수의 목소리는 갑자기 나타났고 세상은 사라졌다." 이처럼 상상이 가능하기 위해선 현 세계는 일단 사라져야 한다. 그렇기 때문에 일반적으로 상상은 비현실적인 것으로 정의된다. 상상으로 만들어낸 이미지는 현실 속 구체적인 사물과 아무리 유사하다 할지라도 근본적인 의미에서 현실과 다른 무엇이다. 가령 영화나 연극공연에 심취했을 때 그 안의 주인공들은 현존하는 사람처럼 느껴지고 그들의 이야기는 실화처럼 절실하게 내게 다가온다. 나는 그들의 인생에 비춰 나의 인생을 생각하기도 하고 주인공처럼 운명적인 사랑을 만날 것을 꿈꾸기도 한다. 그러나 현실 속에서 영화를 볼 때 느꼈던 감정을 되살리기란 쉽지 않다. 현실을 대면했을 때 나는 영화 속 주인공들처럼 아름답고 드라마틱한 장면만을 선택할 수 없다.

현실은 일상이다. 현실은 실용적이고 즉각적인 반응을 요구하고 나는 상황에 맞추어 끊임없이 나의 태도를 조절해야 한다. 실제로 시험을 보는 것은 시험 보는 것을 상상하는 것과 엄연히 다른 것이다. 현실 속에선 실패할 수밖에 없는 실력을 지닌 이도 상상 속에서는 일등을 할 수 있다. 상상이 부분적으로 나의 욕구를 충족시켜 준다 해도 현실 속에서 이 욕구가 충족되기 위해선 진정한 노력과, 피와 에너지가 요구되므로 상상과 현실은 본질적으로 다르다. 상상은 때로 현실도피적 성격을 띠는데 현실을 외면하는 상상과 초라한 현실 간의 모순이 커질 때 인간은 괴로움과 갈등에 빠지게 된다. 즉, 상상은 현실의 고통으로부터 순간적으로 나를 벗어나게 하고 나를 위로해 주지만 근본적인 해결책을 상상에서 찾을 수는 없다. 루소(J. J. Rousseau)는 《에밀》에서 "현실적 세계는 한정되어 있다. 상상의 세계는 무한하다. 한정된 현실세계를 연장시킬 수는 없으므로 무한한 상상의 세계를 줄여야 한다. 왜냐하면 상상과 현실 사이의 차이점들로부터 우리의 모든 불행과 아픔이 오기 때문이다"라고 지적한 바 있다. 현실과 상상 간의 괴리가 너무 클 경우 인간은 큰 괴로움에 사로잡히게 될 것임을 알았기에 루소는 현실과 상상 간의 균형점을 찾을 것을 권고한 것이다.

사물에 대한 명철한 인식을 중시했던 철학자들은 상상을 이성과 반대되는 해로운 것으로 간주했다. 상상력과 감각을 정확하게 구분하지 않았던 플라톤은 상상력을 앎의 낮은 단계로 구분했으며, 그 자체로 오류라고 설명했다. 스토아학파에서는 상상력을 정념과 함께 '영혼의 병', '광기'와 비슷하게 취급했고, 몽상가를 잘못 판단하고 잘못 행동하는 무능력하고 의지가 결여된 자로 묘사했다. 데카르트(R. Descartes)와 스피노자(B. de Spinoza) 등에 따르면 상상은 불명확하고 모호한 인식일 따름이며 오류와 기만을 야기하는 주범이다. 파스칼은 상상에 의한 허황된 행복을 비난한다. "무엇보다 우리를 분하게 만드는 것은 상상하는 자에게 상상이 이성보다 훨씬 더 풍부하고 완전한 만족감을 채워주는 것을 보는 것이다."

실제로 구체적인 물질세계를 외면한, 즉 정치적·경제적인 현실적 관계로부터 도피하여 환상의 세계에 안주하기 위한 상상력은 무의미하다. 과학적 현실을 참작한 비행기의 구상은 창조적 상상력 덕분에 실현 가능했지만 복권당첨의 꿈이나 축지법을 쓴다는 등의 몽매한 환상은 무용한 것으로 끝난다. 장애아가 스포츠 스타가 되기를 꿈꾼다든가 노력 없이 시험에 합격하기를 바라는 것도 수동적·현실도피적 몽상에 불과하다. 말하자면 망상과 상상은 구분되어야 한다. 상상은 현실에 대한 과학적인 인식과 깊은 통찰을 바탕으로 해야 하며 그렇게 함으로써만이 현실을 변화시킬 수 있다. 상상은 본질적으로 분석적인 면과 창조적인 면을 지니고 있다. 기존의 것에 대한 명철한 통찰이 없다면 새로운 조합과 창조도 현실에 큰 영향력을 미칠 수 없다.

상상은 현실에 근거한다

본능에 따라 현실적 노력을 거부한 채 환상 속으로 도피하고 현실을 미화하는 것은 상상에 있어 그리 중요한 부분을 차지하지 않는다. 오히려 상상은 실천을 통해 현실과 연결되며 예술가의 상상이 구체적인 현실과 얼마만큼 강도 깊게 관계하느냐에 따라 예술작품의 깊이와 풍부성이 결정될 수 있다. 레닌(V. I. Lenin)에 따르면 "모든 예술가에게 내용을 제공해 주는 근원은 구체적인 삶이다." 즉, 상상은 끊임없이 현실로부터 재료를 공급받고 있으며 현실적 재료를 근거로 해서 환상적 세계를 구축한다. 보이지 않는 것으로부터 형성된 상상은 없고 있을 수도 없다. 한번도 새나 물고기를 보지 못한 사람은 인어공주와 날개 달린 말을 상상해 낼 수 없고 유령과 같은 공포물의 주인공들도 시체나 병자 등을 통한 감각적 경험과 사고로부터 도출된 것이다. 상상이란 현실에서 빌린 이미지들의 새롭고 비현실적인 배합을 시도하는 것이다. 상상과 현실 간에 이처럼 깊은 유사성이 존재하기에 사람들은 예술작품에 동화되고 그로부터 깊은 영향을 받는다. 입센(H. Ibsen)의 작품 《인형의 집》이 실질적인 여성해방을 불러왔고, 괴테(J. W. von Goethe)의 작품 《젊은 베르트르의 슬픔》이 많은 자살자를 산출했다는 것은 무시할 수 없는 사실이다.

 상상은 현실 밖으로의 탈출이지만 우리에게 욕망의 충족을 가져다준다는 점에서 치유, 회복의 기능 역시 수행한다. 사회적·도덕적 규범을 지키기 위해 우리는 일상에서 끊임없이 욕망을 자제하고 억압한다. 이러한 이성적 검열을 잠시 그만두고 꿈과 환상을 통해 욕망을 상징적으로 충족시키는 행위는 결코 비난받을 만한 행동이 아니다. 우리가 평소에 가질 수 없는 부와 미를 상상하는 동안 우리는 현실적 제약으로부터 일시적 휴식을 취하고 쾌락적 욕망을 보충할 수 있다. 이러한 행동이 망상에 불과하다는 지적은 중요하지 않다.

인간은 이성적인 존재만은 아니며 따라서 일시적으로 이성적인 나를 잊는 것도 필요하다. 영화나 소설을 보고 감동하여 현실을 잠시 잊는 것도 정신건강에 유익할 수 있다. 아리스토텔레스는 비극적 장면 앞에서 관객이 느끼는 감정을 '카타르시스'라고 지칭했는데 이 경우 내가 현실 속에서 결코 행할 수 없는 폭력과 욕망을 간접적으로 실현하고, 그에 따른 비극을 목격함으로써 관객은 위험하고 해로운 내적 충동에서 벗어나게 된다. 환상을 통한 간접경험을 통해 인간은 자신의 육체적·동물적 충동에서 벗어나게 되는 것이다. 요컨대 상상이 반드시 현실의 부정인 것은 아니며 오히려 그것은 현실적 결핍을 보상해 줄 수 있다. 망각과 환상을 통해 인간은 정신적 균형을 찾을 수 있고 욕구불만을 해소하여 건강한 모습으로 현실로의 복귀를 준비할 수 있다. 니체는 모든 환상이 부정적이거나 쓸모없는 것이 아니며 환상이 인생의 가혹함을 견디게 해준다고 주장하기도 했다. 실제로 사회적 법규와 도덕에 의해 억압된 자유와 본능을 예술로 승화시키지 못할 경우 인간은 창조적 희열을 놓칠 수 있다.

더욱이 현실로부터 도출된 상상은 다시 현실에 투사되어 건설적이고 긍정적인 결과를 가져올 수 있다. 우선 상상의 예견적 성격을 생각해 보자. 현실로부터 유출된 요소들이 상상을 통해 다시 현실화되는 예를 우리는 수없이 목격한다. 레오나르도 다빈치(Leonardo da Vinci)가 상상했던 헬리콥터, 낙하산 등은 당시에는 상상이었으나 지금은 현실이 되었다. 달여행도 공상이었지만 점차 상상으로 발전되더니 이제는 현실이 되었다. 상상의 효율성은 예술, 과학, 기

르네 마그리트(René Magritte)의 〈골콘다(Golconda)〉, 1953.
르네 마그리트는 서로 고립된 현실적 물체와 논리를 뒤집음으로써 매혹적인 환상의 세계를 그렸다.

술 등의 여러 중요한 영역에서 확인된다. 예술적 상상은 기존에 존재하는 재료들, 색깔, 형태, 아이디어를 재창조함으로써 새로운 작품을 만들어낸다. 과학에 있어서도 가정이라는 상상이 실험의 과정에 있어 얼마나 중요한지는 이미 많은 학자들에 의해 밝혀진 바 있다. 어쩌면 위대한 발명품들이 만들어진 것은 과학자들의 창조적 상상력 덕분이라고 말할 수 있다. 과학자가 관찰을 통해 알게 된 것과 이미 알고 있던 지식을 통해 가설을 세울 때, 그는 자신의 상상력을 이용한다. 그리고 이 가정이 실험에 의해 증명될 때 그것은 자연에 작용하는 메커니즘에 더욱 적합한 이해를 우리에게 선사한다. 이러한 예가 보여주듯이 현실과 상상은 모순적 관계가 아닌 상호적 관계를 맺고 있다고 말할 수 있다. 상상은 현실과의 거리두기라기보다는 현실에 대한 보다 깊은 이해이다.

현실은 상상에 의해 재창조된다

현실이 상상으로부터 완전히 배제된 영역에서 독자적으로 존재한다고 생각하는 것은 너무 단순하고 순진한 사고이다. 현실은 끊임없이 상상에 의해 영향을 받고 있으며 어떤 의미에서는 상상이 현실에 의미를 부여하고 있다고도 말할 수 있다. 자연의 아름다움을 묘사한 그림을 한번도 보지 못한 채 생존에만 전념해야 했던 이는 석양에 물든 바다의 장관을 직접 목격했을 때 큰 미학적 기쁨을 느끼지 못한 채 단지 저 바다는 건너기에 쉽겠다거나, 내일은 날씨가 좋겠다거나, 물고기가 많이 잡힐 것 같다거나 등의 실용적인 계산만을 하게 될 것이다. 마찬가지로 독서를 하지 않아 인간의 심리를 잘 이해하지 못하는 이는 타인을 대할 때 그의 섬세한 감정을 이해하지 못하고 무미건조한 방식으로 대할 확률이 높다. 문학이나 연극 작품을 통해 우리는 사랑하는 법과 고통에서 벗어나는 법 등 삶의 지혜를 배운다. 비록 상상이 우리로 하여금 현실로부터 잠시 멀어지게 한다 하더라도 결과적으로 우리는 상상을 통해 현실과 보다 심도 깊은 관계를 형성하게 된다. 상상은 현실이 기계적으로 움직이는 물질적 공간, 생산적이고 효율적인 사회로 축소되는 것을 막아주고 새로운 눈으로 현실을 바라보도록 도와준다.

현실세계는 끊임없이 상상적 요소를 받아들이고 있으며 이를 통해 새로운 영역을 확보해 나가고 있다. 상상은 그것이 기술적이건 예술적이건 사물과 인간 사이의 관계를 지속적으로 변화시키는 특성을 지닌다. 우주비행사 놀이를 하는 아이를 우리는 웃으면서 바라보며 그것은 놀이일 뿐이라고 가볍게 여기지만, 우리도 어린 시절 이 아이와 같은 꿈을 가졌고 우리의 현실은 바로 그 꿈을 통해 이루어진 것이다. 우주비행사 놀이를 하는 아이는 바로 비행사가 된 자신의 미래를 상상하면서 그의 현실을 계획할 것이며 결국 언젠가 훌륭한 비행사나 우주과학자가 되어 우리의 현실마저 변화시킬지 모른다. 우리의 주변을 둘러보자. 비행기, 냉장고, 자동차 등 우리의 일상은 과거의 상상이 현실화된 기술적 발명품으로 가득 채워져 있으며 그 속에서 우리는 또 새로운 미래를 상상하고 있다.

상상은 움직이는 것이다. 즉, 그것은 본질적인 유동성이며 그렇기 때문에 자유와 직접적으로 연관된다. 독일 관념론은 상상력과 자유의 관계를 강조했는데 피히테(J. G. Fichte)는 상상력을 통한 동요, 유한과 무한 사이의 흔들림은 자유정신과 창조를 가능하게 한다고 명시했다. 상상력은 감각과 연관되는 수동적인 능력이 아니라, 역동적이며 창조적인 적극적 능력이다. 그렇다면 마르쿠제(H. Marcuse)가 미적 상상력을 통해 인간이 해방될 수 있다고 한 것도 자유와 상상력의 관점에서 이해할 수 있다.

사르트르 역시 상상에 의해 자유가 실현된다고 주장했다. "상상은 자유를 실현한다는 점에 있어 의식 전체이다." 그렇다면 상상력이 있다는 것은 곧 자유롭다는 의미일 수도 있다. 우리의 상상은 우리를 자유롭게 만든다. 상상을 통해 우리는 일상과 현실의 한계를 탈출한다. 그러나 현실 탈출이 현실 부정만을 의미하는 것은 아니다. 상상은 현실과 구별되는 것이기는 하지만 현실 부정이라기보다는 그 연장이다. 상상은 우리로 하여금 현실과의 관계를 차단하기보다는 현실의 초라함을 깨닫게 해준다. 따라서 참된 상상력은 인간으로 하여금 늘 새로운 현실을 찾아나서게 한다. 그리고 현실의 부족함을 상상으로써 극복하려는 이러한 노력은 우리로 하여금 더욱 심도 깊고 풍요로운 현실에 이르게 한다. 모든 상상적 사고는 기존의 질서를 변화시킨다. 그렇기 때문에 전체주의 국가에서는 온갖 수단을 동원해 예술의 자유를 억제하는 것이다.

플라톤은 예술은 실제로부터 이중으로 물러나 있는 모방이기 때문에 우리에게 진실에 대한 올바른 앎을 전달하지 못한다는 예술에 대한 부정적인 인식을 갖고 있었다. 그리고 이러한 이유로 그는 이상국가에서 화가, 조각가, 배우, 시인을 추방해 버릴 것을 주장했다. 그러나 예술은 플라톤이 생각한 것과 달리 외부적인 현실만을 묘사하는 것이 아니라 어찌 보면 감각적 현실보다 더 현실적이라 할 내부적 진실을 묘사한다. 즉, 예술적 상상력은 현실의 표면적 베일을 벗기고 감각이나 이성만으로 표현하기 어려운 그 무엇을 보여준다. 낭만주의 철학자들이나 신비주의자들은 현실이란 우리가 오감을 통해 파악하는 것에 국한되는 것이 아니며 진정한 현실은 지각된 현실에 의미와 중요성을 부여하는, 보이지 않는 것이라고 주장한 바 있다. 노발리스(Novalis)는 "예술가만이 인생의 의미를 판별할 수 있다"고까지 말했다.

사람들은 철학이나 과학을 통해 현실을 알 수 있다고 생각하지만 실제로 현실의 보이지 않는 면까지 포착할 수 있는 것은 상상하는 자의 눈뿐이다. 이처럼 상상은 결코 현실을 망각하게 하는 것이 아니라 인간으로 하여금 현실과 비현실 간의 대립을 초월하게 하는 역할을 한다. 과학자와 예술가의 상상은 현실로부터 시작된 새로운 것의 경험이며 예상하지 못한 구성을 통해 우리로 하여금 새로운 생을 살게 해준다. 상상은 언뜻 쓸모없는 것으로 보이지만 의식만으로 보이지 않는 현실의 깊이를 꿰뚫어 미래를 예언케 하는 힘을 부여하는 것이 바로 상상이다.

결론

상상과 현실은 모순되지 않는다. 이 둘은 끊임없는 대화를 통해 서로의 장점을 교환한다. 상상은 현실을 정신적으로 만들고 현실은 상상을 구체적으로 만든다. 그러나 보드리야르(J. Baudrillard)의 가상현실 이론이 보여주듯 이 둘의 관계가 너무 밀접할 경우 둘 사이의 간격이 무너지는 병리적인 현상이 벌어지기도 하는데, 이는 둘 중 하나의 비중이 높아지는 가운데 혼란이 발생했기 때문이다. 가상이 현실을, 혹은 현실이 가상을 흡수해 버린다면 우리는 이 둘 간의 균형적 대화를 통해서만이 찾을 수 있는 창조적 현실을 상실하게 될 것이다. 즉, 상상과 현실 중 그 어느 쪽에도 치우치지 않고 그 둘간의 대화를 촉구할 때라야 우리는 보다 풍요로운 현실을 얻을 수 있다.

셀린(L. F. Céline)[6]은 《밤의 끝으로의 여행》에서 다음과 같이 말했다. "여행하는 것, 그것은 필요하다. 그것은 상상력을 가동시킨다. 그외의 것은 실망과 피곤함뿐이다. 우리의 여행은 모두 상상적이고, 그것이 바로 그것의 힘이다." 실제로 상상언어는 우리의 일상언어로는 만들 수 없는 새로운 현실을 구축한다. 무한한 가능성으로 이어진 상상은 단지 현실을 속이거나 부정하는 것이 아니라 현실을 새롭게 변용시킬 수 있는 능력이다. 그러므로 창조적인 상상력을 발휘하기 위해서는 날카로운 통찰력으로 자연과 인간의 본질

---

6) 셀린(Louis-Ferdinand Céline, 1894~1961) : 프랑스의 작가·의사. 1932년에 나온 첫 소설 《밤의 끝으로의 여행(*Voyage au bout de la nuit*)》으로 유명해졌다. 고통과 절망 속에서 생의 의미를 찾아 헤매는 인간의 이야기를 격렬하고 체계 없는 문체로 쓴 이 소설로 인해, 그는 20세기 프랑스 문단에서 혁신적 인물로 주목받았다. 후에 그는 광적으로 반(反)유대인 감정을 키워갔고, 3권의 악명 높은 책으로 이를 표현했다. 그의 작품에 나타나는 혹독한 절망, 도덕에 대한 무관심, 분노와 외설에 대해 일부 비평가들은 비판적이지만, 고뇌에 차 있으면서도 화려한 그의 문체에 역설적으로 인본주의가 내재되어 있다고 평하거나 그의 광란을 견딜 수 없는 세상의 악에 대한 반란으로 해석하는 이들도 있다.

을 이해하고 역사의 법칙을 발견해야 하며 무엇보다 관습이나 선입견을 무너뜨릴 수 있는 지적 용기를 지녀야 한다.

바칼로레아의 질문들

- 무로부터 상상을 이끌어낼 수 있는가? (1988)
- 상상은 진리의 적인가? (1995)
- 어떤 의미에서 상상은 행복에 기여하는가? (1993)

더 생각해 봅시다 ❶

상상은 반드시 기만적인가?

상상을 통해 우리는 현실을 잊기도 하고 현실 속에 존재하지 않는 것들을 만들어내기도 한다. 그러나 상상을 할 때, 우리는 그 사실을 충분히 인지하고 있으므로 상상이 진정한 의미에서의 기만이라곤 볼 수 없다. 가령 영화 속 주인공이 우리를 속였다고 말할 사람은 아무도 없다.

유토피아나 낙원을 상상하는 것은 우리의 현실을 좀더 아름다운 곳으로 가꾸어가기 위함이다. 이것은 망상으로 끝날 수도 있지만 이 유토피아의 이상을 통해 우리는 현실을 개혁하고자 하는 의지를 키울 수도 있다. 실제로 '상상은 기만적이다'라는 표현은 결코 상상을 비방하는 문구만은 아니다. 왜냐하면 바로 그 기만적인 성격 덕에 상상은 소중한 것이 되기 때문이다. 상상이 우리의 습관화된 이성을 속이기 때문에 우리는 다른 세상, 다른 현실을 꿈꿀 수 있다. 상상의 기만은 거짓말과 같은 의도된 기만과 달리 건설적이며 인간의 삶을 풍요롭게 해 줄 수 있다. 상상이 삶에 어떤 도움을 주는지를 생각해 보자.

더 생각해 봅시다 ❷

"이 세상에서 환영의 세계야말로 사람이 살 가치가 있는 유일한 곳이며 이 사실은 인간사의 허무함을 잘 말해 준다. 그 자체로 존재하는 자(신) 외에, 존재하지 않는 것보다 더 아름다운 것은 없다"고 루소는 말했다. 이 문장의 뜻을 설명해 보라

여기서 루소는 현실보다 상상이 더 소중하다고 말하고 있다. 환영의 세계에서만이 살 가치가 있다는 그의 주장에서 우리는 루소의 현실에 대한 실망을 읽을 수 있다. 루소는 현실세계의 추함 때문에 환영의 세계만이 의미를 가지며 그곳으로 도피하는 것이 낫다고 설명한다. 실제로 우리 모두에겐 상상을 통해 현실의 고통과 허무함을 견디어본 경험이 있을 것이다.

그러나 루소처럼 상상의 세계를 지나치게 강조하는 것은 위험하지 않을까? 상상이 가끔 우리를 위로해 줄 수는 있다 해도 현실과 정면으로 부딪혀야 할 경우가 현실에선 다반사이다. 루소의 태도는 현실을 회피하는 무책임한 태도가 아닐까? 베르그송은 현실이 상상보다 더 풍요로운 것은 현실 속에서만 무엇인가가 발생하기 때문이라고 말했다.
 현실을 무조건 부정하기보다는 현실과 상상 사이의 조화를 추구해야 하며 그 조화 속에서만이 우리는 행복을 발견할 수 있다. 현실과 상상의 관계에 대해 좀 더 깊이 생각해 보자.

07

우리는 현재를 과거보다 더 잘 알고 있는가?

Baccalauréat, 2004

역사에 있어 우리는 많은 것을 알 수 없다는 사실에 수긍해야 한다.
아나톨 프랑스(Anatole France, 프랑스 작가)

역사의 의무는 진실과 허위, 확실과 불확실, 의문과 부인을 분명히 구별하는 것이다.
괴테(Johann W. von Goethe, 독일 시인·극작가)

우리는 절대로 우리가 사는 시대의 완전한 동시대인일 수 없다.
에드위 플레넬(Edwy Plenel, 프랑스 기자)

서론

우리는 현재와 과거 중 무엇을 더 잘 알 수 있을까? 과거에 비해 현재는 우리와 시간적으로 더 가깝게 있으므로 우리는 현재를 더 잘 알고 있다고 생각하기 쉽다. 그렇지만 사실상 현재를 객관적으로 판단하는 것은 결코 쉬운 일이 아니다. 현재란 과거와 미래 사이에 존재하며 그 경계가 불분명하기 때문에 어디서 현재가 시작되고 끝나는지를 결정하는 것은 상당히 어렵고 모호한 작업이 될 수 있다. 물론 과거를 제대로 이해하는 것도 쉬운 일은 아니다. 과거란 이미 사라진 시간이므로 인식만으로 과거 그대로의 모습을 재현하는 것은 불가능하다. 과거의 사건을 연구함에 있어 자료의 부족이나 현실과의 괴리, 주관적 시각의 개입은 난점으로 작용할 수 있다.

　인간 의식이 시간을 제대로 포착할 수 없다는 것은 인간의 유한성을 상징적으로 보여준다. 아무것도 망각하지 않고 객관적으로 현실을 고찰하고 과거를 평가하며 미래를 예측할 수 있는 능력이 인간에겐 존재하지 않는다. 현재나 과거에 관심을 가질 때 만나게 되는 주요 문제점들은 무엇일까? 우선 현재와 과거에 대한 정의를 시도해 보자. 그리고 시간성을 넘어설 수 없는 인간 의식의 한계에 대해 고찰해 보자.

현재와 과거에 대한 인식의 어려움

현재와 과거는 일상생활에서 우리가 자주 사용하는 개념이므로 비교적 설명하기 쉬운 것처럼 느껴질 수 있다. 그러나 그것을 막상 정의하려 할 때 문제는 보다 복잡해진다. 아우구스티누스는 《고백록》

에서 "시간이란 무엇인가? 아무도 내게 그것을 묻지 않을 때 나는 그것을 알고 있다. 그러나 만약 누군가 그것을 내게 묻고 설명해 달라 한다면 나는 그것을 알 수가 없다. …… 과거는 더 이상 존재하지 않는 것이고 미래는 아직 존재하지 않는 것인 이상 과거란 무엇인가? 현재와 관련해선 과거에 접합되지 않고 계속 현재로 남아 있다면 그것은 시간이 아니라 영원일 것이다"라고 말하며 시간을 정의하는 것이 얼마나 어려운 일인지를 토로했다. 아우구스티누스가 밝혔듯이 과거와 현재는 둘 다 명확히 설명하기 어려운 개념이다. 과거는 사라졌고 더 이상 현실이 아니므로 접근하기 어렵고, 현재의 경우 그것은 너무도 빨리 없어지기 때문에 사라지기 전에 그것을 포착하기란 쉬운 일이 아니다.

우선 '현재가 과연 존재하는가'라는 질문을 던질 수 있다. 습관적으로 우리는 현재를 오늘, 이 시대, 이 시간에 일치하는 것으로 생각한다. 그러나 좀더 엄격하게 생각해 본다면 현재란 바로 이 순간만을 가리키는 것이다. 그외 모든 것은 이미 과거이거나 내게 다가올 미래의 시간이다. 그렇다면 이 순간이란 무엇인가? 너무도 짧은 이 현재란 시간은 무한으로 분해할 수 있는 매우 모순적이고 복잡한 시간 개념이라고 할 수 있다. 면밀히 말해 현재는 공간성을 지니지 않는 일종의 시간폭발, 혹은 과거와 미래의 접촉점에 불과하다. 내가 '현재'라는 단어를 발음하는 순간, '재'를 발음할 때 '현'이란 음절은 이미 과거에 속하게 된다. 다시 말해 나의 현재는 금방 나로부터 멀어진 과거이며 곧 임박할 미래이다. 아리스토텔레스는 《물리학》에서 이 순간이 지닌 특별한 속성에 관심을 기울이고 다음의 결론에 도달한다. "순간이란 어떤 의미에선 같은 것이고 어떤 의미에선 다른 것이다. 이것이 바로 순간의 본질이다." 이 논리에 따라 소피스트들은 학교에 와 있는 코리쿠스(Coricus)와 광장에 있는 코리쿠스는 같은 코리쿠스가 아니라는 주장을 폈다. 코리쿠스가 이동하는 동안 그는 변화했을 것이고 따라서 같은 코리쿠스일 수 없다는 것이다.

소피스트들과 달리 아리스토텔레스는 "광장에서 학교로 이동하는 사이 시간이 흘렀더라도 코리쿠스라는 개인은 같은 사람이다"라고 주장했다. 그러나 과연 이런 불변하는 정체성을 신임할 수 있는 것일까? 늙고 몸이 완전히 변형되고 그 사이 중요한 만남을 가져 새로운 생각을 하게 된 코리쿠스도 과거의 코리쿠스와 같은 사람일까? 사실상 코리쿠스에게 이름을 부여하고 그는 어떤 성격을 지녔다고 생각하는 우리의 정신만이 그에게 영구성을 부여하고 있는 것이 아닐까? '현재'라는 시간은 끊임없이 변하는 사물 속에서 실제로 존재하는 시간이라기보다는 우리 정신 속에서만 존재하는 시간일 수 있다. 우리의 정신은 영구적인 변화의 흐름 속에 놓여 있는 것들을 멈춰진 이미지를 통해 일시적으로 정지시키고자 하나 이 이미지는 필연적으로 인공적이며 부분적으로 허구일 수밖에 없다. 현재란 시간은 '~ 동안'이다. 우리는 '동안'을 느끼지만 동안이란 시간을 잴 수는 없다. 따라서 '부단하게 흘러가는 현재라는 시간을 과연 인간의 인식이 포착할 수 있는가' 하는 의문을 던지게 된다.

과거에 대해 정확히 아는 것 역시 쉽지 않다. 우리가 어떤 과거에 대해 관심을 가질 때 그 과거를 설명해 주는 것은 과연 무엇인가?

우리가 직접 경험한 과거라면 부분적인 기억이 남아 있을 수도 있다. 그러나 그 기억을 모두 되찾을 수 있을까? 그리고 만약 경험하지 않은 과거라면 증거에 의존해야 하는데 그 증거가 정당하고 객관적인지를 증명할 수 있는 방법은 확실치 않다. 과거를 증명해 주는 과거의 사건과 관련된 사물이나 건물, 텍스트들도 모두 과거의 흔적일 뿐 과거의 현실은 아니기 때문이다. 가령 살인사건을 형사가 살인 용의자에게 다시 재현해 보라고 명령한다고 해서 그 사건 자체를 그대로 다시 경험한다는 것은 불가능하다. 요컨대 우리는 과거를 남아 있는 것을 통해서만, 그리고 과거와 현재 간의 중재를 통해서만 알 수 있다.

이처럼 우리가 예상했던 것보다 과거와 현재를 아는 것은 훨씬 더 어려운 듯하다. 현재는 잡을 수 없는 순간이며 이미 과거가 된 현재를 제외하곤 어떤 흔적도 남기지 않기 때문에, 과거는 이미 존재하지 않기 때문에 우리의 인식은 현재와 과거를 있는 그대로 인식할 수 없다.

물질계의 시간

과학적 사고는 필연적인 원인-결과의 법칙에 의해 물질세계가 움직인다는 것을 우리에게 가르쳐준다. 돌의 낙하나 생태계의 운동, 날씨의 변화 등은 복잡하긴 하지만 불변하는 원리에 순응한다. 여기에 우연이나 자유의지가 개입할 여지는 없다. 그렇기 때문에 우리는 결정론적인 관점에서 물질계를 바라보며 자연계의 현재는 과거의 연속일 뿐이라고 말할 수 있다. 즉, 물질계의 과거와 현재는 동일하기에 그것의 과거나 현재에 대한 정확한 인식을 할 수 있고 그러한 앎으로부터 그것을 다시 재구성할 수 있는 인식 역시 얻을 수 있다. 시간을 초월하는 보편적 원리로부터 구체적 사물들의 움직임을 추론하는 것은 19세기의 과학자 라플라스(P. S. de Laplace)의 바람이었다. 그는 다음과 같이 말한다. "현재 주어진 지성이 자연을 움직이는 힘과 그것을 구성하는 존재들의 상호 상황을 알고 이 정보들을 분석할 수 있을 만큼 광대하다면 같은 공식 안에서 가장 큰 우주물체의 움직임과 가장 작은 원자의 움직임도 알 수 있을 것이다. 아무것도 불확실한 것이 없을 것이고 과거와 마찬가지로 미래는 우리의 눈앞에 현실로 펼쳐질 것이다."

그러나 여기서 라플라스가 언급한 것은 무한정신으로, 인간 정신은 결코 이러한 이상을 실현할 수 없다. 또한 현대물리학, 특히 아인슈타인과 하이젠베르크의 물리학은 우주의 현재 상태는 완전히 결정된 것이 아님을 증명하였다. 미래는 가능태로 존재하고 그 개연성을 계산할 수 있는 여러 방법들은 존재하지만 이미 정해져 있는 것은 아니라는 것이다. 요컨대 라플라스가 절대결정론을 믿었다면 우리 현대인들은 가연적 결정론이 더 정당하다고 생각한다.

이처럼 물질계에서조차 현재와 과거의 관계는 복잡하다. 예를 들어 우주의 과거를 현재의 인식으로 재구성하고자 했던 빅뱅이론이 얼마나 많은 이론적 문제점들을 만나게 되었는지만 보아도 이러한 사실은 증명된다. 그러나 과거-현재-미래를 통괄하는 절대진리가 존재하지 않는다 할지라도 인식의 대상이 자연계일 경우 과거와 현재를 보다 쉽게 인식할 수 있음은 분명하다. 여전히 과학자들은 우주를 지배하고 있는 움직임의 대법칙들을 추출해 낼 수 있고 과거와 현재를 이 원칙에 맞추어 설명할 수 있다. 이러한 사실로부터 철학자 딜타이(W. Dilthey)는 역사적 인식과 (또한 심리학, 사회학 등 현재 문제를 다루는 모든 인문과학과) 자연과학의 인식 사이엔 차이가 존재한다는 주장을 이끌어낸다. 자연과학의 인식은 명확한 원인-결과의 구조를 알아내고 실험을 통해 그것을 검증할 수 있는 데 반해 인문학은 연구된 현실들을 객관적으로 설명할 수 없다. 인문학에서 우리가 할 수 있는 것은 설명이 아니라 그것을 이해하는 것, 즉 주관적 상황에 따라 상대적인 관점에서 그 사건의 동기와 그 행위의 의미를 파악하는 것뿐이다.

지속과 직관

보다 복잡한 문제는 인식대상이 인간 개인일 경우에 발생한다. 개인에게 있어 시간은 내적이고 주관적인 것이다. 베르그송은 개인이 자신의 과거와 현재를 잘 알기 위해선 존재의 지속성을 절실히 체험하고 직관에 의존해야 한다고 말한다. 그에 따르면 공간적 사유에 묶여 있는 지성은 시간현상으로서의 생명의 흐름을 제대로 이해할 수 없기에 지성을 넘어서는 직관능력을 필요로 한다. 지성의 분석메커니즘과 상관없이 시간적 지속을 직관에 따라 즉각적으로 느끼고 파악할 때 인간은 비로소 시간을 느낄 수 있기 때문이다. 이와 관련해서 베르그송은 "순수한 지속은 자아가 그냥 스스로를 내버려 둘 때, 현재 상태와 그전 상태를 구분하고자 하는 노력을 하지 않을 때, 우리의 의식의 연속이 취하는 형태이다"라고 말했다.

베르그송의 시간관을 따른다면 우리는 직관에 의해 끊임없는 흐름을 지각할 수 있다. 이 경우 과거와 현재는 노래의 멜로디처럼 뒤섞일 것이고 과거와 현재를 명확히 구분할 수 없게 되겠지만 적어도 이 방법은 현재라는 시간에 대한 앎을 가능케 할 것이다. 여기서 현재란 부질없이 사라지는 순간이 아니라 과거, 현재, 미래가 상호 전도되거나 상호 침투됨으로써 야기되는 의식의 현재이다. 이와 같은 베르그송적 의미에서의 현재는 본질적으로 숫자로 기록되는 공간시간과는 구분되는 감정적이고 인간적인 시간이다. 공간적 논리에 의해 분해되지 않고 분석되지 않는 순수 지속으로서의 시간에 대해 베르그송은 다음과 같이 말한다. "감정이 살아 있는 것은 감정의 발전이 이루어지는 지속이, 그 지속의 순간들이 서로 스며드는 지속이기 때문이다. 그런데 우리는 그 순간들을 서로 분리시키면서, 즉 시간을 공간에 펼쳐놓으면서 그 감정들의 생기와 색채를 잃게 한 것이다. 우리는 따라서 우리 자신이 아니라 우리 자신의 그림자를 대면하고 있는 것이다. 우리는 우리의 감정을 분석한다고 믿었으나, 사실은 죽은 상태들의 병치로 그것을 대체한 것이다." 요컨대 살아 있는 시간, 그것을 베르그송은 현재라고 부른다.

현재를 이해한다는 것

직관을 통해서가 아니라 측정할 수 있는 일반적인 의미에서의 현재에 접근할 경우 우리는 국한된 인간의 인식으로 감당하기에 현재란 너무 광범위한 범주라는 사실을 깨닫게 된다. 현재란 내가 지금 책을 읽고 있는 바로 이 순간이다. 그런데 이 현재를 이해하려면 같은 순간 다른 여러 나라에서 일어나는 모든 일을 동시에 알고 있어야 한다. 그런데 아무리 좋은 신문도 그 모든 사건들을 다 다룰 수는 없다. 게다가 보이는 외양이 현재의 진실을 말해 주는 것도 아니다. 예를 들어 겉으로 조용해 보이는 나라가 쿠데타나 내란을 준비하고 있을 수도 있는데 이 모든 상황을 파악할 수 있을 만큼 완벽한 인식은 존재하지 않는다. 인간의 의식은 선별적이고 의도적이라 주관적 해석의 문제도 배제할 수 없다.

　우리는 가끔 뉴스를 보고 듣는 것만으로 현재 일어나고 있는 모든 것을 알고 있다는 착각에 빠지게 된다. 그러나 이러한 정보는 매우 피상적이다. 우선 뉴스는 현재 발생하고 있는 수많은 사건들 중에서 선별된 것들만 보도한다. 그리고 일반적으로 뉴스는 비판적 관점이나 과거 사건과의 연계설명 같은 심층적 분석 없이 제공된다. 무엇보다도 일어나고 있는 사건이 우리의 현실과 연관될 경우 그 사건을 객관적으로 평가하기 어렵다. 그러기 위해선 사건과 얼마간의 거리를 유지해야 하는데 나의 나라, 나의 지역과 사건이 직접적으로 연관될 경우 우리는 그 사건의 함축적 의미를 이해하지 못할 가능성이 높다. 사실상 사건에 대한 성찰은 시간이 흐른 후에 행해지는 것이 일반적이다. 그렇다면 현재에 대한 우리의 앎은 모두 환상에 불과한가? 역시 과거에 대한 앎이 보다 쉽다고 말할 수 있을까?

역사의 객관적 이해

물론 역사가들은 보다 정교하고 느리고 세심한 방식으로 과거의 사

발레리는 역사는 "사람들이 하는 것을 정당화시킨다"고 말했고, 마키아벨리는 정치가들이 "한 세기를 불명예스럽게 한 사건들은 대부분 감추고 그것을 명예롭게 한 것은 확대하여 과장되고 화려한 용어로 이야기한다"고 지적했다. 객관적인 역사란 존재하는가? 자료와 증거를 선택하는 순간부터 우리는 역사를 새로 쓰고 있는 것이 아닐까?

건을 검토하기에 기자의 기사보다 더 의미 있는 해석을 제공할 수 있다. 따라서 과거를 이해하는 것이 현재를 이해하는 것보다 상대적으로 더 쉽게 보일 수 있다. 많은 증거와 자료를 통해 우리는 과거를 이해하려고 한다. 그러나 아무리 자료의 양이 많더라도 가장 중요한 자료들이 은닉되거나 사라졌을 가능성을 배제할 수 없다. 세계에는 아직도 접근할 수 없는 많은 사료들이 있으며 보존된 자료가 반드시 가장 중요한 자료라고 말할 수 없다. 이와 관련해서 알랭(Alain)[7]은 다음과 같이 말한다. "사료란 쥐의 이빨, 상속자의 태만, 화재의 불길, 구멍 뚫린 의자의 수선 등을 우연하게 피한 낡은 종이이다." 틀린 내용을 담은 자료, 조작된 비방성 자료도 분명 존재할 것이며 우리의 인식처럼 혼란스럽고 부정확할 수도 있다. 무엇보다 어떤 연구자도 모든 자료를 다 참조할 수는 없기에 어떤 자료를 사용할 것인지를 설정하는 과정에서 역사가의 주관성이 개입된다. 또한 사건을 바라보는 역사가의 시각은 결코 중립적일 수 없으므로 역사연구는 근본적으로 객관성을 결여하고 있다는 점을 지

---

7) 알랭(Alain, 1868~1951) : 프랑스의 철학자·평론가. 정신 기능을 지성의 분석과 의지결정의 공동으로 포착하여, "잘 판단하는 것은 잘 행위하는 것이다"라고 하여, 거기에서 인간 이성의 양식으로서의 고귀함을 평가하였다. 그가 말하는 이성은 단순히 철학 원리에 그치지 않고, 삶 전체의 근저가 되는 양식이었다. 주요 저서에 《정신과 정열에 관한 81장(*Quatre-vingt-un Chapîtres sur l'esprit et les passions*)》(1917),《예술론집(*Systèmes des beaux-arts*)》(1920),《행복론(*Propos sur le bonheur*)》(1928),《나의 사색의 자취(*Histoire de mes pensées*)》(1936),《종교론(*Propos sur la religion*)》(1939),《스탕달론》,《발자크론》 등이 있다. 그의 저작은 넓은 영역에 걸쳐, 철학자뿐만 아니라 문학자에게도 깊은 영향을 끼쳤다.

적하지 않을 수 없다. 수많은 증거에 기초해서 역사가들은 한 사건을 그 상황적 맥락에서 분석하고, 그 경제적·정치적·사회적·문화적·이데올로기적 원인을 살피며, 체계적 방법으로 분석한다. 그러나 아무리 정교하고 객관적인 분석을 시도한다고 해도 역사가는 주관적 해석을 피할 수 없다. 증거로 쓰일 자료를 연구하고 수집할 때에도 역사가의 주관은 개입될 것이며, 역사적 사건에 대한 총체적 평가는 그의 세계관에 의해 결정될 가능성이 높다. 이와 관련해 폴 리쾨르(Paul Ricoeur)는 《역사와 진리》에서 "자료는 역사가가 그것에 질문을 하기 전에는 자료가 아니었다"고 말한다. "훌륭한 역사가는 어떤 시간, 어떤 국가에도 속하지 않는다"고 리고(Hyacinthe Rigaud)[8]는 페늘롱(Fénelon)[9]에게 말했지만 이는 현실적으로 상당히 어려운 일이다. 역사가가 아무리 객관성을 추구한다 해도 그는 특정 사회, 시대, 계층에 속하기 때문에 자신의 가치관과 시대적인 관심을 피할 수 없다. 마크 페로(Marc Ferro)[10]는 역사적 담화는

---

8) 리고(Hyacinthe Rigaud, 1659~1743) : 바로크 시대 프랑스의 초상화가들 가운데 가장 많은 작품을 제작하고 가장 큰 성공을 거둔 화가의 한 사람. 공식 예복차림의 루이 14세를 그린 유명한 초상화(1701, 루브르 박물관 소장)처럼 대형 공식 초상화에서 특히 뛰어난 솜씨를 보였다.

9) 페늘롱(Fenelon, 1651~1715) : 프랑스의 대주교·신학자·저술가. 정치와 교육에 관한 자유주의적 시각과 신비적 기도의 본질에 관한 논쟁에의 개입으로 국가 및 교회의 공격을 받았다. 그의 교육관과 문학작품은 프랑스 문화에 지속적인 영향을 끼쳤다. 1685년 루이 14세가 낭트 칙령을 폐지하고 위그노교도(프랑스 칼뱅주의자들)에 대한 박해를 강화하자, 페늘롱은 프로테스탄트들과 공개적으로 만나(1686~87), 가톨릭 교리를 합리적으로 제시하고 가톨릭의 편협성에서 나온 냉혹함을 완화하려고 노력했다. 그는 프로테스탄트 신앙에 동조하지 않았지만 가톨릭으로의 개종 강요도 비난했다.

무의식적인 이데올로기에 종속되어 있기에 아이들에게 그것을 객관적으로 설명하는 것은 매우 어려운 일이라고 강조한 바 있다. 역사학자 카(E. H. Carr)는 역사학은 원인에 대한 학문이며 역사적 원인은 역사가가 서 있는 현재 위치에 따라 변할 수 있다고 보았다. 그런데 여기서 우리는 역사가의 '현재 위치'에 대해 질문할 수 있다. 위에서도 언급했듯이 현재란 고정된 시간이 아니다. 현재란 끊임없이 과거 속으로 사라지면서 미래로 나아가는 관념적 존재이다. 따라서 현재를 통한 과거에 대한 설명은 이미 미래를 향한 개인의 이념적 계획을 함축하게 된다. 가령 언젠가 공산주의 혁명이 반드시 성공할 것이라고 믿는 사람이라면 현재에 대한 그의 이해도 보이지 않는 혁명의 한 과정으로 여겨질 것이다. 즉, 역사가는 자신의 가치관에 따라 목적론적 판단을 내리게 될 것이며 그것으로 역사의 원인과 인과관계를 설명할 것이므로 역사적 지식의 객관성은 보장될 수 없다.

물론 역사가가 자신의 기분에 따라 연구를 진행하는 것은 아니다. "인간은 검증 없이 지난 사건과 관련된 전통을 받아들이고 계승한다"고 투키디데스(Thucydides)[11]는 말했다. 이에 반해 역사가들

---

10) 마크 페로(Marc Ferro) : 역사가. 수십 년 동안 제1차 세계대전, 볼셰비키 러시아혁명, 프랑스혁명사 등 20세기 연구에 몰두하였다. 주요 저서로 《식민주의의 검은 책》, 《역사의 터부》, 《영화와 역사》 등이 있다.
11) 투키디데스(Thucydides) : 기원전 5세기 후반에 활동한 고대 그리스의 위대한 역사가. 기원전 5세기에 일어난 아테네와 스파르타의 전쟁을 다룬 《펠로폰네소스 전쟁사(History of the Peloponnesian War)》의 저자이다.

이란 사건과 자료에 대해 훨씬 더 신중하고 과학적인 태도를 취하는 이들임이 분명하다. 기존의 생각을 무조건 받아들이기보다는 비판적 관점으로 사건을 바라보는 것에서 역사학은 시작됐다. 다시 말해 역사가에게 연구의지를 불러일으키는 것은 진리에 대한 욕망이며 진정한 역사가란 스스로의 한계와 주관성에 대해 충분히 비판적인 입장을 취할 수 있는 자이다. 예를 들어 투키디데스와 헤로도토스(Herodotos)가 공정성을 지키기 위해 자기 민족들뿐 아니라 적의 의견에도 귀를 기울였다는 사실은 이러한 노력을 증명한다. 또한 역사가는 혼자 일하는 것이 아니라 과학적 공동체의 동의를 구해야 하기에 그 과정에서 지나친 주관적 해석을 피할 수 있다. 그러나 모든 역사적 이해는 자연과학과 달리 해석의 가능성이 널리 열려 있다. 레이몽 아롱(Raymond Aron)[12]이 지적하듯 역사적 실재는 "다의적이고 다 밝혀질 수 없는 것"임이 분명하다. 가치중립적이고 엄격한 검증과정을 거친 사실에만 관심을 두기 때문에 인간의 주관성이 개입될 여지가 없다고 평가된 자연과학 분야에서마저 절대적 객관성이 의심되는 지금, 인간의 실존과 관련된 역사에 있어 상황은 더욱 복잡할 수밖에 없다.

---

12) 레이몽 아롱(Raymond Aron, 1905~1989) : 프랑스 정치·사회학자. 1957년 콜레주 드 프랑스의 교수가 되어 사회학을 강의하면서 마르크스주의적 경제사관 비판, 공업화 사회 분석 등에 관한 저서를 발표하였다. 주요 저서에 《현대독일사회학(*La Sociologie allemande contemporaine*)》(1935), 《지식인들의 아편(*L'Opium des intellectuels*)》(1955), 《민주주의와 전체주의(*Démocratie et totalitarisme*)》(1965), 《회고록》(1983) 등이 있다.

역사는 특정 사건을 일으킨 자와 그 사건을 받아들이는 자의 고유한 가치관을 동시에 담고 있다. 어떤 시대에도 속하지 않는 공정한 눈을 지니기를 바라는 것은 역사가의 염원일 뿐이다. 어떤 의미에선 역사연구에 있어 주관성은 필요하다고까지 말할 수 있다. 사실 주어진 사건들을 수동적으로 모두 받아들이는 태도는 커다란 지식정보센터를 구축할 수는 있어도 단순한 사실들의 열거일 뿐, 어떤 특별한 의미도 설득력도 갖지 못한다. 사건들을 순서대로 늘어놓는다면 그것은 기껏해야 연대기에 불과할 뿐이다. 헤겔은 "평범하고 재능 없는 역사가들만이 자신의 태도는 수용적이며 데이터에 충실하다고 주장한다"고 말한 바 있다. 올바른 역사가라면 사건의 발생을 기술하지 않고 그 사건의 발생 이유와 조건, 결과를 이해할 수 있는 해석을 시도할 것이다. 문제는 그 해석과정에서 주관성을 피하기 어렵다는 것이다.

역사를 전능한 객관적 관점에서 바라본다는 것은 결코 가능하지 않다. 역사가의 의무는 인간의 한계를 극복하는 것이 아니라 자신의 이론이 잠정적이며 불완전하다는 사실을 겸허하게 인정하고 주어진 가능성 내에서 최대한 진리추구의 의무를 수행하려고 노력하는 것이다. 자신의 약점을 감출수록 역사는 더 기만적인 것이 될 수 있다. 헤로도토스가 지적했듯이 역사는 과학이 아니라 탐구이다. 따라서 양심적인 역사학자라면 자기의 이론적 원칙을 확실히 밝히고 자기가 소홀히 취급한 자료들도 존재했음을 밝히는 것이 중요하다.

과거의 재창조

역사적 자료는 현재의 이해관계나 정열, 바꾸고 싶은 의지에 따라 끊임없이 재창조된다. 발레리는 역사는 "사람들이 원하는 것을 정당화시킨다"고 말했다. 실제로 정치권력은 자신의 부정과 폭력적인 과거를 지우기 위해 끊임없이 역사를 새로 썼다. 제2차 세계대전 동안 가스실은 존재하지 않았다고 주장하는 개정론자들의 주장이 그 한 예이다. 특별히 악한 의도를 지니고 있지 않더라도 각 세기는 스스로를 황금기로 평가하고 앞선 세기의 업적을 폄하하거나 비판하곤 한다. 마키아벨리(N. Machiavelli)는 정치가들이 "한 세기를 불명예스럽게 한 사건들은 대부분 감추고 그것을 명예롭게 한 것은 확대하여 과장되고 화려한 용어로 이야기한다"고 지적했다. 예를 들어 프랑스인들은 프랑스혁명이 야기한 한계와 문제점은 언급하지 않은 채 그 이상적인 측면만을 강조하는 경향이 있다. 또한 프랑스혁명이 당시 유럽, 나아가 세계의 정치와 지성적 움직임에 신세를 지고 있었다는 사실을 프랑스 역사가들은 특별히 강조하지 않을 것임이 분명하다. 실제로 고통스런 과거를 지닌 자가 프로이트가 '억압'이라고 말한 무의식 작용을 통해 진짜 과거를 은닉하고 거짓 과거를 만들어내듯이 보존된 역사적 기억은 부차적인 기억일 수도 있고 의식에 의해 사실과 다르게 해석된 창조물일 수도 있다. 역사가는 무감정적·무시간적 존재가 아니다. 아무리 객관성을 추구하려 해도 그는 자신이 속한 사회와 문화공동체를 대변할 것이기에 그가 던지는 질문은 역사가가 속한 시대의 질문임을 우리는 인정해야만 한다. 역사가의 정치성향이나 사회적 위치 역시 우리는 고려해야만 한다. 이처럼 아무리 학자적 양심을 지키고 객관성을 유지하려 한다 해도 자신의 주관성마저 부인할 수는 없을 것이므로 역사가가 우리에게 소개하는 과거는 모호한 성격을 배제할 수 없을 것이다.

결론

현재와 과거 중 어떤 것을 더 쉽게 알 수 있는지의 문제를 판가름하는 것은 쉽지 않다. 현재가 우리에게 가깝다는 이유만으로 더 쉽게 현실을 이해할 수 있는 것도 아니고 과거에 대한 객관적 증거가 있다고 해서 그 해석에 있어 오류를 피할 수 있는 것도 아니다. 자연계의 시간의 경우 좀더 접근하기 쉬운 것이 사실이지만 위에서 언급했듯이 절대결정론은 과학에서도 더 이상 통용되지 않으며 확률에 의존할 수밖에 없다. 결과적으로 인간이 자신의 과거, 현재와 맺고 있는 관계는 인간 인식의 근본적인 한계를 보여준다.

E. H. 카는 역사를 "현재와 과거의 끊임없는 대화"라고 말했다. 그리고 역사가의 임무란 "과거가 어떠했는지를 보여주는 것"이 아니라 "현재적 인식, 관심에 따라 과거와의 대화를 시도하는 것이며 그 대화의 결과로 성립되는 것이 역사"라고 평했다. 말하자면 현재를 사는 역사가의 관점과 문제의식에 의해 새로 해석, 창조될 때 과거의 사건은 역사적 사건이 될 수 있다는 것이다.

"역사는 항상 새롭게 다시 쓰여지며, 따라서 모든 역사는 현재의 역사이다"라고 칼 베커(Carl Becker)가 말했듯이 과거는 관점에 따라 끊임없이 재창조되기에 역사적 진리는 잠정적일 뿐이다. 현재에 대한 객관적 접근도 현재 일어나는 사건과 그것을 바라보는 관찰자 간에 충분한 거리가 보장되지 않기 때문에 거의 불가능하다. 이처럼 시간 속의 인간을 파악한다는 것은 쉬운 일이 아니다. 인간의 유한성이 가장 잘 드러나는 것 중의 하나가 시간이다. 인간은 시간성에 의해 특징지어진 존재인 동시에 그 시간성을 제대로 파악할 수 없다는 모순을 안고 있는 존재이다. 시간에 대한 객관적인 판단이 지극히 어렵다는 것을 의식함으로써 우리는 좀더 겸허하고 성실하게 시간의 문제를 다루게 된다.

바칼로레아의 질문들

- 기억만으로 역사가는 연구를 진행할 수 있는가? (2000)
- 역사란 필수불가결한 학문인 동시에 불가능한 학문인가? (1999)
- 역사는 증언이 필요한가? (1999)
- 한 사건이 역사적이라는 것을 어떻게 알 수 있는가? (1999)
- 과거를 모른 척할 수 있는가? (1997)
- 동시대의 역사를 쓴다는 것이 가능한가? (1994)

더 생각해 봅시다 ❶

역사가 현재를 설명할 수 있는가? (2000)

현재에 대한 역사적 고찰이란 매우 낯선 주제이다. 왜냐하면 역사란 일반적으로 과거에 대한 학문으로 정의되기 때문이다. 현재에 대한 설명은 오히려 정치학자나 기자들에게 맡겨야 옳지 않을까? 그러나 기자가 사건을 다루는 방법은 역사가의 그것과 사뭇 다르다. 기자는 학문적 소명감을 지니고 있지 않기에 그에게는 사건에 대한 객관적 설명과 단순한 분석 이상의 것이 요구되지 않는다. 그러나 역사가야말로 현재를 정확히 설명할 수 있다고 주장하는 것 역시 무리일 수 있다. 중세 역사가나 마야문명 전공 역사가가 다른 사람보다 현실에 대해 더 설명할 수 있을지는 확실치 않기 때문이다. 무엇보다 사건이 일어난 시간과 얼마간의 거리를 유지해야 그 객관적인 의미를 도출할 수 있는데 현실 속에서 행동하며 동시에 사고한다는 것은 불가능하기 때문에 우리는 역사가의 현실에 대한 해석에 의문을 가질 수 있다.

그렇지만 거시적 측면에서 본다면 역사는 과거에만 한정되는 것이 아니라 과거-현재-미래 모두를 포괄하는 인류사의 흐름이므로 역사가가 그 흐름의 구조와 논리를 잘 이해할 때 그는 보다 통찰력 있게 현실을 고찰할 것이라는 기대는 할 수도 있다. 그러나 역사의 주대상은 과거이며 진행 중인 현재 사건에 역사적 의미를 부여하는 것은 기본적으로 위험한 작업이다. 유동하는 현재에 대한 앎이 가능한지에 대해 생각해 보자.

더 생각해 봅시다 ❷

역사가는 공평할 수 있을까? (1992)

역사학자들은 자료, 증언, 서적 등을 통해 과거의 사건을 최대한 정확하고 객관적으로 설명하려고 노력한다. 그러나 역사가의 연구대상은 인류의 과거이기 때문에 자연을 대상으로 하는 물리학자보다 주관적인 해석을 할 가능성이 많다. 요컨대 역사가에게는 항상 자신의 신념과 세계관에 따라 역사를 평가하고 자신의 가치관과 일치하는 사건을 더욱 부각시킬 위험이 존재한다. 마르크스주의 역사학자라면 러시아혁명과 중국 문화혁명을 강조할 것이고 자본주의자라면 산업혁명을 부각시킬 것이다. 또 역사가가 어떤 국적을 가지고 있는지도 무시할 수 없다. 국가를 배반하는 객관적 사실을 기록하는 것이 현실적으로 가능할까? 포스트모더니즘 진영의 역사학자들은 역사적 사실이나 실재는 없고 역사적 사실을 소재로 한 무수한 수다만이 존재한다는 극단적인 주장까지 내놓았다. 그러나 상대주의적 관점이 강화된다면 우리는 프랑스혁명의 의미도 68혁명의 가치도 다분히 주관적인 것으로 받아들이게 될 것이며 더 나아가 실용적 목적, 경제적 힘의 원리에 의한 역사왜곡이 정당화될 위험이 있다. 물론 현실적 한계가 존재하는 한 역사가에게 완전히 공평한 판단을 기대할 수는 없다. 그러나 그렇다 해도 역사가는 객관성과 공평성을 추구하고 학자의 양심을 지키기 위해 최선을 다해야 한다. 역사가들의 신념에 따라 같은 역사적 사건이 달리 평가된 예를 찾아 토론해 보자.

더 생각해 봅시다 ❸

직접 사건을 경험해야 그것을 이해할 수 있는가? (1999)

우리는 어떤 사건을 직접 경험했다는 것을 그 사건에 대한 진리를 보유하고 있다는 증거로 내세우곤 한다. 가령 유대인 대학살과 관련된 토론 프로그램에서 직접 수용소에 있었던 유대인의 증언은 어떤 역사학자의 이론보다 더 무게를 지닌다. 만약 실제 경험을 대치할 수 있는 이론이 없다면 역사가들은 그들이 직접 경험하지 못한 과거에 대해 어떤 태도를 취해야 할까?

역사학자 딜타이에 따르면 역사는 정신적 내용을 표현해야 하므로 중립적이라기보다 차라리 "공감적"인 것이 되어야 한다. 다시 말해 순수하게 객관적인 역사지식이란 가능하지 않으며 역사란 공감과 주관성을 포괄한 시대와 환경의 소산일 수밖에 없다는 것이 딜타이의 주장이다. 그에 따르면 '현재를 위하여 어떤 의미가 있는가' 하는 기준에 따라서 역사 사실은 취사선택된다. 즉, 역사가는 비록 과거의 사건을 직접 경험하지 못했다 하더라도 현재의 관점을 통해 과거에 공감함으로써 그것을 이해할 수 있게 된다는 것이다. 과거가 연구대상일 경우 실제 경험에 기반한 냉철하고 과학적인 분석은 불가능하지만 이해라는 새로운 방법론을 통해 우리는 과거에 가까이 접근할 수 있다. 구체적인 역사사건을 예로 들고 그에 대한 현대 역사가들의 해석을 비교 분석해 보자.

더 생각해 봅시다 ❹

일본의 역사교과서 왜곡과 역사의 객관성

역사란 승자가 후세에 남긴 자화자찬의 글에 불과한가? 일본이 독도가 일본 영토임을 실은 일본의 역사교과서를 승인함으로써 한일관계가 위기를 맞고 있다. 일본 교과서의 역사왜곡은 이미 여러 차례 제기되어 온 문제이지만 이 책의 경우 역사교과서가 지녀야 할 최소한의 객관성조차 상실하고 있다는 비판을 받고 있다. 많은 것이 권력이데올로기에 따라 좌지우지되는 현실에서 역사왜곡은 피할 수 없는 것일까? 역사란 역사가의 주관적 시각에 따라 상대적으로 평가될 수밖에 없다는 주장은 윤리적으로 용납되기 어렵다. 현실적 한계에도 불구하고 역사의 객관성은 옹호되어야 하지 않을까? 역사적 객관성은 지적 정직성을 추구하는 지식인의 양심이며 소명이다. 양심적인 역사가란 자신의 이론적·이념적 원칙(이념, 편견, 당파성)을 솔직히 인정하고, 자신의 관점으로 인해 객관적 사실을 보는 눈이 흐려지지 않도록 최선을 다하는 학자일 것이다. '역사의 객관성이 가능한가'라는 주제로부터 일본의 역사교과서 왜곡에 대해 생각해 보자.

08

예술적 감정과 종교적 감정의 차이와 공통점은 무엇인가?

Baccalauréat, 1995

학문과 예술만이 인간을 신성(神性)에까지 끌어올린다.
베토벤(Ludwig van Beethoven, 독일 작곡가)

예술의 목적 자체는 일시적인 것을 불멸로 만드는 것이다.
도미니크 페르난데즈(Dominique Fernandez, 프랑스 소설가)

예술은 모든 시대의 모든 사람들 간의 놀이이다.
마르셀 뒤샹(Marcel Duchamp, 프랑스 화가)

서론

괴테는 바흐의 음악을 들을 때 "마치 영원한 하모니가 스스로를 환대하는 것 같은, 또는 창조 바로 직전에 신의 가슴에 안긴 것 같은 느낌을 갖는다"고 말했다. 실제로 많은 사람들은 예술을 감상할 때 성스러운 느낌을 경험한다고 토로한다. 어떤 점에서 예술적 감정과 종교적 감정은 일치할까? 예술과 종교는 둘 모두 인간성을 고양하는 정신활동이라는 점에서 공통점을 갖는다. 그리고 바로 그렇기 때문에 우리는 예술과 종교를 성스러움의 영역에 연관시킨다. 종교와 마찬가지로 예술은 사람들을 감동시키고 결집시키는 능력이 있다. 역사적으로도 종교적 성향을 띤 예술작품들이 많았고 그러한 작품들은 예술과 종교 사이의 구분을 어렵게 하는 게 사실이다. 그리스 신전이나 성서의 유명한 장면을 재현한 작품들, 신을 묘사한 조각, 종교음악 등은 예술이 종교와 밀접한 관계를 맺어왔음을 잘 보여준다. 그러나 이 두 감정이 같은 것이라고 말할 수 있을까? 예술과 종교의 유사성과 차이점을 알아보기로 하자.

무목적성의 성스러움

헤겔은 "사람들은 예술 안에 그들의 가장 고양된 생각을 놔두었다"라고 말한 바 있다. 그외에도 수많은 철학자들은 예술에 대한 찬사어린 글을 남겼다. 특히 예술을 현실과 동떨어진 초월적 감성의 보고로 인지하는 것은 매우 보편적인 현상이다. 우리는 기본적으로 예술은 성스러운 것이며 파괴할 수 없는 것으로 생각한다. 몇 년 전에 있었던 바그다드 박물관의 약탈사건을 접하면서 사람들이 느낀

상실감만 보더라도 우리가 예술작품을 다른 일반적인 것과 다르게 생각한다는 것을 알 수 있다. 바그다드의 박물관이 약탈되었을 때 세계 각국의 사람들은 분노했는데 이들의 분노는 종교적 상징이 사라졌기 때문이 아니라 인류 유산이 훼손되었기 때문에 야기된 것이었다.

고대 예술가들은 신과 인간 사이의 중재자로 인식되었으며 그들의 역할은 보이지 않는 것, 종교적 진리를 가시화하는 것이었다. 즉, 일반인들의 눈에 그들은 비밀스런 영역과 특별한 관계를 맺고 성스러움을 인간의 기호로 해석하는 사람들로 비춰졌다. 성스럽다는 것은 전통적으로 세속적인 것과 반대되는 것으로 인식된다. 성스러운 것은 우리에게 얼마간의 거리를 유지할 것을 요구하며 비밀(비밀은 어원상으로 '그로부터 사람들이 분리된 것'이란 뜻을 내포하고 있다)이라는 개념을 내포하고 있다. 일반적인 시각에서 볼 때, 성스러운 것은 절대적인 존경을 받아야 하는 순수하고 우수한 것이다. 《인간과 성스러운 것》에서 로제 카유아(Roger Caillois)[13]는 "성스러운 것이란 인간이 자신의 모든 행동을 걸고 있는 존재, 사물, 사고이다. 그것은 의심받거나 비판받거나 농담거리가 될 수 없는 것, 절대로 부정당하거나 배반당하지 않는 것이다"라고 말한다. 중세부터 화가들과 조각가들은 이 비밀스럽고 성스러운 영역을 묘사하

---

13) 로제 카유아(Roger Caillois, 1913~1978) : 프랑스 지식인. 문학, 비평, 사회학, 철학 등 여러 분야에서 글을 남겼다. 라틴아메리카 작가들을 프랑스에 소개하기도 했다. 주요 저서로는 《인간과 성스러운 것》, 《놀이와 인간》 등이 있다.

는 종교적 역할을 담당했다. 그들은 성서에 묘사된 장면들을 표현했고 그들의 작품으로 인해 일반대중들이 종교적 감정을 갖게 되기를 기대했다.

그러나 종교적 주제를 다루지 않은 예술작품일지라도 사람들은 그것에 특별한 의미를 부여한다. 결코 성스럽다고만은 할 수 없는 인간이 물질적인 것을 갖고 기술을 통해 창조한 것이 예술작품임에도 왜 우리는 그 앞에서 경탄과 감동을 느끼는 것일까? 예술작품이 다른 사물과 구별되어 특별한 것으로 간주되는 이유는 그것이 생물학적이고 실용적인 차원을 넘어서는 가치, 즉 자연성의 극복을 상징하기 때문이다. 예술적 감정과 종교적 감정은 모두 무목적성과 동기의 순수성을 지향한다. 보상을 바라지 않고 행하는 사심 없는 자선이나 덕이 가치가 있음을 종교는 항상 설파해 왔다. 종교와 마찬가지로 예술은 실용적 가치와 무관하게 존재한다. 예술가는 기술자, 상업예술가, 기업인과 다르다. 그들은 유용한 물건을 만들어내는 것이 아니라 종교의 신비만큼 정의하기 힘든 정신적 영역에 속한 물건을 만들어낸다. 일반적으로 사람들은 노동자의 평범한 일상과 예술가의 비범하고 낭만적인 모습을 대조하고 후자를 신의 영감을 받은 비현실적 존재로 이상화하는 경향이 있다. 그러나 예술이 사회에 전혀 도움을 주지 않는 것은 아니다. 예술은 기술이나 과학과 달리 인간의 상상·욕망·감정 등을 표현함으로써 다른 방식으로 삶에 이바지한다. 즉, 아무리 필요 없어 보인다 해도 인류의 삶에 이바지한다는 기본적 가치마저 버리는 것은 아니다. 오히려 특정한 목적에 얽매이지 않고 사람의 절실한 표현 욕구나 심원한 정신세계를 작품에 담음으로써 예술은 더욱 소중한 삶의 요소가 될 수 있다. 예술의 이러한 특성을 가리켜서 칸트는 '무관심의 만족(das interesselose Wohlegefallen)'이라 했다. 이때 무관심이란 특정한 실용적 목적에 얽매이지 않는다는 뜻이며, 만족이란 사람의 마음을 기쁘게, 넉넉하게, 새롭게 하는 심미적 효과를 준다는 뜻이다.

예술과 종교는 무아(無我)를 지향한다는 점에서도 유사하다. 신에 대한 봉사나 작품에 몰두하여 자아를 잊어버리는 것은 종교와 예술 사이의 유대관계를 입증해 준다. 우리는 자주 예술가나 종교가들이 인생을 자신의 소명에 모두 쏟아버리고 자신의 생활을 위해서는 아무것도 남겨놓지 않는 것을 본다. 바로 이러한 순수한 열정, 순수한 동기가 모든 종교와 예술의 추진력이라고 할 수 있다.

초월에의 의지

종교와 예술이 항상 평화로운 동지의 관계를 유지했던 것은 아니다. 종교가 인간의 삶을 주도하던 중세에 철학과 예술은 종교의 시녀로 머물렀다. 반면 무신론적 사고로부터 영향을 받은 현대의 예술지상주의자들은 의심에 찬 눈으로 종교를 바라본다. 지금도 예술과 종교의 경쟁관계는 계속되고 있다. 그럼에도 성(聖)을 추구하는 종교와 미(美)를 추구하는 예술은 서로에게 무심할 수 없다. 수많은 종교의식에서 볼 수 있듯이 종교는 형상 없이는 지속될 수 없기에 예술에서 형상을 찾고, 예술은 종교에서 초월적 감성의 근원을 찾는다. 우리는 괴테, 베토벤, 고흐 등 위대한 예술가의 작품에서 종교적 감동과 성스러움을 경험하며 그에 경의를 표한다. 슐라이어

레오나르도 다빈치의 〈최후의 만찬〉, 1498.
이 장면은 신약성서 요한복음 제13장 22절부터 30절에 이르는 내용을 조형화하였다고 한다.
"너희들에게 고하노니 너희 중의 하나가 나를 팔게 될 것이다"라며 그리스도가 슬픈 얼굴을 하고 있다.

마허(F. Schleiermacher)[14]는 이와 관련하여 다음과 같이 말한다. "종교와 예술은 마치 자기들의 내면적 관계를 의심하기 때문에 자기들의 관계를 의식하지 못하고 있는 두 친한 친구들과 같이, 서로 나란히 서 있다." 예술과 종교는 둘 다 초월적 이상과 절대성을 지향한다는 점에서 유사성을 나타낸다. 또한 이 절대성의 개념을 논리적으로 설명할 수 없다고 생각하는 점에서 과학영역과 구분된다. 이러한 예술관은 특히 낭만주의자들에 의해 옹호되었는데 그들은 예술이 시-공간적 한계를 초월할 수 있을 것이라고 생각했다. 하이데거(M. Heidegger)의 경우엔 예술을 존재의 진리가 현현되는 곳으로 정의한다. 하이데거는 현대의 사회형태, 즉 이성적인 사고, 그리고 과학과 테크놀로지가 지배하는 사회에서는 진리를 찾을 수 없다고 보았다. 하이데거에 따르면 오늘날 유일하게 진리를 발견할 수 있는 곳은 예술이며 예술은 인간에게 삶의 전환점이 된다. 이처럼 진리와 절대성을 향해 있다는 점에서도 예술적 감정과 종교적 감정은 공통점을 지닌다.

현대예술과 신성의 결별

그러나 성(聖)과 속(俗)이 구분된 현대에 와서도 예술적 감정이 성

---

[14] 슐라이어마허(F. Schleiermacher, 1768~1834) : 독일 신학자·철학자. 슐라이어마허는 《종교론》에서 종교를 시대에 뒤떨어진 형이상학으로, 혹은 고작해야 도덕을 보충하기 위한 수단으로밖에 생각하지 않던 계몽적 지식인에 대해서 종교가 독자의 영역을 가지고 있고, 또 종교야말로 그들이 찾는 인간성의 이상에 불가결한 것임을 호소하였다.

스러움을 담고 있다고 말할 수 있을까? 헤겔은 예술은 이데아의 감각적인 출현(mainfestation)으로 정의될 수 있으며 이런 관점에서 볼 때 그 본질적 목적에서 "예술은 그 진실과 생을 잃었다"고 말한다. 그에 따르면 점점 더 세속화되는 19세기의 예술은 더 이상 성스러움을 띠지 않고 따라서 더 이상 종교적 언어가 아니라고 할 수 있다. 실제로 뒤샹(M. Duchamp)의 변기나 병따개, 앤디 워홀의 브릴로·깡통·마릴린의 초상 등 일상성을 작품에 옮겨놓은 현대예술 작품들을 보면 신성성은 사라진 듯한 느낌을 갖게 된다. 오늘날에도 예술은 신성한 존재로 평가되는가?

현대예술 이론가들은 예술은 분명 절대성의 영역을 지니고 있지만 해석되거나 토론되지 못할 만큼 신성한 존재는 아니라고 말한다. 그들에 따르면 오히려 예술작품은 단순한 숭앙의 대상이 아니라 여러 의견들이 충돌할 수 있는 거센 논쟁의 장이다. 요컨대 20세기는 예술을 성스러움 그 자체로 보았던 특별한 문화의 끝을 의미한다. 우리는 더 이상 예술에서 신성을 찾으며 그것을 찬양하는 시대에 살고 있지 않다. 성스러움을 상징했던 종교적 장소로서의 성당은 이제 건축가의 정신과 독창성이 살아 있는 미적 대상으로 평가받는다. 사원에 들어가기 전 우리는 더 이상 무릎 꿇지 않으며 라스코 동굴에서 발견된 경외감이 우리에겐 낯설다. 조토(Giotto di Bondone)[15]가 예수의 십자가를 그릴 때 성스러운 곳(스크로베니의 성당)에서 그것을 제작했다는 사실에서도 우리는 예술과 성스러움의 관계를 알 수 있다. 제우스나 아테나의 동상을 우리는 더 이상 고대 그리스 사람들처럼 바라보지 않는다. 신 그 자체를 의미했던 동상들이 이제 우리에겐 박물관에 소장된 한 작품일 뿐이다.

게다가 현대의 기술은 예술품의 복사를 가능하게 하고 있다. 예술작품을 감상하기 위해선 반드시 박물관이나 콘서트장을 방문해야 했던 우리 선조들과 달리 이제 우리는 복사본이나 CD 등을 통해 그것들을 간접적으로 감상할 수 있다. 예술작품 재생술 역시 예술과 인간의 관계를 변형시키고 있다. 예술작품을 감상하기 위해 필요했던 얼마간의 절차와 노력이 종교의식을 떠오르게 한다면 어느 곳에서나 어떤 형태로든 작품 감상이 가능하다는 현대적 접근은 오늘날의 세속적 예술관을 반영한다. 벤야민(W. Benjamin)은 예술 복사의 시대에 대한 글(《기술복제 시대의 예술작품》)에서 "예술은 모든 성스러움을 잃고 있으며 더 이상 영원한 가치를 상징하지 않는다"고 명시한다. 이러한 상황을 그는 아우라(Aura)의 붕괴라고 정의하는데, 여기서 아우라란 종교적 의식에 기원을 둔 예술작품에 깃들인 감히 근접할 수 없게 하는 어떤 분위기를 지칭한다. 말하자면 종교의식에 사용되던 예술작품의 유일무이한 성격은 유일한 원본에서만 나타나므로 현존성을 결여한 사진이나 영화 등 복제된 작품에서는 아우라가 생겨날 수 없다는 것이 벤야민의 설명이다.

---

15) 조토(Giotto di Bondone, 1266~1337) : 14세기 이탈리아의 가장 중요한 화가의 한 사람. 지금까지 거의 7세기 동안 조토는 유럽 회화의 아버지이자 이탈리아의 위대한 거장 중 으뜸으로 숭앙받아 왔다. 그의 작품들은 1세기 후에 번성한 르네상스 미술양식의 혁신적 요소들을 예시해 준다. 조토는 작품의 주제로서 오직 인간만을 다루었는데, 각 인물은 희생과 구원을 주제로 한 기독교의 숭고한 드라마에서 헌신적인 열정으로 그들의 배역을 연기하고 있다.

예술의 창조적 아름다움

르네상스 이후의 예술에서 과거의 종교적 숭배는 세속적인 미의 숭배로 대체되었다. 현대예술 이론가들은 예술과 종교가 우리를 매혹하고 열광시킨다고 해서 그 느낌을 같은 방식으로 접근해서는 안 될 것임을 강조한다. 종교적 감정이 일종의 두려움과 경건함을 동반한다면 예술은 보다 신비론적인 미에 그 뿌리를 두고 있다. 예술 작품 앞에서 사람들은 왠지 모를 신비감, 혹은 형이상학적인 느낌에 휩싸이며 순간적으로나마 감각적 현실을 잊고 아름다움에 도취된다. 즉, 예술은 우선적으로 미적인 관점에서 고찰되어야 한다. 여기서 미라 함은 자연에서 보는 숭고미나 무조건적인 쾌감을 주는 감각적 미가 아니다. 예술에서의 아름다움은 순수한 창조로서의 아름다움이다. 칸딘스키(V. V. Kandinsky)는 예술가를 "미의 사제"라고 불렀다. 요컨대 미를 대하는 예술인들의 자세는 외양적 형식과 미를 경계하며 예술을 부차적이고 세속적인 허영심의 상징으로 이해한 종교인들과 확연히 구분된다.

한편 예술적·종교적 활동을 하는 개인을 바라보는 관점도 예술과 종교는 서로 확연히 다르다. 예술은 개인의 내면적인 이상이 강조된 활동인 데 반해 종교는 공동체와 보편신앙을 강조한다. 예술가는 끊임없이 자아를 추구하며 그 자신을 위해 세계를 창조하는 데 반해 종교인들은 개성보다는 동질적인 신앙심에서 구원을 찾고자 한다. 또한 예술의 끊임없는 실험정신과 가치와 규범의 영구성을 강조하는 종교적 태도 역시 예술적 감정과 종교적 감정의 차이를 보여준다. 예술은 우리에게 사물을 다르게 바라보는 법을 가르쳐준다. 종교작품을 대함에 있어 우리가 관심을 기울이는 것은 표현된 대상이지만 예술작품을 감상함에 있어 중요한 것은 '무엇이 표현되었는가'가 아니라 '어떻게 표현되었는가' 하는 점이다. 예술작품은 예술가 개개인의 세계관과 개성을 담고 있고 우리는 그 독특한 소우주에서 대우주의 역량을 발견한다. 아름다움의 담론으로서의 예술은 더 이상 종교적 가치와 그 틀 안에 한정되기를 거부한다. 종교가 일자(一者)를 향하고 있다면 예술의 목표는 타자성, 무한성의 추구이다. 우리는 오로지 예술을 통해서만 우리 자신으로부터 벗어날 수 있다. 다시 말해 예술을 통해서만 나는 새로운 나를 발견하고 창조할 수 있다. 이는 주어진 가치관을 따르고 권위에 복종할 것을 요구하는 종교에서는 찾을 수 없는 예술만의 특징으로서 왜 예술이 자유의 상징인가를 잘 보여준다.

결론

예술적 감정과 종교적 감정에 대한 비교는 오랫동안 여러 방식으로 이루어져 왔다. 신앙인의 입장에서 예술을 이해하는 시도가 있었고, 예술가의 입장에서 종교를 이해하는 시도가 있었다. 그외에도 수많은 사람들이 이 둘 사이의 연관관계에 관심을 표명했다. 이 주제를 둘러싼 무수한 논쟁이 보여주듯이 종교적 감정과 예술적 감정의 유사성과 상이성을 명확히 밝힌다는 것은 매우 어려운 일이다.

    서양 근대에 종교로부터 분리된 예술은 모든 분야에서 세속화가 가속화되고 있는 현대에 와서 점점 더 종교적 영역으로부터 멀어지고 있는 듯하다. 예술은 미를, 종교는 성스러움을 주관하고, 예술은 개인의 실험적 창의성을, 종교는 보편적 신앙을 추구한다는 점에서 예술적 감정과 종교적 감정은 분명한 차이를 나타낸다. 그러나 예술가와 종교인이 서로 다른 영역에서 서로 다른 이상을 위해 활동한다 해도 둘 모두 행위의 무목적성과 초월적 가치를 지향한다는 사실에서 우리는 종교적 감정과 예술적 감정의 교차점을 발견할 수 있다.

더 생각해 봅시다 ❶

헤겔의 《미학》에 나오는 "예술은 죽었다"라는 표현에 대해 생각해 보라

헤겔에 따르면 우리는 더 이상 예술작품이 성스러움으로 숭앙받는 시대에 살고 있지 않다. 현대에 와서 예술은 자본주의의 상품으로 간주되기도 하고 유흥의 한 양식으로 인식되기도 한다. 실제로 과거 예술작품을 대할 때 볼 수 있었던 경건함은 많이 사라졌다. 헤겔은 "예술은 진리와 삶을 잃었다" "예술은 우리들에게 그 역할이 주는 의미에 한해서 과거의 것으로 남겨지게 될 것이다"라는 문장도 남겼는데, 여기서 우리는 의문을 갖게 된다. 헤겔이 이 말을 한 것은 1820년대였는데 그 이후에도 수많은 걸작들이 나오지 않았는가? 헤겔이 말하는 예술의 죽음은 예술 전체의 죽음이 아니라 예술의 고유한 본질이 죽었다는 것을 의미하는 것이 아닐까? 다시 말해 헤겔의 주장은 자신의 예술관에만 치우친 편협한 결론이 아닐까? 헤겔은 예술이 그 진정한 의미를 잃고 죽어가는 것에 대해 우리들은 슬퍼할 필요가 없다고 했다. 왜냐하면 예술의 죽음은 인류가 나아가는 과정의 한 부분일 뿐이며 정신적인 세계는 감각적인 것과 예술의 영역을 버리고 절대이성을 향해 앞으로 나아가기 때문이다. 그러나 예술을 배제한 정신적 발전이 과연 의미가 있을까? "예술은 죽었다"라는 표현은 현대인에게 어떤 의미를 지니는가? 포스트모더니즘적 예술관이 보여주듯 예술은 성스럽지 않은 가볍고 유쾌한 소비상품일 수 있는가? 예술은 반드시 진지해야 하는지에 대해 생각해 보자.

더 생각해 봅시다 ❷

종교는 사라질 것인가?

현재 서구사회에서 종교는 과거와 같은 영향력을 발휘하지 못하고 있으며 쇠퇴의 기미가 뚜렷하다. 왜 20세기까지 시민들을 집결시키는 사회의 중심이었던 교회가 사람들로부터 점점 더 외면당하게 되었는가? 종교인의 급격한 감소는 우리로 하여금 결국 종교가 사라지는 것이 아닌가 하는 의문을 갖게 한다. 그 원인은 무엇일까? 우선 과학기술의 발전을 종교적 감성의 쇠퇴와 연관지을 수 있다. 사람들은 이제 종교적 신앙이나 믿음이 아닌 과학적 사고로 사물을 이해하고 판단하는 데 익숙해졌으며 과거 종교인들에게 제기되었던 질문에 답할 권리는 점차 과학자들에게 주어지고 있다. 또 자본주의와 함께 등장한 물질숭상주의와 쾌락주의 등도 종교적 가치를 하락시키고 있다. 그러나 이러한 현상으로부터 종교가 사라질 것이라는 주장을 이끌어내는 것은 너무 성급한 반응이 아닐까? 인류가 등장한 이래 종교가 없는 시대와 사회는 존재하지 않았다. 특정 종교가 세력을 잃고 있다면 새로운 종교가 그 자리를 메울 수도 있다. 예를 들어 서양에서 가톨릭은 세력을 잃고 있는 반면 동양 종교에 대한 관심은 증대하고 있다. 유한한 인간에게 성스러움이란 거부할 수 없는 주제이다. 아무리 세속화와 물질주의가 가속화되더라도 영적이고 정신적인 것에 대한 욕구는 사라지지 않을 것이다. 현대인에게 종교와 성스러움이란 어떤 의미를 지니는지 생각해 보자.

더 생각해 봅시다 ❸

표현의 자유, 어디까지 허용할 것인가?

과거에는 상상도 할 수 없었던 과감한 섹스와 성에 대한 묘사는 종종 포르노와 예술의 경계에 대한 논쟁을 불러일으킨다. 또한 살인이나 폭력 장면이 등장하는 영화에 대한 문제점도 자주 제기되고 있다. 어느 정도까지 표현의 자유를 용납해야 하는가? 오늘날 어렵지 않게 볼 수 있는 소위 '엽기적인' 작품들의 예를 들어보자. 데미안 허스트(Damien Hirst)는 자신의 동물을 죽여서 토막토막 절단한 다음 투명 케이스에 절단면이 보이도록 담아 전시장에 내놓았다. 사진작가인 안드레스 세라노(Andres Serrano)는 변태적 섹스, 살인, 인체의 체액과 배설물, 신성모독적인 이미지를 사진으로 찍었다. 〈오줌예수〉(1987)란 작품의 경우 제목 그대로 실제 사람의 오줌 속에 나무와 플라스틱으로 만든 예수상을 담가놓고 찍은 작품이다. 종교계에서는 반발했지만 사회여론이나 대부분의 평론가들은 이런 시도에 그다지 적대적이지 않았다는 사실이 흥미롭다. 검열이나 제재가 부정적으로 인식되는 현대에 와서 평론가들은 단지 '부도덕해 보인다'는 이유만으로 작가나 관객을 비판할 수 없다고 말한다. 예술의 가치는 사회의 고정된 관습과 도덕을 뛰어넘는 점에 있다고 주장하기도 한다. 표현의 자유, 어디까지 허용할 수 있는지 토론해 보자.

09

광기에도 의미가 있는가?

Baccalauréat, 1992

자신의 광기를 인정하는 미친 자는 사실 현자이며 자신이 지혜롭다고 생각하는 어리석은 자야말로 진정한 광인이다.
붓다(Buddha, 불교의 개조)

광기는 신의 선물이다.
짐 퍼거스(Jim Fergus, 미국 소설가)

지혜와 광기는 같은 요람에서 잠잔다.
마크 젠드런(Marc Gendron, 캐나다 소설가)

서론

모든 사회에서 광기는 두려움과 기피의 대상이다. 환청이 들린다거나 이유 없이 사람들을 죽이고 싶은 마음이 드는 상황을 긍정적으로 받아들일 사람은 아무도 없다. 그러나 과거 무조건 배척해야 할 대상이었던 광기는 오늘날 좀더 적극적인 관심의 대상으로 떠오르고 있다. 현대인들이 주장하는 타자성으로서의 광기의 가치와 의미는 무엇일까? 언제부턴가 사람들은 지극히 정상적으로 보이는 내 안에도 광기가 은닉되어 있음을 인정하기 시작했다. 이성적인 나의 또 다른 모습이라 할 광기를 내가 모르는 또 하나의 나로 받아들이기 시작한 것이다. 과거 이성과 반대되는 절대적 악, 악마의 저주로 그려졌던 광기는 오늘날 점점 더 상대적인 것으로 평가되고 있으며 광기에 대한 사람들의 인식이 달라짐에 따라 정신과 상담을 받는다는 사실을 공개하는 사람도 점점 늘고 있는 추세이다. 그러나 아무리 광기에 대한 평가가 달라졌다 해도 사람들에게 광기는 여전히 부정적인 것으로 각인되어 있다. 말하자면 광기에 대한 현대인들의 이해는 모호하고 혼란스럽다.

오랫동안 사람들은 인간을 이성적 동물로 정의해 왔다. 그렇다면 어떻게 내 안의 광기를 인정할 수 있을까? 우리는 어둡고 은닉되었던 인간 본연의 모습에 어떤 의미를 부여할 수 있을까?

내 안의 광기

일반적으로 광기란 정상의 정신상태가 아닌 것, 치료하거나 제거해야 할 일종의 '병'으로 간주된다. 광기의 형태는 매우 다양하다. 자신의 능력보다 자신을 더 높이 평가하는 과대망상증이 있는가 하면, 모든 사람이 자신을 항상 위협하고 있다고 느끼는 피해망상증, 극단적으로 기쁜 상태와 슬픈 상태를 오가는 조울증, 도덕적 가치관을 상실한 인격장애 등 정신병이라는 단어로 요약하기에 광기는 각양각색의 특징과 증상을 동반한다. 그러나 이 모든 증상의 핵심이 되는 것은 그것이 정상과 '다르다'는 사실이다.

병리현상이기 때문이 아니라 다르다는 사실 때문에 광기는 항상 억압의 대상이 되었다. 푸코의 《광기의 역사》를 읽어보면 모든 사회에서 광기는 사회구조를 와해시킬지도 모르는 두려움의 대상이었고 따라서 위법으로 간주되었음을 알 수 있다. 예를 들어 기독교는 성서에서 광기를 나병, 간질 등과 함께 악령에 의한 질병으로 묘사하고 있다. 악령 때문에 광기에 사로잡히게 된 이상 그 치료법은 그 악령을 몰아내는 것이었고 그것으로부터 엑소시즘 문화가 발달하게 되었다. 예수가 병자의 몸에 손을 대 악령을 물리친 예는 성서에 자주 언급되는 대목 중의 하나이다. 철학자들은 광기를 이성과 대치되는 부정적인 것, 수많은 오류와 환상을 야기하고 진리를 왜곡하여 인간을 혼란시키는 주범으로 비난하였다. 그리고 이런 광기에서 벗어날 때라야 비로소 지혜롭고 행복해질 수 있다고 충고했다.

그러나 광기는 인간의 실존조건과도 같아 광기를 완전히 벗어난 사람은 한 명도 없다. 가장 현명하다고 생각되는 철학자, 법학자, 신학자 들마저도 결코 광기에서 자유로울 수 없다. 왜냐하면 스스로를 가장 소중한 존재로 생각하고 자기 자신에게 집착하는 것, 허영심, 나르시시즘, 두려움 속에 이미 광기가 존재하기 때문이다. 다

에드바르트 뭉크(Edvard Munch)의 〈절규〉, 1893.
노르웨이의 화가 에드바르트 뭉크의 작품. 같은 주제를 그린 소묘 작품에는 뭉크의 다음과 같은 글이 덧붙여 있다. "두 친구와 함께 산책을 나갔다. 햇살이 쏟아져 내렸다. 그때 갑자기 하늘이 핏빛처럼 붉어졌고 나는 한 줄기 우울을 느꼈다. 친구들은 저 앞으로 걸어가고 있었고 나만이 공포에 떨며 홀로 서 있었다. 마치 강력하고 무한한 절규가 대자연을 가로질러가는 것 같았다."

양한 문화그룹의 정신건강을 연구한 정신분석학자와 문화인류학자들의 최근 연구에 의하면, 우리는 광기를 주어진 사회적 삶의 규범과 비교해서 이상하다고 느껴지는 것, 가까이하기 싫고 내게서 멀어지길 바라는 악으로 생각한다. 그러나 광인이 반드시 특별한 존재, 우리와 상관없는 타인이기만 한 것일까? 집에서 나가기 전 가스를 잠갔는지를 몇 번이나 확인하는 강박적 행동, 날씨에 따라 달라지는 조울증세, 이유를 알 수 없는 불면증, 애인을 지나치게 의심하는 행동 등 대부분의 사람들이 경험해 본 이런 증상들은 이미 얼마간 광기를 내포하고 있지 않은가? 우리가 그토록 광인을 두려워하고 멀리하는 것은 광인의 모습이 우리가 부정하고 싶은 내 안의 또 다른 나이기 때문이 아닐까? 우리가 지탄하는 광인의 모습에서 우리가 진정 두려워하는 것은 나도 그처럼 될 수 있다는 사실, 내 안에 존재하지만 인정할 수 없는 또 다른 나이다. 자살하는 사람들을 보며 우리가 느끼는 연민과 두려움은 광인을 대하는 우리의 감정과 유사하다. 우울증과 절망을 느끼지 않는 사람은 없다. 그러나 그것으로 인해 자살에까지 이르게 될 것을 우리는 모두 두려워한다. 마찬가지로 우리 안에 이상하고 괴짜적인 면모가 있다는 것을 우리는 알고 있지만 타인에게 이 사실을 알리고 싶어하지는 않는다. 내가 타인에게 보이고 싶은 것은 완벽하고 이성적인 모습이다. 가끔 우리는 스스로도 놀랄 만한 행동을 하는 자기 자신에게 놀라움과 공포심을 느끼기도 한다. 그리고 그러한 성향이 사회적으로 용인되지 않는다는 사실을 알기에 그것을 이성으로 억압하게 된다. 오랫동안 사람들은 광기와 환상을 극복해야 진리에 이를 수 있다고 역설해 왔다. 그렇다면 어떻게 내 안의 타자를 인정할 수 있을까?

푸코는 《광기의 역사》에서 어떻게 이성이 광기를 추방했는지를 잘 설명하였다. 푸코에 따르면 이성이 중시되는 17세기에 들어서면서 종래 나병환자들에게 가해진 각종 폭력이 '미치광이'들에게로 옮겨가게 된다. 17세기 이전엔 상대적으로 자유로웠던 미치광이들이 어느 날부터 추방되고, 축출되며, 격리되어 감시당하고, 처벌되기 시작한 것이다. 그러다 광인들을 몰아넣은 대감호(grand renfermement) 시설과 정신병원이 탄생하게 된다. 그리고 그 종합병원은 사회질서와 도덕에 어긋나는 반사회적인 모든 것을 격리시키고 감금하는 기능을 수행하게 된다. 어떻게 이러한 광기에 대한 탄압이 벌어진 것일까? 푸코는 그 주모자로 서구의 이성주의를 지목한다. 푸코는 특히 데카르트적 이성주의가 '광기'를 '정신병'으로 만들어냈다고 말한다. 데카르트는 광기를 비인간성의 상징으로 간주했다. 데카르트에 따르면 사유하는 자가 광인인 것은 불가능하다. '나는 생각한다. 고로 존재한다'는 유명한 문구를 남긴 철학자에게 있어 미쳤다는 것은 곧 인간으로 존재하지 않는다는 것을 의미했다. 이처럼 근대에 들어 입증된 이성의 승리는 광기에 어떤 의미도 부여하지 않았고 우리 안의 타자성으로서의 광기는 철저히 격리되었다.

내 안의 광기를 잊는 방법으로 우리가 자주 사용하는 것은 광인을 대표할 만한 자를 선정하여 그에게 나의 모든 불안과 공포를 전이하는 것이다. "저 사람 미친 사람이다"라는 주장의 저변에는 "나는 정상인이다"라는 전제가 깔려 있다. 그러나 인간이 과연 정상적이고 이성적이기만 한 존재인가에 대한 질문에 20세기의 학자들은 회의를 표시한다. 롤랑 바르트는 "광기는 병이 아니며 시대에 따라 변하는 다양하고 이질적인 의미일 뿐이다"라고 말했다. 광기는 병인가 다름인가? 다수가 소수를 탄압하는 수단으로 '사이코'라는 명칭이 악용되는 것은 아닐까? 20세기에 들어 광기는 정신분석학에 의해 과거 이성주의자들이 부과했던 악령의 이미지에서 점차 벗어나게 된다.

정상인과 비정상인

광기에 대한 새로운 이해가 가능하게 된 데에는 프로이트의 공로가 지대하다. 특히 프로이트가 많이 연구했던 신경증은 심각한 정신훼손을 의미하지 않기 때문에 이성과 광기의 관계는 좀더 수월하게 다루어지게 된다. 말하자면 정상인과 비정상인이 둘로 정확히 구분될 수 있는 존재가 아니라 정상적으로 보이는 일반인도 얼마간의 정신적 문제를 가질 수 있다는 사실이 밝혀짐에 따라 사람들은 정신병을 더 이상 신의 저주가 아닌 병의 하나로 받아들이기 시작했다.

 그러나 푸코는 정상과 비정상을 뚜렷이 구분할 수 없다는 관점에서 정신병원이 최선의 해결책이 될 수 없다고 지적한다. 정신병자는 죄인이 아니라는 휴머니즘적 입장에서 정신병자들을 감옥에서 나오게 하고 그들만을 위한 정신병원을 설립한 피넬(P. Pinel)[16]이 많은 사람들에게 박애주의자로 알려져 있다면, 푸코는 그의 행동이 과연 긍정적인 것이었는지에 대해 의문을 제기한다. 정신병원의 생활은 일종의 가족생활과 같아 광인들이 어린이의 역할을 맡고 의사들은 아버지의 역할을 맡게 된다. 그곳에서 광인들에게는 아버지의 처벌을 피하고 칭찬을 받기 위한 완전한 복종이 요구되는데 이러한 상황은 결국 광인들을 영원한 미성년자, 노예로 만든다고 푸코는 비판한다. 그의 주장에 따르면 감옥에서 광인들은 쇠사슬에 묶여 있었고 식생활도 안 좋았지만 그들에겐 반항을 하고 미친 소리를 해도 되는 자유가 있었고, 미친 사람이라고 간주되는 사람 중에는 예언가나 예술가 혹은 정부에 대항하는 반체제 인물도 있었다. 반면 피넬의 정신병원은 어떤 자유도 허락하지 않았다. 이러한 사실에 근거하여 푸코는 정신병원제도는 광인들을 더욱 효과적으로 순치하고 재교육시키는 것을 목적으로 할 뿐이며 정신병원제도를 박애정신이나 광인에 대한 새로운 처우개선으로 보는 것은 순진한 태도라고 지적한다. 다시 말해 정신병원제도는 광인들로 하여금 스스로가 이상하다는 사실을 받아들이게 하고, 그들이 정상이 되기를 바라도록 강요하며, 그렇지 못한 광인들에게 죄의식과 열등감을 심어준다는 점에서 고차원적인 억압으로 해석될 수도 있다는 것이다.

에라스무스(D. Erasmus)의 책 《광기예찬》(1509)은 르네상스 시대에 엄청난 영향을 미쳤다. 에라스무스는 이 책에서 광기를 이중

---

16) 피넬(Philippe Pinel, 1745~1836) : 프랑스의 의사. 정신질환자에 대한 인간적인 치료에 선구적인 역할을 했다. 1792년 남자들만 수용되어 있는 비세트르 병원의 수석의사가 되었다. 그후 30~40년 동안 사슬에 묶여 있던 환자들을 풀어주는 대담한 개혁을 시작했다. 피넬은 '마귀에게 혼이 사로잡힌 결과 정신질환이 생긴다'라는 대중이 오랫동안 믿어오던 사고를 버리고, 정신질환은 사회적·심리적 스트레스에 지나치게 노출된 결과로 생기는 것이고 때로는 유전적·생리적 손상에 의해서도 생긴다고 믿었다.

의 비판작용으로 소개한다. 자신을 아이러니컬한 광기의 눈으로 보아야만 이성은 진정한 이성으로 거듭날 수 있다는 것이 그의 주장이다. 한편 광기의 문제와 관련해서 파스칼은 다음과 같이 말했다. "인간은 어쩔 수 없이 광인이므로 미치지 않는다는 것이 광기일 것이다. 이성이란 광기의 또 다른 회전이다." 유사한 관점에서 푸코는 《광기의 역사》에서 "가역적 관계로 인해 모든 광기에 이성이 있고 모든 이성에 광기가 있다"고 주장했다. 실제로 광기란 생 그 자체이며 인간 내면을 비추는 거울과도 같아 인간의 악과 약함을 그대로 보여주기도 한다. 그렇다면 자신의 광기를 의식하는 것은 자기 자신의 강함과 약함 모두를 이해하는 것이라고도 할 수 있다. 물론 현실적 삶 속에서 광기를 맘껏 표현할 수 있는 기회를 우리는 거의 갖지 못한다. 그러나 자기 자신의 광기와 세상의 광기를 인정하는 것으로부터 더욱 현명한 삶을 구축할 수 있다. 즉, 진정한 지혜는 광기에 대한 이해 없이는 불가능하다. 철학 전통에서 광기는 이성의 반대라는 사실만으로 비판되어 마땅한 것이었다. 그렇다면 광기를 이해하기 위해서는 이성에 대한 이해부터 새로 정립할 필요가 있다. 이성이 고전철학이 자신에게 부여한 절대적이고 완벽한 권위를 벗어던지고 보다 상대적이고 역사적인, 즉 상황에 따라 변화할 수 있는 유연성을 갖추게 될 때 그것은 인간이 오랫동안 부정하고 숨기고 싶어했던 인간의 심연, 즉 광기를 받아들일 수 있을 것이다.

광기와 예술

밀로스 포먼(Milos Forman) 감독은 1975년작 〈뻐꾸기 둥지 위로

날아간 새)에서 제도에 맞선 개인의 무력함과 정신병동의 허위와 기만에 찬 운영실태를 고발하였다. 이 영화에서 우리는 흔히 미친 사람이라고 부르는 이들이 얼마나 풍요로운 내적 세계를 지녔는지를 발견하고 놀라게 된다. 실제로 독창성과 천재성은 쉽게 광기로 오해되게 마련이다. 정신분석학자 프로이트는 음악가 구스타프 말러(Gustav Mahler)에게 정신분석 치료를 받지 말 것을 충고했는데, 이는 프로이트가 신경증이 예술적 역량으로 승화될 수 있음을 알고 있었기 때문이다.

"미칠수록 행복해진다"고 말한 에라스무스는 미쳤다는 것은 항상 젊음과 행복을 유지한다는 것을 의미한다고 주장했다. 요컨대 광기는 여러 문제점들을 야기하기도 하지만 그것은 동시에 인간에게 일어날 수 있는 행운이기도 하다는 것이다. 광적인 집착이야말로 세상을 움직이는 힘이 되었음을 우리는 역사적 사례들을 통해 잘 알고 있다. 초현실주의자들의 예술작품이 보여주듯이 이성의 규범을 허무는 곳에 광기가 존재하며, 그 예술적 힘은 사회적 관습과 제도에 저항하고 도전한다. 어떤 의미에서 본다면 권력에 진정으로 대항하는 것은 예술뿐이다. 남성중심적 사회에 대한 반기와 도전은 버지니아 울프(Virginia Woolf)의 우울증으로 나타났고, 세상에 대한 고뇌와 갈등은 고흐·뭉크·네르발(G. de Nerval)·도스토예프스키(F. M. Dostoevskii) 등의 작품에 광기로 표현되어 있다. 유명한 작가나 화가의 작품 속에는 흔히 광기·우울증·망상 등이 발견되지만, 일단 작품으로 승화되면 광기는 더 이상 병리학적 현상이 아닌 재능·행운으로 평가된다.

사실 광기가 창조성, 상상력, 천재성과도 연결되어 있다는 주장은 오래 전부터 인정된 사실이다. 독창적이고 파격적인 작품을 창조하기 위해서는 광기를 닮은 열정이 필요하다. 이성을 중시했던 플라톤마저도 "신에 의해서 주어진 것 중에서 광기는 좋은 것 중에서도 가장 좋은 것"이라고 광기를 예찬했다. 푸코는 "화가, 시인의 '기발한 착상'은 광기의 완곡한 표현이다"라고 말했다. 선천적인 질환이 아닌 후천적인 예술적 광기는 나를 해방시켜 주고 나의 본성과 자유를 찾게 해주는 구원의 역할을 수행할 수 있다. 아르 브뤼(Art brut)의 창시자 장 뒤뷔페(Jean Dubuffet)는 "광기를 품지 않은 예술을 예술이라고 할 수 있을까? 나는 광기가 인간의 재능에 불건전한 영향을 준다고 조금도 생각하지 않는다. 오히려 광기는 우리의 재능을 활성화시키는 바람직한 것이고 그것이 지금 세상에 결여되어 있다고 생각한다"고 말했다. 실제로 아무리 사회적 물의를 일으킨다 할지라도 일단 작품으로 형상화된 광기는 더 이상 광기가 아니다. 예술언어와 광기가 만나는 곳에 진리가 있으며 창조와 예술로 승화된 광기는 천재성이란 이름으로 인류에 공헌할 수 있다.

결론

'광기에도 의미가 있는가'라는 질문에 우리는 다음과 같이 답할 수 있다. "만약 인간을 이성적인 존재로만 보지 않고 욕망을 지닌 자유롭고 예측 불가능한 존재로 인정한다면, 광기도 인간적 가치로서 의미를 부여받게 될 것이다." 철학 전통은 인간을 이성적 동물로 정의했지만 사실 광기와 욕망도 내 인간성의 한 부분이다. 그것은 잘

못 사용되었을 때 사회적·개인적 불행을 초래하지만 예술이나 창조성으로 승화된다면 인간에게 희열과 자유를 안겨줄 수 있다. 이성이 완벽히 설명할 수 있는 세상이나 인간은 존재하지 않는다. 인간의 실존과 마음은 추측하기 어려울 만큼 신비로우며, 광기는 그 신비로운 영역에 자리하고 있다. "이성의 마지막 단계는 이성을 넘어서는 것이 무한히 많다는 것을 인정하는 것이다"라고 파스칼은 말했다. 이성이 설명하지 못하는 광기는 예측할 수 없는 인간의 심연을 드러낸다. '내가 누구인가, 인간이란 무엇인가'에 답하기 위해서라도 우리는 우리 안의 타자, 광기를 인정해야 한다. 이성의 승리로 점철된 서양철학사에서 광기에 대한 새로운 조명은 매우 뜻깊으며 보다 깊이 있는 인간 이해를 위해 반드시 필요하다.

바칼로레아의 질문들

- 비이성적이라는 것은 정신의 허약함을 의미하는가? (2000)
- 앎은 한계를 지니는가? (1997)
- 이성은 모든 것을 이해할 수 있는가? (1996)
- 비이성은 항상 어리석기만 한가? (1992)
- 광기에도 논리가 있는가? (1982)
- 지혜와 광기는 양립 불가능한가?

더 생각해 봅시다 ❶

항상 이성적이어야 하는가?

전통적으로 이성이란 이해하고 판단하며 자신의 행동을 결정할 수 있는 능력을 지칭한다. 그리고 위의 행동들이 일상에 있어 중요한 역할을 하는 이상, 이성을 따라야 함은 당연한 것처럼 느껴진다. 이성은 우리로 하여금 욕망에서 야기되는 폭력과 어리석음, 미신을 피할 수 있게끔 한다. "이성을 잃지 말아야 한다"는 표현을 우리가 자주 사용하는 것은 이성적이지 못한 행동, 가령 분노, 과도한 정열, 슬픔 등이 대부분 실수로 이어지고 결국 후회나 가책을 유발했기 때문이다. 에피쿠로스(Epikouros)에 따르면 이성은 인간으로 하여금 쓸데없는 공포와 두려움, 무지에서 벗어나 행복할 수 있도록 도와주는 역할을 한다. 스토아학파 철학자들도 동요되어서는 안 되며, 이성에서 비롯되는 양심의 명령에 절대 순종해야 한다고 역설하였다. 칸트는 자연이 만든 것은 모두 그 이유가 있는 이상, 인간이 이성을 갖춘 것은 인간이 그것을 잘 활용함으로써 행복해질 수 있기 때문이라고 설명했다. 그러나 가끔 이성보다 감성에 더 귀를 기울여야 하는 경우는 없는가?

　루소는《인간불평등 기원론》에서 동정심은 보편적 감정이며 인간은 타인이 고통받는 것을 보면 고통을 느낀다고 기술했다. 그리고 인간이 이성만을 따랐다면 인류는 오래 전에 소멸했을 것이라는 사실도 강조했다. 실제로 이성적인 사람은 냉정한 사람으로 비춰질 수 있고, 모든 감정을 제거한 도덕적 행위는 비인간적으로 느껴질 수 있다. 또한 사랑이나 신앙, 예술 등의 문제에 있어서도 이성보다 감정이 더 중요한 역할을 하므로 행복의 문제를 다룸에 있어 이성만을 강조하는 것은 바람직한 태도가 아닐 수 있다. 너무 이성적인 태도는 무의식을 간과하여 개인의 잠재력을 억제하는 부정적 결과를 초래할 수도 있다. 수많은 혁명과 위대한 예술, 과학작품은 이성적이기를 거부한 천재들에 의해 이루어졌음을 잊어서는 안 될 것이다. 그러나 이성을 벗어난 행동이 과연 장기적인 행복을 보장해 줄 수 있는지에 대해선 여전히 의문을 가질 수 있다. 비이성적인 행동도 우리에게 행복을 가져다줄 수 있는지에 대해 생각해 보자.

더 생각해 봅시다 ❷

미친 듯이 사랑한다는 것은 무엇을 의미하는가?

내가 누군가를 정신을 잃을 정도로 사랑할 때 정열은 내 모든 존재를 뒤덮고 정열 외 다른 능력들을 마비시키게 된다. 정열에 의해 사람들은 도저히 이성적으로 이해할 수 없는 행동을 감행하고 가족과 국가, 현실적 이해관계를 모두 포기하기도 한다. 따라서 사람들은 이런 형태의 사랑이야말로 진정하고 훌륭하고 귀한 사랑이라고 생각한다. 그러나 이 정열적 사랑은 타자에게 해를 입힐 가능성이 있는 위험한 사랑이기도 하다. 정열이 지나칠 경우 내가 사랑하는 사람은 내 앞의 타자가 아니라 나의 이상, 내가 설정한 나만의 환상일 수 있으며, 이 경우 나는 타자에게 나의 이상에 부합할 것을 강요하게 된다. 그리고 그가 나의 이상에 못 미치는 현실적 존재임을 발견하게 될 때의 절망과 실망은 파괴적일 수 있다.

진정한 사랑이란 상대방의 장점뿐 아니라 약함과 허약함을 모두 이해하고 감쌀 수 있는, 즉 있는 그대로를 받아들일 수 있는 성숙한 사랑을 의미하는 것이 아닐까? 내가 정열에 사로잡혀 있을 때 나의 지나친 집착은 내가 사랑하는 자의 자유를 저해할 수도 있다. 즉, 뜨거운 정열을 넘어서는 사랑하는 사람에 대한 깊은 이해를 통해서만이 진정한 사랑을 유지할 수 있다. 정열적인 사랑과 우정어린 사랑에 대해 생각해 보자.

더 생각해 봅시다 ❸

"광기 없이 사는 자는 그가 생각하는 것만큼 지혜롭지 않다"라는 라로슈푸코의 문장은 무엇을 의미하는가?

흔히 현자는 자신의 이성에만 의거하여 사는 사람, 자신의 욕망을 완벽히 제어할 수 있는 자로, 반대로 광인은 이성을 상실한 채 욕망에 이끌려 사는 자로 정의된다. 즉, 일반적으로 현자와 광인은 상반되는 존재이다. 그러나 위의 문장은 진정한 현자가 되기 위해서는 얼마간의 광기를 필요로 한다는 사실을 명시하고 있다. 광기도 지혜의 일부가 될 수 있다는 것일까? 실제로 정열이나 사랑을 배제한 재능은 빛 없는 불기와 같을 수 있다. 진정 지혜로운 자는 이성과 정열을 동시에 간직한 사람이 아닐까? 현자의 조건에 대해 생각해 보자.

10

역사가 심판할 것이다라는 주장은 정당한가?

Baccalauréat, 1996

역사의 진정한 가치는 과학적인 것이 아니라 윤리적인 것에 있다. 따라서 역사는 하나의 윤리과학인 것이다.
칼 베커(Carl Becker, 미국 역사학자)

아무리 심오한 철학도 어떤 분석도 어떤 아포리즘도 의미와 강도와 충만함에 있어 잘 구술된 역사와 비교할 수 없다.
한나 아렌트(Hannah Arendt, 독일 여류철학자)

역사는 인류의 범행, 우행, 행운의 등기부이다.
에드워드 기번(Edward Gibbon, 영국 역사학자)

서론

억울한 판결이나 평가를 받았을 때 사람들은 '역사가 심판할 것이다'라는 말을 쓰곤 한다. 어떤 행동이나 사건의 진실이 은닉되어 있거나 아직 나타나지 않았지만 그 진실은 시간이 지남에 따라 밝혀질 것임을 뜻하는 이 표현은 합당한 것일까? 우선 '역사가 심판할 것이다'라는 말은 미래형으로 되어 있음에 주목해 보자. 이러한 주장은 지금 현재 우리가 처한 정치나 현실을 우리 후세가 보다 더 공정하고 투명하게 평가해 줄 것이라는 믿음을 전제로 한다. 그러나 현재 일어나는 사건들을 정당하게 평가해 줄 세상의 재판소로서의 미래를 믿는 것은 허황된 꿈이 아닐까? 만약 그것이 가능하다면 미래 후손들이 판단할 진실을 앞서 알 수는 없는 것일까? 기다리지 않고 사건을 객관적으로 판단하기 위해선 어떻게 해야 하는가?

세상의 재판소로서의 역사

역사의 심판이란 개념은 종교적 차원에서 제일 먼저 사용되었다. 역사가 어떤 목적을 향해 움직인다는 생각을 도입한 것은 유대인들이었다. 그후 유대교를 부분적으로 계승한 기독교인들은 역사는 어떤 초월적 목적을 향해 나아가며 세계의 창조자로서의 인격신의 섭리가 역사를 통해 실현된다고 믿었다. 기독교에서 역사의 심판은 역사의 종말이란 개념을 동반하는데 이런 주장은 대체로 종교적·예언적 형태를 띤다. 기독교인들은 세계의 종말에 최후의 심판이 내려지고 구원받을 자와 구원받지 못할 자가 나누어진다고 생각한다. 그러나 종말론이 비관적인 세계관이라고는 말할 수 없다. 오히려

사샤 기트리(Sacha Guitry)의 영화 〈만약 베르사유에 대해 이야기하지 않았더라면〉(1954)의 한 장면. 헤겔은 "역사의 발전이란 곧 자유의 확대과정"이라고 말했다. 고대사회에서는 왕과 귀족들만이 정치적 자유를 누렸지만, 근대사회를 거쳐 현대사회로 오면서 점차 노동자, 농민층에게까지 실질적으로 자유가 확대되어 간다는 것이다. 그러나 오늘날 농민이 누리는 자유와 지배층이 누리는 자유가 같은 성격의 것인지는 의심해 볼 필요가 있다. 역사는 어디로 가고 있는가? 인간은 어디로 가고 있는가?

기독교에서의 종말은 천년왕국이 실현된다는 매우 큰 낙관주의와 희망을 전제로 한다. 문제는 이러한 형태의 심판은 현세적인 성격을 지니고 있지 않으므로 심판의 날에 이르기까지 기독교인이 아닌 사람들에게 어떤 구체적인 해결책도 제공해 주지 못한다는 점이다.

근대 이후의 사상가들은 창조신의 뜻을 중심으로 한 목적론을 배제하고 신의 섭리 대신 이성에 의해 역사가 움직인다고 주장하였다. 하지만 칸트는 역사의 의미가 이성으로부터 연역된다고 보지 않고 단지 그것을 '인간의 윤리적 성격의 의무에 대한 내기'라는 당위적 측면에서 설정하였다. 인간은 이성적이고 윤리적이기에 인간의 미래는 앎, 윤리, 자유에 있어 모두 점차적인 발전과 완성의 단계일 것이라고 가정한 것이다. 특히 헤겔은 이성과 정신은 궁극적으로 신을 의미한다고 보고 세계사는 신의 섭리의 산물이며 신에 의한 세계 심판이 된다고 주장했다. 《법철학의 원리》종결부에서 헤겔은 "역사는 세계의 재판소이다"라고 말한다. 그에 따르면 사건의 판단에 필요한 앎을 갖고 있는 유일한 존재는 역사이다. 즉, '역사가 심판할 것이다'라는 표현은 마지막 순간에 역사를 심판하는 것은 개별적인 인간이 아닌 역사 그 자체라는 것을 뜻한다. 헤겔에 따르면 역사적 사건의 전개는 절대이성의 점차적인 실현과 관계하고 절대이성의 실현은 결국 과거에 일어났던 일 모두를 객관적으로 평가할 기준을 역사에 부여할 것이기에 역사는 재판관의 역할을 수행한다고 말할 수 있다.

역사는 어떤 목표를 가지고 있으며 절대이성을 향해 진보한다는 헤겔의 생각에 마르크스도 동참하는데 이 둘 모두는 역사의 과정은 그 자신의 법칙에 의하여 필연적으로 정해져 있다고 보았다. 마르크스는 다음과 같이 말한다. "역사의 상상력은 인간의 상상력을 언제나 초월하였다." 다시 말해, 사건 당시에는 별로 사람들의 관심을 끌지 못한 조그마한 일이 역사적인 사건이 될 수도 있다는 것이다. 마르크스는 이 필연적 역사의 완성을 공산주의로 생각했다. 그의 주장에 따르면 역사는 계급투쟁의 역사이며 이 투쟁은 결국 국가와 사회계급의 사라짐으로 이어진다. 역사에 대한 이 같은 평가는 얼마간의 낙관주의를 내포한다고 말할 수 있다. 그리고 이 낙관주의는 계몽주의 시기를 살던 학자들이 과거와 현재를 비교할 때 느꼈을 상대적 자신감과 연관된다고 볼 수 있다. 실제로 '역사가 심판할 것이다'라는 표현에는 '인류는 확실히 발전했으므로 앞으로도 계속 진보할 것이고 역사는 보다 더 이성적이고 완벽하게 발전할 것이다'라는 주장이 담겨 있다.

그러나 이러한 낙관적 역사관에 문제는 없을까? 역사의 진보와 새로움을 환영하는 태도는 자칫 역사 속의 수많은 사상과 파괴, 학살을 망각 내지는 정당화할 위험을 내포하지 않을까? 발레리는 "역사는 정신의 화학이 구축한 가장 위험한 산출물이다"라고 말한 바 있다. 그에 따르면 이토록 역사가 위험한 것은 그것이 모든 이데올로기에 봉사할 수 있기 때문이다. 발레리는 "역사란 사람들이 원하는 것을 정당화하고 아무것도 가르쳐주지 않는다. 왜냐하면 그것은 모든 것을 포함하고 모든 것에 대한 예를 제공하기 때문이다"라고 말하면서 역사의 해석은 지극히 주관적임을 강조했다. 그렇다면 우리는 더 나은 세계로 나아가고 있다는 역사적 진보에 대한 믿음 역시 신화에 불과한 것이 아닌지 의심해 볼 필요가 있다. 역사적 진보란 현실을 외면한 이데올로기적 구호일 가능성이 있기 때문이다.

많은 현대 역사학자들은 이런 목적론적이고 필연적인 역사관을 비판한다. 그들은 역사를 지배하는 것은 우연이며 역사를 이끌어가는 특정한 목적이나 의미는 존재하지 않는다고 말한다. 그들의 주장이 옳다면 미래에 대해 특별한 희망을 걸거나 현실에 대해 절망할 필요는 없지 않을까? 모든 것이 우연에 의한 것이라면 우리가 특별히 희망하거나 절망할 객관적 근거는 존재하지 않게 된다. 레싱(G. E. Lessing)[17]에 의하면 역사는 논리적 연관성을 상실한 우연한 사건들의 집합이며 의미도 지니지 않는다. 역사에 어떤 의미와 목표가 있으며 진보한다고 생각하는 것은 인간의 주관적 의식의 요구에 따른 것일 뿐이다. 슈펭글러(O. Spengler)[18] 역시 역사의 주관적 해석에 관심을 갖고, 무의미의 바다 속에서 조개를 줍고자 하는

---

17) 레싱(Gotthold Ephraim Lessing, 1729~1781) : 독일의 극작가, 비평가, 철학 및 미학 저술가. 독일극이 고전주의극과 프랑스극의 영향에서 벗어나는 데 이바지했으며 지금까지도 중요한 가치를 지닌 첫 독일 희곡을 썼다. 그의 비평은 독일문단에 큰 자극을 주었고 보수적 독단론에 반대해서 종교적·지적 관용과 편견 없는 진실 추구를 주장했다. 그는 세계 종교의 역사에서 도덕의식의 발전을 보았고, 그로 인해 일체의 독단과 교리를 초월한 보편적인 형제애와 도덕적 자유의 절정에 이를 수 있으리라고 믿었다.

18) 슈펭글러(Oswald Spengler, 1880~1936) : 독일의 철학자. 사회이론에 크게 이바지한 영향력 있는 연구서 《서구의 몰락(*Der Untergang des Abendlandes*)》(2권, 1918~22)으로 유명하다. 그는 《서구의 몰락》에서 대부분의 문명은 반드시 일련의 주기를 거치기 때문에 역사는 과거를 재구성할 수 있을 뿐 아니라 "아직 진행되지 않은 우리 서양역사의 정신적 형식·수명·리듬·의미·결과 등을 예측할 수 있다"고 주장했다.

마음, 즉 평범한 것 속에서 특별한 무엇을 찾으려는 것이 역사가와 인간의 마음이라고 피력한 바 있다.

우리는 일반적으로 역사를 통해 교훈을 얻고자 한다. 가령 2차대전이 끝난 후 유럽은 과거의 잘못을 충분히 반성한 후 새로운 사회를 건설하고자 했다. 그러나 이러한 역사관은 너무나 단순한 논리를 따르고 있는 것이 아닐까? 과거를 통해 미래를 설계하기 위해서는 과거와 미래 간에 필연적인 인과관계가 존재한다는 것을 전제로 해야 한다. 그런데 과연 과거-현재-미래 사이에는 필연적 관계가 존재하는가? 모든 사건이 우연에 의해 발생한다면 각 상황과 사건은 특수하며 따라서 비교하기 힘들다고 말해야 옳지 않을까? 살아 숨쉬는 현재라는 시간과 인간의 자유로운 약동 앞에서 과거의 기억과 추상적 일반화를 적용한다는 것은 분명 한계가 있는 추론일 수 있다. 쿤의 과학혁명 이론에 따르면 기존 패러다임이 무너지고 새로운 패러다임에 합의하는 과정에서 대규모 재조정과 개념체계의 재구성이 이루어진다. 가령 먼 옛날 사람들은 태양이 지구 주위를 돈다고 생각했으나(천동설) 코페르니쿠스 이후 지구가 태양 주위를 회전한다는 것(지동설)을 믿게 되었다. 이때 '천동설에서 지동설로의 변화'를 패러다임의 전환이라고 말할 수 있다. 여기서 패러다임이란 '어떤 한 시대 사람들의 견해나 사고를 지배하고 있는 이론적 틀이나 개념의 집합체', 특정 분야의 학자들이나 사회 전체가 공유하는 이론이나 법칙, 지식, 넓게는 가치관이나 사고방식을 의미한다. 그런데 만약 A시대의 패러다임과 B시대의 패러다임이 전혀 다르다면 어떻게 이 둘간의 연관관계를 설정하고 비교, 평가할 수 있을까? B시대에 사는 우리가 A시대의 A사건으로부터 교훈을 얻기 위해서는 시대를 초월하는 보편논리가 존재한다는 것을 가정해야 하는데 만약 어떤 새로움과 가능성도 용납하지 않는 그런 절대원리가 존재한다면 우리는 결국 결정주의에 사로잡히게 되지 않을까? 우리는 과거의 사실에 근거해서 현실을 해석하고 미래마저 전망하는 경향이 있다. 하지만 예측할 수 없는 사건도 분명 존재한다. 예를 들어 과거의 경험을 예로 들면서 강자에 대한 모든 저항을 포기하게 될 경우를 상상해 보자. 사람들은 강자를 이긴 약자는 없으므로 강자와의 싸움은 무의미하다고 생각하기 쉽다. 그러나 소비도(Sobibor) 나치수용소에서 발생한 죄수들의 반란이 보여주듯 약자가 강자를 무찌른 예도 역사 속에는 분명 존재한다. 또《전쟁론》을 쓴 클라우제비츠(K. von Clausewitz)가 수많은 전쟁을 연구함으로써 이끌어낸 일반 전쟁법칙 중의 하나인 공격전보다 방어전이 우세하다는 법칙은 역사 속에서 수많은 예외를 남기며 반증되었다.

판단 불가능성의 문제

헤겔에 의하면 역사의 의미는 역사의 마지막 목적이 이루어진 후에야 나타난다. 그는《법철학》서문에서 "미네르바의 올빼미는 황혼녘에 날개를 편다"고 기술했는데, 이것은 이성적인 철학이나 진리에 대한 인식은 시대에 선행하기보다는 일이 다 끝날 무렵에야 이루어진다는 것을 뜻한다. 이 관점을 따른다면 진리 그 자체도 역사적이며 조금씩 발전하기 때문에 현재 진리라고 믿고 있는 모든 주장들은 다 잠정적 거짓이라고 생각할 수 있다. 실제로 한때 각광을 받았던 과학이론이 시간이 흐름에 따라 비판되고 대치되는 것을, 혹은 전혀 관심을 끌지 못하던 예술작품이 시간과 함께 명작으로 평가되는 것을 우리는 자주 목격한다. 이러한 사실 때문에 현재 사람들의 동의를 얻지 못하는 정치가들이나 이론가들은 '역사가 심판할 것이다'라는 주장과 함께 자신의 현 입장을 정당화한다. 그러나 아무리 미래에 대한 강한 믿음을 표명한다 해도 동시대를 살고 있는 사람들에게 이러한 주장은 모호하고 받아들이기 어려운 태도일 수밖에 없다.

물론 역사가 지속되는 한 인간의 행동이나 작품에 대한 모든 결정적인 평가는 때이른 것이며 오류를 범할 수 있다. 그러나 그렇다고 해서 무조건적으로 판단을 미루는 것이 과연 가능할까? 예를 들어 나치즘에 대항하여 비밀저항운동을 하였을 때 이러한 행동을 때이른 판단이라고 말할 수 있을까? 나치즘이 미래에 긍정적인 것으로 밝혀질 수도 있으므로 그냥 자신의 안전만을 도모해야 한다고 말할 사람은 많지 않다. 절대이성이나 신의 뜻에 따른 역사의 심판이란 개념은 개인적 판단을 삼가게 한다. 유한한 인간이 보편적인 신의 깊은 뜻을 이해하지 못할 수도 있기 때문이다. 그러나 이렇게 판단과 평가가 보류되고 개인의 책임이 배제될 경우 역사의 심판에 내포된 결정론적 세계관은 윤리적인 측면에서 큰 문제점을 낳을 수 있다.

개인의 자유와 결정론의 문제

흄은 "같은 동기는 항상 같은 행동을 야기했고 같은 사건은 같은 원인을 따른다"고 말한 바 있다. 이어 그는 역사의 주된 활용은 "다양한 정세와 상황 속에서의 인간을 보여줌으로써 우리로 하여금 인간 본성의 보편적이고 지속적인 원리를 발견하게 하는 것"이라고 주장하기도 했다. 실제로 이러한 이유로 엘리트들의 정치교육에 있어 역사는 매우 중요한 위치를 차지했다. 기원전 2세기의 그리스 역사학자 폴리비오스(Polybios)는 "활발한 정치적 삶을 위해 최선의 교육과 배움은 역사공부이다"라고 말했다. 마키아벨리 역시 역사적 예를 잘 이해함으로써 권력을 유지할 것을 군주들에게 당부했다. 클라우제비츠는 군사기술에 대한 일반규칙을 과거에 있었던 전쟁으로부터 이끌어냈다. 한편 역사는 대중을 일깨우고 유대인 학살이나 세계대전과 같은 비극이 반복되는 것을 앞서 막는 역할을 수행하기도 한다. 한나 아렌트(Hannah Arendt)는 나치즘, 스탈린주의, 이탈리아 파시즘의 분석을 통해 전체주의의 원인과 성격을 이해하고자 했다. 그보다 앞서 라보에시(E. de La Boétie)는 폭군이 군중들을 노예로 만들기 위해 사용한 방법을 연구하였다. 더 나아가 마르크스와 엥겔스는 역사 안에서 인류를 움직이는 커다란 법칙을 발견하였으며 그로부터 "오늘날까지의 모든 사회의 역사는 계급투쟁의 역사이다"라는 유명한 문장을 남겼다.

역사에 필연적 논리와 법칙이 존재한다는 생각은 인간 개개인의 의지를 뛰어넘는 목적인이 존재한다는 것을 전제로 한다. 그러나 물리나 자연계에만 "같은 원인은 항상 같은 법칙을 야기한다"는 결정론을 적용할 수 있는 것이 아닐까? 인간의 역사는 자유를 지닌 존재의 역사라는 점에서 자연사와는 확연히 구분된다. 요컨대 역사가 심판한다는 결정주의적 역사주의가 부정되어야 하는 이유는 이것이 결정된 법칙을 인간의 역사에 덮어씌움으로써 인간을 자유로운 창조의 주체자가 아닌 운명의 노예로 만들어버리기 때문이다. 만약 역사가 필연적인 움직임에 의해 심판의 날로 이동하고 있다면 인간은 어떤 자발적 행동도 계획도 할 필요가 없어지며 인간의 의지, 자유는 의미를 잃게 된다.

역사는 인간에게 일어나는 것일까, 인간에 의해 이루어지는 것일까? 전자를 주장하는 결정론자와 후자를 주장하는 자유주의자들 간의 대립은 오늘날의 역사철학에 있어 중요한 쟁점이 되고 있다. 인간은 운명의 흐름에 순응하는 피동적인 꼭두각시인가, 아니면 역사를 움직이는 근원적인 힘인가? '역사가 심판할 것이다'라는 역사관을 따를 때 무엇보다 문제가 되는 것은 역사 안에서의 개인의 역할이다. 역사의 흐름 속에서 인간은 어느 정도의 역할을 수행할 수 있을까? 신의 의지나 절대이성이 역사전개의 원동력이라면 역사 안에서 인간은 상당히 미미한 위치를 차지하게 된다. 물론 개인은 존재한다. 특히 세계사적 의미에서 위대한 업적을 남긴 사람들, 예를 들어 나폴레옹, 알렉산드로스, 시저와 같은 전쟁영웅, 혁명가 들은 역사의 변화를 주도적으로 실천하려는 이성의 요구를 모범적으로 수행한 인물들이다. 그러나 헤겔은 그들 행동의 목적 속에 고차원적인 세계정신이 있는 것이지 그들이 이를 의식하거나 지향한 것은 아니라고 명시한다. 어떤 의미에서 볼 때 그들은 세계정신을 실현하기 위한 일종의 수단으로 사용된 것뿐이다. 헤겔적 역사관에 따르면 개인은 자신의 고유성을 요구할 수 없는 무력한 존재에 불과하다. 그렇다면 역사의 심판을 전제로 한 역사관에서 의식적이고 자유로운 인간의 자유와 창조행위를 찾긴 힘들다. 만약 신의 뜻이나 절대이성이 역사전개의 원동력이라면 인간 개개인은 역사의 방관자에 지나지 않기 때문이다. 즉, 역사적 결정론을 따른다면 아무리 노력하고 발버둥쳐도 인간은 신의 뜻을 수행하기 위한 도구에 지나지 않는다. '역사가 심판한다'는 말은 결국 인간은 자기 의지로는 아무것도 못하고 필연적인 역사의 흐름을 따르는 피동적인 꼭두각시, 역사의 방관자에 지나지 않는다는 뜻인가? 이미 미래가 결정되어 있다면 현재 나의 결정이 무슨 궁극적인 의미를 지닐 수 있단 말인가? 역사가 정해진 논리에 따라 전개된다면 개인은 그 과정의 하나인 현실에 굴복하고 동의를 보낼 수밖에 없을 것이며 개인의 자유와 책임은 부차적인 것이 될 것이다. 즉, 역사적 결정론은 쉽게 보수주의와 체념주의로 이어질 위험이 있다. 실제로 헤겔은 주어진 현실에 관조적인 태도만을 취했으며 또 그 현실을 이상화했다. 특히 역사의 발전과정을 역동적인 변증법적 과정으로 설명하기는 했지만, 절대정신의 완성에 이르러서는 더 이상의 발전이 가능하지 않다고 말함으로써 현존하는 국가를 절대정신의 구현으로 간주하는 보수주의적인 입장을 취했고 이는 마르크스의 비판을 불러일으켰다. 마르크스는 노동자들의 적극적인 의지와 참여를 역사 진행과정의 중심에 놓았다. 그는 봉건제도가 자본주의로의 이전에 의해 평가되었듯이 자본주의는 프롤레타리아의 혁명에 의해 평가받게 될 것이며 역사의 끝에 나타날 것은 추상적인 자유가 아니라 공산주의자들에 의해 실행될 구체적 자유라고 주장했다. 하지만 현대 프랑스 정치·사회학자 레이몽 아롱은 자본주의의 종말에 대한 마르크스의 예언은 자본주의자들에게 피해야 할 문제점들을 지적해 주는 역할밖에 하지 못했다고 조롱 섞인 말투로 마르크스의 변증법적 역사관을 비판했다. 공산주의의 실패는 목적론적 역사관의 한계를 보여주는 것일까?

역사적 결정론의 형이상학적 기원 비판

'역사가 심판할 것이다'라는 말은 결국 역사가 우리에게 과거에 일어난 일 중 무엇이 진실이며 거짓인지를 보여줄 것이라 믿는 것이다. 실제로 '역사가 심판할 것이다'라고 말할 때 우리는 역사가 나쁜 행동을 벌주고 좋은 행동에 상을 줄 것이라 기대한다. 그렇다면 여기서 역사란 일종의 살아 있는 윤리적 실체의 성격을 띠게 된다. 문제는 이러한 주장을 하기 위해선 종교적 믿음을 갖거나 형이상학적 목적론을 신임해야 한다는 것이다. 유대적 메시아 사상, 종말론, 최후의 심판, 천년왕국 등 직선적 발전사관과 연관된 기독교적인 관점에서 본다면 역사 밖에 위치한 초월적 신의 뜻이 전개되는 것이 바로 역사의 심판을 의미한다. 공산주의적 관점에서 볼 경우엔 '프롤레타리아의 정의로운 승리로 역사가 심판될 것이다'라고 말할 수 있다. 그러나 이 두 역사관은 모두 초월적 섭리가 존재한다는 종교적 기원을 가정한다. 그런데 이 경우 인간은 당연히 초월적 뜻을 실현하기 위한 도구에 지나지 않으므로 앞으로 전개될 모든 사건들에 대해 판단을 삼가야 한다. 인간이 심오한 초월적 뜻을 이해하지 못할 수도 있기 때문이다.

그러나 대부분의 현대 역사가들은 '역사가 심판할 것이다'라는 주장에 동의하지 않는다. 특히 포스트모더니즘 진영에 선 학자들은 역사의 심판이란 역사에 일정한 목적이 있고 역사가 그 목적을 향해 나아간다는 형이상학적 주장을 담고 있으므로 거부되어야 한다고 주장한다. 그들은 세계질서는 신의 뜻에 의해 이루어진다는 믿음을 따르기보다는 개인의 자율성을 존중해야 한다고 말한다. 포스트모더니즘적 역사관을 옹호하는 이들에게 진보란 서구중심적 산업화와 지식, 이념의 팽창을 의미할 뿐이다. 그들은 역사를 어떤 목적을 향해 움직이는 것이 아니라 우연에 의해 움직이는 것으로 파악한다. 그들에 따르면 보는 시각을 바꾼다면 역사는 새로움으로 가득 차 있다는 것을 알 수 있다. 그러나 역사는 의미를 지닌다는 사실을 거부하고 진보논리 자체를 해체하는 포스트모더니즘적 역사관은 사회적 합의를 이끌어낼 수 없으므로 무정부적인 혼돈을 야기할 수 있다.

어떤 시대고 역사를 심판하지 않은 적은 없었다. 그렇다면 우리가 관심을 기울여야 할 것은 역사를 누가 어떻게 어디서 심판하느냐 하는 것이다. 역사를 심판하는 것은 결국 인간, 특히 역사가인데 모든 역사를 통괄할 만큼 완벽하고 종합적인 시각을 지닌 역사가는 존재하지 않는다. 그는 특정한 시대, 사회, 계층에 속해 있으므로 역사가의 판단은 객관적 판단이기보다는 가치론적 판단일 가능성이 높다. 그렇다면 역사와 역사가가 해야 할 일은 심판하는 것이 아니라 단지 보다 더 잘 알도록 노력하는 일이 아닐까? 역사학의 발전을 도모하기 위해서는 역사가 심판한다는 결정론적 입장에서 벗어나 좀더 객관적이고 정밀한 평가를 내리는 데 주력해야 할 것이다.

결론

'역사가 심판할 것이다'라는 주장은 역사철학의 윤리적·존재론적 가치에 대한 숙고와 비판을 요구하는 질문이다. 왜냐하면 이 주장은 역사를 이끄는 것은 인간이 아니라는 것을 전제로 하므로 인간의 자유정신에 위배되기 때문이다. 변하지 않는 인간의 본성이라는 것이 존재한다 해도 역사를 자연법칙, 절대이성 혹은 신의 뜻에 의해 이루어지는 것으로 받아들이는 것은 개인의 존엄성과 의지를 무시하는 것과 같다. 인간의 위대성이란 오히려 계획되고 예정된 것을 거스르고 미지의 가능성을 도출할 수 있는 창조적 역량에서 발견되지 않을까? 역사가 연출하는 각 상황의 특수성과 복잡성은 선부른 비교와 일반화가 얼마나 위험한지를 보여준다.

역사가는 인류의 진행과정을 예견하며 자주 그것에 의미를 부여하고 방향을 제시한다. 그러나 어떤 역사가도 발생한 것이 필연적으로 발생했어야 했던 것이라고 장담할 수 없다. 인간의 역사를 평가하는 건 인간이기에 역사에 대한 심판은 항상 주관적이고 현재진행적이다. 그러나 이러한 문제점들을 충분히 인지하고 있는 역사가라면 역사가 나아갈 방향으로 얼마간의 가치론적 목적을 제시하는 것도 윤리적인 차원에서 바람직한 선택일 수 있다.

바칼로레아의 질문들

- 역사는 인간에게 일어나는 것인가, 인간에 의해 일어나는 것인가? (1997)
- 진리도 역사를 지니고 있는가? (1993, 1994)
- 몇몇 사람들이 역사를 이루었다고 말할 수 있는가? (1988)

더 생각해 봅시다 ❶

인간과 상관없이 역사가 진보한다고 말할 수 있는가?

인간은 역사를 만드는 주역인가? 아니면 수동적으로 역사적 사건에 휘말리게 되는 주변인물인가? 역사가 인간과 상관없이 발전한다는 것은 인간을 넘어서는 초월적 필연성이 존재하며 그 힘에 의해 역사가 스스로 진행된다는 것을 의미한다. 그런데 역사의 흐름을 살펴보면 실제로 일정한 법칙에 따라 사건이 발생-전개-완결된다는 느낌을 갖게 된다.

인간을 넘어서는 역사가 결정된 목적을 향해 움직인다는 주장은 인간의 자유를 부정하는 결과를 초래할 수 있다. 헤겔은 절대이성을 언급하면서 인간들은 의식적으로 역사를 이룩한다고 주장했지만, 그가 진정한 역사의 주체로 간주한 것은 이성 그 자체였다. 그렇다면 나폴레옹이나 시저 등도 정념을 지닌 에너지의 동력에 불과하고 진정한 역사의 주역은 역사 자체라는 뜻이 되는데 이 사실을 인간은 받아들일 수 있을까? 역사는 인간에 의해 만들어지는 것인가, 인간에게 운명처럼 닥치는 것인가? 인간은 역사를 창조하고 이끄는 존재인가, 아니면 정해진 구조 속에서 이용되는 한낱 부속품에 불과한가? 역사 속에서의 인간의 역할에 대해 토의해 보자.

더 생각해 봅시다 ❷

위인들의 위대성이란 무엇을 가리키는가?

우리는 인류의 역사에 커다란 영향을 미친 인물들을 위인이라고 부른다. 우리는 그들이 범인들의 평범함·약함·초라함 등과 구별되는 탁월한 힘과 능력을 지니고 있다고 생각하며, 그 이유로 그들에게 시대를 초월한 존경심을 표시한다. 그렇지만 위인들이 반드시 윤리적인 인간인 것은 아니다. 시저나 나폴레옹과 같은 인물들이 위인인 것은 분명하지만 그들은 전쟁터에서 수많은 인명을 죽음으로 몰고 간 이들이기도 하다. 여기서 우리는 위인들의 위대성이란 과연 무엇인지에 대해 질문할 필요가 있다. 역사가들은 무엇을 위대성으로 간주하는가? 죽음을 두려워하지 않는 영웅성, 세기를 뛰어넘는 천재성이 위인을 결정짓는 조건의 전부인가? 악인이라 알려진 네로나 히틀러가 역사 속에서 영구히 기억된다는 것에 일말의 불쾌감을 느낄 수도 있지 않을까? 사악했지만 역사 속에 이름을 남긴 이들에 대해 생각해 보고 그 정당성에 대해 토의해 보자.

더 생각해 봅시다 ❸

역사가 악을 정당화시킬 수 있는가? (1997)

사료들이 증명한 인류의 역사는 수많은 폭력과 악, 잔인함으로 가득하다. 역사를 제대로 이해하게 된다면 우리는 그 악들마저 논리적으로 설명할 수 있게 될까? 한 사건을 설명한다는 것은 그 원인과 의미를 밝혀내는 것이다. 물론 깊이 있는 역사적 지식 덕에 우리는 왜 인간들이 그토록 폭력적으로 행동하는지를 알게 될 수도 있다. 그러나 악을 설명하는 것과 그것을 정당화하는 것은 별개의 문제이다. 정당화한다는 것은 그 상황에서 악은 어쩔 수 없이 존재할 수밖에 없었다는 것을 밝히는 것이다. 그런데 역사가 과연 악의 필연성을 증명할 수 있을까? 아무리 한 시대의 희생이 더 나은 다음 시대를 위해 필요했다고 해도 그것이 수많은 사람들의 죽음과 고통을 정당화시켜 줄 수는 없다. 더욱이 역사가가 객관적으로 악의 이유를 밝힐 수 있는지에 대해서도 의문을 가질 수 있다. 약국을 침략하는 강국은 분명 자신에게 유리하게 당시 상황을 설명할 것이기 때문이다. 역사 속에서 벌어진 대표적 비극들을 예로 들어 그것에 대한 평가를 비교 고찰해 보자.

더 생각해 봅시다 ❹

민족은 자신의 역사에 대해 책임을 져야 하는가? (1996)

민족이란 정신, 문화의 단일체로서 같은 지적·영적인 가치를 공유하는 사람들로 이루어진다. 그리고 한 민족을 구성하는 민중들이 힘을 모아 특정한 이상을 주장하고 기존의 사회를 개혁하고자 할 때 우리는 그 민족이 자신의 역사를 책임진다고 말한다. 가령 프랑스는 프랑스혁명 당시 시민의 힘으로 귀족제도를 타파하고 민주주의와 세계인권을 구축하는 자유정신을 보여주었다. 실제로 각 민족의 역사를 잘 살펴보면 왜 그 민족이 현 정치체제를 도입했는지를 이해하게 된다. 그러나 시민들에게 어떤 권리나 자유도 부여하지 않는 독재정권하에 사는 시민들에게도 정치적 책임을 물 수 있을까?

어떤 사람들은 자발적으로 자신의 정치적 권리를 포기하고 지배이데올로기에 복종하는 수동적인 삶을 택하기도 한다. 그러나 민주주의 사회에서 자신의 권리와 책임을 수행하는 것은 필수의무이며 투표권을 통해 이 권리를 실현하는 순간부터 민중은 민족의 운명을 책임지게 된다. 그러나 이 경우 민중은 역사의 흐름이나 사회문제 등에 매우 박학해야 하는데 과연 그러한가라는 질문을 던질 수 있다. 자신이 잘 모르는 것에 대해 책임을 지라고 요구하는 것이 과연 정당할까? 국가중심의 전체주의가 국민을 지도하고 규제해야 할 대상으로 생각한다면, 민주주의는 개인을 자주적인 독립체, 즉 사회가 요구하는 기본 지식과 도덕을 스스로 실현할 수 있는 성인으로 간주한다. 그렇다면 한 개인이 운명을 탓하지 않고 자신의 인생을 결정하고 책임지듯이 특정 민족이 자신의 역사가 나아갈 방향을 결정하고 그 결정을 책임지는 태도는 민주주의의 이상과 일치한다고 볼 수 있다. 구체적인 예를 통해 민족과 역사에 대해 토의해 보자.

11

예술은 모두를 위한 것인가?

Baccalauréat, 1994

위대한 예술품은, 모든 사람이 접근할 수 있고 이해할 수 있기 때문에 위대하다.
톨스토이(Lev N. Tolstoi, 러시아 작가·사상가)

예술은 대중을 위해서 만들어지지 않았다.
조르주 로덴바흐(Georges Rodenbach, 벨기에 상징주의 시인)

모든 예술의 가장 큰 기쁨은 예술을 잘 알고 있는 사람들을 위한 것이다.
볼테르(Voltaire, 프랑스 작가·사상가)

서론

예술은 모두를 위한 것일까? 아니면 소수 엘리트를 위한 것일까? 쉽게 이해하기 힘든 문학, 연극, 미술 작품을 대할 때 우리는 이 같은 질문을 던지게 된다. 예술작품은 우리에게 사고와 상상력을 요구한다. 즉, 미적 즐거움은 결코 지적 활동과 무관하지 않다. 어떤 예술작품이 '아름답다'고 말할 때 우리의 뇌에선 어떤 일이 일어나는가? 예술을 감상하는 것, 아름다움을 느끼는 것도 배워야 하는 것일까? 고전문학에 정통한 사람이 라신(J. B. Racine)의 비극을 제대로 이해할 수 있고, 현대음악도 들어본 사람이라야 좋아할 수 있듯이 예술은 한정된 엘리트에게만 주어진 것일까?

예술은 보편성을 지니고 있다는 주장과 예술은 소수를 위한 지적 활동이라는 주장 간의 충돌은 오래 전부터 지속되어 왔다. 미술평론가, 문학비평가 들은 끊임없이 작품을 분석하고 왜 특정 작품이 그외 작품보다 더 인정을 받아야 하는지를 설명한다. 그러나 무엇인가를 아름답다고 말할 때 반드시 왜 그런지를 설명해야만 할까? 또 그런 설명이 필요하다면 그것을 제대로 수행할 자격은 누구에게 있을까? 비평가, 역사가, 미학자, 예술가 자신? 누가 작품에 대한 판단을 가장 정확하게 내릴 수 있는지에 대한 기준은 모호하다. 미술평론가들은 특정 추상화가 전시될 때 그에 대한 여러 다양한 해석을 제시하는데 이러한 노력들이 과연 그 작품을 이해하고 좋아하는 데 있어 필수적인지 아니면 그 작품에서 비평가가 진정 확인하고 싶은 것은 자기 자신의 인생관, 세계관인지에 대해 우리는 의심할 필요가 있다. 만약 자기가 원하는 대로 자기 인생관에 따라 작품을 분석한다면 공산주의자는 특정 작품에서 공동체의 미덕을, 자본주의자는 욕망의 구조를 읽을 것이다.

인간에게는 아름다움을 추구하는 보편적인 욕구가 있다. 그렇다면 예술은 모두를 위한 것이어야 바람직하지 않을까? 그러나 역사적으로 일상에서 예술을 향유한 사람들은 항상 소수였다. 특히 현대예술은 사회가 공유하는 공통코드와 언어를 깨고 자신만의 코드가 담겨 있는 실험적인 작품들을 선보임으로써 대중들로부터 점점 더 멀어지고 있다. 민주주의 시대에 예술은 대중과 어떤 관계를 맺고 있는지 알아보기로 하자.

예술은 소수 엘리트의 특권인가?

레오나르도 다빈치의 〈모나리자〉나 고흐의 〈해바라기〉를 감상할 때 우리는 어쩌면 예술은 모든 이를 관객으로 하고 있다는 생각을 하게 된다. 그러나 실제로 이러한 작품의 대중적 인기는 작품 자체에 대한 관심보다는 작가들의 유명세와 그 작가들의 인생이 신화처럼 여겨지는 데에 근거한 경우가 더 많다. 사람들은 천재나 영웅, 기인들에 대해 관심을 보이고 그들의 불행하고 특별한 인생에 매력을 느낀다. 따라서 역사가 이미 인정한 천재예술가들에 대한 우리의 태도는 대부분 비판 없는 수용이다. 셰익스피어(W. Shakespeare)의 작품을 우리는 모두 알고 있지만 실제로 그것을 읽은 사람들은 생각보다 많지 않을 것이다. 랭보(J. N. A. Rimbaud)의 작품을 한번도 읽지 않고도 우리는 그를 훌륭한 작가로 인정하며 그의 비범하고 낭만적인 삶을 동경한다. 박물관 등을 방문했을 때 특정 작품에만 사람들이 몰리는 것도 이런 신화적 유명세와 관계가 깊다. 즉, 이해하기에 좋아한다기보다는 유명하기에 좋아하는 경우가 더 많은 것이다.

그런데 예술가들이 가장 싫어하는 평가 중의 하나가 바로 "나는 그 작품이 좋아", "나는 그 작품이 싫어"와 같이 단순하고 구체적인 설명이 없는 평가다. 모든 예술가들은 자신이 심혈을 기울인 작품이 대중들의 구경거리가 되어 '좋다, 싫다'의 기준으로 평가받는 것에 불쾌감을 느끼며, 특히 어떤 진지한 고찰도 없이 자기 자신의 작품을 쾌락적·상업적 수단으로 사용하는 것에 모욕감을 느낀다. 그렇다면 예술가의 지적 수준에 이를 수 없기에 '좋다, 싫다'라는 표현으로 호감을 표시할 수밖에 없는 대중의 평가를 어떻게 받아들여야 할까? 몰리에르(Molière)와 괴테를 이해하기 위해서는 그들의 작품을 이해할 수 있는 지적 역량을 우선적으로 갖추어야 할까?

현대예술의 난해함

예부터 예술은 '소수 엘리트의 특권'이었다. 괴테가 《파우스트》를 썼을 무렵, 바이마르 대공국 주민의 90%는 문맹이었다. 오늘날 문맹자의 수는 급격히 줄어들었고 문화를 향유할 수 있는 경제적 여유를 지닌 사람은 상대적으로 확대되었다. 도서관, CD, 화보 등을 통해 엘리트 계층에 속하지 않더라도 예술에 접근할 방법은 다양하다. 그럼에도 오늘날 현대예술을 이해할 수 있는 사람들은 교육을 통해 일정 수준의 문화적 소양을 갖춘 이들에 국한된다. 현대예술 작품에 대한 대중의 반응은 냉담하다. 현대예술의 새로운 흐름에 대해 그들은 놀라움을 표시하며 이어 '이것은 예술이 아니다'라는 적대적 반응을 보이기도 한다. 대중의 이 같은 무관심과 적대심은 현대예술이 지닌 난해성과 연관된다. 현대예술 작품들은 대중의 상식적 관점에서 볼 때 결코 아름답지 않다. 그것들은 대중에게 아름다움보다는 당황, 낯섦, 불편함으로 다가온다. 예술은 왜 이렇게 어려워졌을까?

과거 예술은 현실을 모방하는 작업으로 인지되었다. 아리스토텔레스는 그의 《시학》에서 모방을 미적 원칙으로 규정하고 예술은 자연의 모방, 현실 모방이라고 기술했고 예술가들은 최대한 현실과 유사한 작품을 생산하고자 노력했다. 고대 제욱시스(Zeuxis)의 포도 그림이 너무도 사실 같아 새가 날아와 쪼았다는 전설적인 예화가 보여주듯이 오랫동안 예술가들의 목적은 실재하는 아름다운 것을 묘사하는 것이었다. 문학에서도 작가들은 현실을 세밀하게 묘사하고 이야기하는 서술방식을 선호했다. 그러나 사진기가 등장하면서 자연의 외부적 묘사보다는 작가의 주관적 관점이 강조되는 예술관이 득세하게 된다. 헤겔은 《미학》에서 "모방을 통해 자연과 경쟁하길 원한다면 예술은 항상 자연보다 못한 것으로 남아야 할 것이며 그것은 코끼리와 같아지기 위해 노력하는 벌레에 비교될 수 있다"고 말하면서 외적인 측면에만 관심을 갖는 예술가들의 태도를 비판한 바 있다. 주관성과 독창성이 높이 평가되는 문화적 흐름에 따라 20세기 들어와 회화는 추상적으로 변했고, 음악은 멜로디 대신 불협화음으로 가득 차고, 소설에서 줄거리는 사라졌으며, 연극은 부조리해졌다. 갤러리에 변기를 갖다놓고 그것을 '분수'라 칭한 뒤샹의 예술

창조 과정을 이해하기 위해선 미술사에 대한 기본적인 지식이 필요하다. 앙드레 말로(André Malraux)는 "자연을 바라보는 것이 아니라 미술관을 방문함으로써 화가가 되는 것"이라고 말했다. 예술에 대한 이해는 예술과 예술사에 대한 지식을 필요로 한다는 것이다. 과연 지적인 이해 없이도 감탄이나 정서적 공감이 가능할까?

칸트는 미의 문제를 다루면서 '공통감(sensus communis)'을 언급한다. 그에 따르면 인간은 모두 보편적 심리구조를 지니고 있으므로 아름다움을 타인에게 전하고 이해시킬 수 있다. 실제로 과거 예술의 본질은 '재현'과 '소통(communication)'에 있었다. 그런데 현대예술은 이 '소통'을 거부한다. 주관성에 입각하여 항상 새로운 것을 창조해야 한다는 원칙 속에서 예술가들은 더 이상 타인의 이해를 염두에 두지 않게 되었고 이해되지 못함 자체가 현대성을 의미하는 단계에까지 이르렀다. 그리고 이 과정에서 대중과 엘리트 간의 문화적 골은 점점 더 깊어지고 있다. 하지만 장 뒤뷔페가 지적했듯이 "만약 예술가가 자신의 개인주의적 기질을 대중과의 소통을 완전히 거부하는 정도까지 밀고 나간다면, 이 기질이 너무나 심해져서 결국 제작한 작품을 아무에게도 보여주기 싫을 정도까지 된다면 …… 작품의 전복적인 성격은 사라지게 된다." 과연 대중에게서 등을 돌린 채 자신의 세계에만 몰두한 예술가도 예술가라고 부를 수 있을까? 출판을 한 사람만을 작가라고 부를 수 있는가? 아니면 외부적 인정과는 별개로 창작활동을 하는 사람은 모두 예술가로 간주되는가?

구분짓기

전통적으로 우리는 대중적인 것과 엘리트적인 것을 구분한다. 어떤 것이 대중적이라고 말할 때 그것은 다수의 마음에 든다는 것, 즉 소수정예의 마음에 드는 것과 구분된다는 것을 뜻하는데 이는 대중에 대한 얼마간의 경멸을 내포하고 있다. 미국 민주주의를 연구한 토크빌(Tocqueville)은 예술작품은 그것의 중요한 고객으로서 안목 있는 고객을 동반해야만 고급의 질을 달성할 수 있다고 보았다. 그리고 예술가가 속해 있는 공동체가 예술에 호의적이어야 한다는 점에도 관심을 기울였다. 그리고 이러한 사실로부터 토크빌은 민주주의 국가인 미국에서는 진지한 의미에서 이런 고객이나 제도, 전통이 존재하지 않기에 예술이 발전되기에는 부적절하다는 판단을 내렸다.

예술적 취향을 둘러싼 대중과 소수 엘리트 간의 갈등은 정신과 육체를 구분하는 이원론과도 연관된다. 헤겔은 예술은 오감 중 시각과 청각과만 관계하며 맛, 향기, 촉감은 관찰대상과 너무 밀접한 관계를 형성하기에 지적인 독립성을 방해한다고 보았다. 칸트도 "유쾌한 것"과 "아름다운 것"을 구분하여 감각적인 것은 그것을 욕망, 소유하고자 하는 마음을 들게 하기 때문에 정신적 활동으로 발전하기에는 무리가 있다고 보았다. 이들의 이론에 따르면 지적으로 발전하지 못한 감각은 동물과 인간이 모두 소유하고 있는 것으로 결코 인간만의 특징이라고 볼 수 없다. 개나 소도 좋은 향기와 맛을 평가할 줄 안다. 그러나 인간만이 이기적 욕망을 떠나 아름답다는 이유만으로 예술작품의 아름다움을 인정할 수 있다. 즉, 나를 위해서가 아니라 예술작품 그 자체를 인정한다는 점에서 예술감상은 정신적 활동으로 평가된다. 그렇다면 대중예술과 순수예술의 갈등은 전자가 이러한 비감각성의 논리를 거부하는 데서 시작된다고 볼 수 있다. 대중예술에 비판적인 사람들은 대중예술은 관객이 아닌 소비자를 대상으로 하기에 지성보다는 욕망에 호소하고 창조되기보다는 경제적 목표를 위해 기획되고 생산된다고 말한다.

　니체는 예술의 대중화에 반대한 대표적 인물이다. 그는 대중사회의 출현이란 약자인 "평범한 군중"들이 "정신적으로 뛰어난 사람"인 강자로 구성된 엘리트 집단을 위협하는 상황을 의미한다고 명시했다. 실제로 민주주의가 도래하기 전 많은 이론가들은 대중이 예술에 관여하는 것에 회의적인 입장을 취했다. 그들의 주장에 따르면 대중은 과거부터 항시 존재했으며 그들은 학문과 예술을 좋아하지 않는다는 것이다. 고급예술을 옹호하는 사람들은, 문화적 교육을 받지 못한 대중에게 예술이란 오락과 유흥을 위한 것일 뿐, 대중이 예술의 진정한 가치를 음미하는 것은 불가능하다고 말한다. 이어 그들은 대중이 예술에서 원하는 것은 환상을 통한 현실도피이므로 인생에 대한 진지한 숙고나 현실적 갈등을 있는 그대로 보여주는 것보다는 달콤하고 감상적인 거짓말을 보여주는 것이 그들의 사랑을 받는 최선의 방법이라고 냉소적인 주장을 펼친다. 대중에 대한 이 같은 고정관념, 즉 대중은 예술감상에 수동적이며 능동적 판단력을 지니지 못했으므로 예술을 감상할 수 없다는 생각은 오랫동안 지식인층에서 지배적인 것으로 자리잡아 왔고 현재에도 완전히 종식되지 않은 채 엘리트와 대중을 구분하는 요소 중의 하나로 간주되고 있다.

20세기 프랑스의 유명한 사회학자인 부르디외는 프랑스 사회에서 개인의 사회문화적 위치와 그의 예술적 취향 사이에는 밀접한 상관관계가 있음을 밝히면서, 문화예술의 가치나 미적 기준에 있어 어떤 본질적이고 절대적인 지표가 있는 것은 아니며, 기존의 미적 기준이란 것은 결국 사회적으로 형성된 관습적 체계에 지나지 않음을 환기시킨다. 부르디외는 《구별짓기》라는 책에서 자신이 속한 사회적 계층에 따라 좋아하는 음악이나 그림이 달라진다는 것을 분석했다. 예를 들어 민중계급이 〈아름답고 푸른 도나우 강〉, 〈아를르의 여인〉 등 통속화되었다고 평가받는 음악을 선호하고, 중산계급이 〈랩소디 인 블루〉, 〈헝가리 광시곡〉 등의 음악을 좋아한다면, 상층계급은 〈피아노 평균율〉, 〈푸가의 기법〉 등의 작품을 선호하는 것을 그는 조사를 통해 알아낼 수 있었다. 또 추상화 같은 작품의 경우 같은 작품이라도 사회적 계층에 따라 예술로 간주할 수도 예술이 아닌 것으로 간주할 수도 있음도 그는 밝혀냈다. 문제는 무엇이 예술인지를 결정하는 권위는 상층계급에 주어진다는 점이다. 부르디외는 예술에 대해 이야기해 온 사람들이 결국 사회적 위계의 상층부에 위치한 사람들이고 문화적으로는 대부분 고급문화의 수혜자들이었기 때문에 자신에게 익숙하고 자신들이 선호하는 고급문화의 미적 기준을 마치 보편타당한 것처럼 공표한다고 비판한다. 그의 주장이 옳다면 문화적·미적 판단의 기준은 결코 절대적인 타당성을 가지는 것이 아니라 단지 기존의 사회적 차별성을 고정시키고 합리화하는 방식일 뿐이라고 말할 수 있지 않을까?

왕권을 상징하는 루브르궁과 피라미드의 모습.
"예술이 대중이라는 이름을 감히 자처하는 순간부터 더 이상 예술의 이름을 가질 수 없다"고 페르디낭 브륀티에르(Ferdinand Brunetière)는 말했다. 예술은 모두를 위한 것일까? 아니면 문화적 소양을 갖춘 소수 엘리트를 위한 것일까?

대중문화와 순수예술

우리는 흔히 예술을 고급예술, 저급예술 또는 좋은 문화, 나쁜 문화로 구분하고, 대중문화를 일반적으로 예술에 비해 저급하고 나쁜 문화라고 인식한다. 고급예술이 진지성, 위대함, 깊이, 영구불변, 품격, 비평의 가치, 예술 그 자체가 목적으로 하는 것을 상징한다면, 대중예술은 통속성, 저급함, 말초성, 오락성, 하루살이, 흥미위주, 쓰레기, 비평의 가치 없음으로 연관된다. 그러나 오늘날 현실적으로 더 큰 영향력을 발휘하는 것은 대중문화이다. 어떻게 해서 대중문화와 순수예술 간의 위계질서가 전도되었는가?

대중문화의 평범한 정의는 수적으로 많은 사람들이 좋아하는 문화이다. 대중문화가 문화의 중심이 된 배경에는 자본주의의 발전이 크게 영향을 미쳤다. 대중문화는 현대사회가 옹호하는 정보의 민주화, 표현의 자유, 쾌락의 증대 등의 이데올로기적 맥락에서 진행되고 있다. 특히 TV로 대표되는 전파미디어의 등장과 발달은 문화를 향유할 수 있는 저변을 확대시킴으로써 문화의 민주화를 이룩하였다는 긍정적인 평가를 받고 있다. 미디어를 통해 대중은 전 시대 사람들은 상상하지 못할 정도로 많은 예술작품들을 감상하면서 비평력과 감식력을 갖게 되었다. 그러나 대중문화를 예술로 평가하기에는 대중문화에 대한 비판이 아직 거세다. 우리가 '문화의 기회'를 확대했다는 차원에서 대중문화를 긍정적으로 평가한다고 하더라도 그러한 기회의 확대가 곧 '문화의 질'을 보장해 주는 것은 아니기 때문이다. 대중문화가 문화와 예술을 저질화, 상품화했고 대중을 창조적이고 자유로운 주체가 아닌 익명의 우중으로 전락시켰다는 비판은 여전히 가능하다.

대중문화에 대한 비판은 문화를 상업화하고자 하는 자본주의적 문화이데올로기에 대한 비판과 일맥상통한다. 모든 것을 사고팔 수 있다 해도 문화의 가치마저 경제적 효율성으로 측정할 수 있을까? 대중예술에 대해 비판적인 사람들은 다음과 같은 관점에서 대중예술을 비판한다. 첫째, 대중예술이란 흥미만을 중시하고 환상을 불러일으킴으로써 대중들을 현혹시키고 진지한 현실의 문제를 외면하게 한다. 둘째, 대중예술은 획일적이고 통속적인 상품이며 예술의 본질이라 할 인간의 자유로운 개성을 말살시키므로 예술이라 불릴 수 없다. 셋째, 전쟁, 폭력, 살인, 마약, 섹스 등의 자극적 기제를 사용하여 인간의 원초적 본능, 오락적 취향에만 호소하는 대중예술은 정신보다는 본능과 감성의 논리를 강조하고 자본적 상품의 소비를 권장하며 결국 지배계급에게 경제적 이익을 가져다준다는 점에서 수단적 예술에 불과하다. 대중의 인기와 비평가들의 평가 간의 갈등은 민주사회에서의 엘리트와 대중의 갈등을 반영한다. 영화의 흥행과 영화의 질은 결코 상응하지 않음이 여실히 보여주듯이 대중예술의 소비자와 순수예술의 소비자는 역시 구분해야 옳은 것일까? 아니면 순수예술을 강조하는 이들의 시각은 민주주의 시대에 걸맞지 않은 편협하고 귀족주의적인 시각으로 간주해야 할까?

순수예술을 옹호하는 이들은 대중예술에 대한 비판이 결코 민중에 대한 경멸과 이어지는 것은 아님을 강조한다. 이들에 따르면 대중예술과 민중예술은 분명하게 구분된다. 민중문화가 민중이 직접 참여하는 적극적인 참여형태를 통해 함께 만들어가는 것임에 비해 현대의 대중문화는 소수의 생산자에 의해 생산되고 대다수의 대중에 의해 소비되는 산업소비 형태를 띠며 그렇기 때문에 후자는 상품이지 예술이 아니라는 것이다. 실제로 대중이라는 말 속에는 사람들이 가진 다양한 속성을 무시하고 이들을 단지 하나의 동질적인 집단으로 뭉뚱그려 보는 다수에 대한 경멸이 숨어 있다.

 대중을 고유하고 특별한 개인들의 모임으로 이해할 수는 없을까? 대중은 특수한 사회적·시대적 요구를 갖고 있는 역사적 존재이다. 그렇기에 대중들 사이엔 공통성도 존재하지만 개별성과 차별성도 엄연히 존재한다. 대중을 단순한 수동적 소비자로 인식하지 않고 예술적 능력을 잠재적으로 가진 개별적 인격으로 간주할 때 우리는 보다 건설적인 대중문화를 기획할 수 있을 것이다. 사회적 기득권자인 생산자의 관점에서 대중을 설득과 조작의 대상으로만 보지 않고 대중을 문화실천의 주체로 보면 그 속에서 예술적 발전과 진보의 가능성을 모색할 수 있다.

 주체란 인격성과 미적 판단력을 갖춘 능동적 존재이다. 그러므로 대중, 즉 모든 사람은 예술적 미를 감상할 수 있는 능력을 갖고 있다. 칸트는 아름답다는 것은 "개념 없이 보편적으로 사람들 마음에 든다는 것이다"라고 명시했다. 이처럼 미적 가치를 취향의 문제로 보는 이들은 예술에 있어 중요한 것은 그것이 마음에 드느냐 들지 않느냐 하는 것이지 그것을 이론적으로 설명할 수 있는가는 그리 중요하지 않다고 말한다. 예술작품 감상에 앞서는 어떤 미적 규범도 존재하지 않는다는 것이다. 실제로 예술에 대해 전혀 무지한 이들도 예술을 좋아할 수 있다는 것은 여러 방면에서 증명되었다. 가령 아이들은 심포니의 음률이나 그림의 색깔, 조각의 형태의 조화에 매우 민감하다. 클래식 음악을 한번도 들어보지 못한 아프리카인들이 모차르트 음악에 매료되었다는 예화도 있다. 이것이 시사하는 바는 아름다운 것에 대한 감상능력은 반드시 지적 교육에 의해 학습되는 것이 아니라 부단한 접촉을 통해 훈련되는 것이라는 점이다. 그렇다면 이러한 접촉을 늘리기 위해 노력해야 하는 것이 바로 예술가의 사회적 책임이 아닐까?

토머스 만(Thomas Mann)의 소설《파우스트 박사》에 나오는 작곡가 아드리안 레베르퀸은 다음과 같이 말한다. "모든 예술은 교육받은 엘리트만의 독점물로부터 해방되어 '공중적인 것'으로 되어야 할 필요가 있다. 왜냐하면 이러한 엘리트는 이제 곧 존재하지 않게 될 것이고, 실제로 더 이상 존재하지도 않기 때문이다. 그리하여 예술이 '민중' 혹은 보다 덜 낭만적으로 표현하여 인간 존재에의 길을 찾지 못한다면 그것은 완전히 고립되어 사멸하고 말 것이다."

예술은 다르다는 것, 즉 타자성을 생명으로 하기에 대중 안에 있는 인간의 다양성을 거부할 때 예술은 스스로 자멸을 초래할 것이다. 그렇다면 어떻게 고급예술을 대중에게 친근하게 만들고 대중예술이 획일적 상품으로 변질되는 것을 막을 수 있을까? 예술은 새로움과 독창성을 생명으로 하고, 새로운 것은 인간에게 어렵게 느껴지게 마련이다. 그러나 피카소, 클레(P. Klee), 칸딘스키의 독창성이 이미 친숙함으로 다가오듯이 대중들도 현대예술을 새로운 문화양식으로 받아들이게 될 것이다. 이를 위해 예술가들은 보다 많은 실험을 거쳐야 할 것이고 보다 열린 마음으로 대중에게 다가서야 할 것이다. 뒤샹은 그림을 만들어내는 자는 관람객 자신이라고 보았다. 실제로 과거에 관람객의 역할이 단지 주제를 이해하고 작가의 기교와 테크닉에 감탄하는 등 수동적인 것에 머물렀다면 현대미술은 보는 사람의 활발한 참여를 요구한다. 그리고 암호처럼 숨어 있는 현대예술 작품의 의미는 그것을 찾는 관객에 의해 완성된다.

대중이 본능적으로 예술을 거부한다는 인식은 선입견에 지나지 않는다. 현대사회의 권력자들은 문화민주주의를 표방하면서 예술 없이도 충분히 행복할 수 있다고 주장한다. 그러나 엘리트주의를 청산한다면서 대중이 가진 지적 잠재력을 도외시하는 이들이야말로 실제로는 대중을 경멸하는 진짜 '엘리트주의자'일 수 있다. 대중이 획일적인 자본주의 상업문화에 도취되지 않게 하기 위해선, 다양한 예술을 더 자주 경험할 수 있는 기회를 그들에게 제공해야 하며, 이러한 작업에 대해 책임감을 갖는 것이 예술가의 또 다른 의무일 것이다.

결론

예술의 민주화가 자주 거론되고 있다. 이제 예술의 향유는 더 이상 소수 특권층의 전유물이 아니라 모든 사람이 공유할 수 있는 것이 되었다. 그럼에도 예술이 오래 전부터 엘리트의 특권이었다는 사실은, 오늘날 현대예술에 대한 대중의 무관심에서 여전히 감지된다. 추상미술이나 실험음악에 대한 대중의 반응은 그리 호의적이지 않다. 부르디외가 주장했듯이 예술적 기호는 사회계급에 의해 조장되는 것일까? 물론 미적 취향과 계급 사이에 밀접한 관계가 있음을 부인할 수는 없다. 그러나 만약 음악적 지식을 전혀 갖추지 못한 농부가 진심으로 모차르트의 음악을 사랑하고 그것을 즐겨 듣는다면 우리는 그의 음악사랑이 형식적인 의무감에 의해 정서적 감동 없이 머리로만 모차르트의 음악을 평가하는 음악평론가보다 덜 진실되다고 결코 말할 수 없다. 어쩌면 작품에 대한 진실한 관심이야말로 가장 적절한 평가일 수 있다. 예술을 사랑하는 자, 그가 바로 교양인이다.

예술적 판단력은 선천적으로 주어지는 것이 아니라 사회적 구조에 의해 형성되는 만큼 우리는 사회적 구조의 개선과 대중에 대한 인식개선을 통해 예술을 보다 친숙한 것으로 만들 수 있다. 예술의 주요 기능은 세계와 삶을 진실되게 인식하고 그것을 기반으로 새로운 세계를 창조함으로써 인간을 감동시키는 데 있다. 의·식·주를 벗어나 초월적인 진·선·미를 갈구하는 것은 인간의 보편적인 특성이다. 그러므로 사람들이 사회적·물질적 억압에서 벗어나 더욱 많은 여가와 자유를 누리게 될 때 예술은 소수의 특권이 아닌 다수의 이상이 될 것이다.

바칼로레아의 질문들

- 아름다움이란 지각하는 것인가, 판단하는 것인가? (1999)
- 모든 사람은 예술가인가? (1998)
- 예술에 무관심할 수 있는가? (1995)

더 생각해 봅시다 ❶

철학은 예술의 이해에 어떤 도움을 주는가?

만약 예술에 있어 가장 중요한 것이 아름다움과 창조성이라면 예술감상에 있어 필요한 것은 예술에 대한 전문지식과 예술적 직관, 감수성이지 왜 철학적 지식이 필요한지 의아해할 수 있다. 너무 이성적인 철학적 사고는 도리어 예술창조에 방해가 되지 않을까? 철학은 진리를 발견하는 것, 예술은 아름다움을 창조하는 것을 목적으로 한다. 철학은 논리적 추론을 중시하고 예술은 자유로운 상상력을 중시한다. 이처럼 이 둘 사이의 차이는 뚜렷하지만 추상적 개념을 보유한 철학은 예술작품이 지닌 숨은 의미를 끌어내는 해석과정에서 유용하게 사용될 수 있다. 그리고 무엇보다 예술과 철학은 모두 삶과 세계에 대한 진지한 고찰이라는 점에서 공통점을 지니고, 이로부터 상호 대화를 시도할 수 있다. 세계에 대한 실용적이고 일상적인 관계를 떠나 사물과 거리를 두고 관찰한다는 점에 있어서도 예술적 관찰과 철학적 관찰은 유사점을 지닌다. 철학적 사유가 느껴지는 예술작품을 예로 들고 철학과 예술의 관계에 대해 토의해 보자.

더 생각해 봅시다 ❷

예술작품을 좋아하는 것도 배워야 하는가? (1999)

예술작품을 제대로 감상하기 위해서는 특정한 예술교육을 받아야 하는가? 아니면 아름다움에 대한 직감은 모두가 타고나는 선천적인 능력일까? 미에 대한 갈구가 인간에게 보편적으로 존재한다 할지라도 부르디외가 말했듯이 나의 문화적·지적 취향은 나의 사회적 위치와 상황으로부터 크게 영향을 받는다. 한 사람을 제대로 이해하기 위해선 그의 가족, 국가, 역사에 대한 이해가 필요하듯이, 예술은 역사, 문화와 밀접한 관계를 맺고 있으므로 예술작품을 둘러싼 역사적·미학적 상황을 구체적으로 이해할수록 그 작품에 대한 사랑과 이해는 깊어질 것이다.

문자언어와 마찬가지로 예술언어도 시대와 장소에 따라 변한다. 그러므로 한 예술작품을 이해할 때 그 작품의 지리적·역사적 환경을 안다면 우리는 보다 쉽게 그 작품에 접근할 수 있다. 나아가 왜 예술가는 이 재료를 쓰지 않고 저 재료를 썼는지, 왜 이 형태보다는 저 형태를 사용했는지를 안다면 보다 깊이 있는 작품감상이 가능할 것이다. 만약 작품을 감상하는 이가 작품에 적절한 질문을 던질 수 없다면 예술감상은 그에게 어떤 의미도 안겨주지 못할 것이다. 어떤 의미에서 본다면 작품은 예술가와 감상가의 상호작용을 통해 완성된다고 할 수 있다. 그런데 만약 감상하는 이가 수동적인 자세를 유지한다면 적절한 예술감상은 불가능하다. 예술을 감상하는 법은 선천적으로 타고나는 것이 아니라 교육과 개인적 노력을 통해 습득된다. 외국어를 배우듯 예술작품 감상법을 익히는 과정에서 우리는 지적인 쾌감을 느낄 수 있다. 사람은 자신이 많이 접하는 것을 더 친숙한 것으로 여기고 사랑하는 경향이 있다. 그렇다면 어릴 때부터 시작된 예술교육은 보다 심도 깊은 예술사랑으로 이어질 수 있다. 예술교육의 중요성과 교육방법에 대해 생각해 보자.

더 생각해 봅시다 ❸

반드시 이론적으로 예술작품을 설명해야 하는가? (2000)

예술작품을 잘 이해하기 위해서는 무엇을 우선적으로 살펴보아야 할까? 그 작품을 만든 예술가의 인생을 잘 이해해야 하는가? 아니면 그가 속한 사회와 문화에 대한 고찰이 필요한가? 예술가의 예술적 기교를 미학적으로 설명해야 하는가? 그의 정치적 취향을 이해하고 그의 인간관계를 연구해야 하는가? 또는 작가의 무의식을 이해하기 위한 정신분석학적 분석을 시도해야 하는가? 예술가에게 의도하는 바가 무엇이었느냐고 직접 물을 수도 있지만 작가가 예술작품의 비밀을 쥐고 있다고 확신할 수도 없다. 더 나아가 '과연 예술작품의 의미를 밝혀내야 하는가'라는 질문을 던질 수 있다. 예술의 본질은 신비, 비밀 그 자체가 아닐까? 사실 걸작일수록 시대에 따라 새로운 해석을 제공한다는 것을 우리는 잘 알고 있다. 예술작품에 대한 해석이 시대에 따라 어떻게 변화해 왔는지를 살펴보고 해석이 반드시 필요한지에 대해 생각해 보자.

12

나는 육체를 갖고 있는가, 혹은 육체인가?

Baccalauréat, 1983

육체는 인간에게 공포의 원천이다. 늙고 소멸하는 것이 육체이기 때문이다.
데이비드 크론버그(David Croneberg, 캐나다 영화인)

내 온몸은 바로 기쁨이며 노래이며 검(劍)이며 불꽃이다.
하이네(Heinrich Heine, 독일 시인)

몸 안에서 발생하며 내 몸을 살아 있게 하는 것은 무엇인가? 그것은 영혼이다.
플라톤(Platon, 그리스 철학자)

우리는 단지 육체도 아니고 단지 정신도 아니다. 우리는 육체이자 정신이다.
조르주 상드(George Sand, 프랑스 여류작가)

서론

'나는 육체를 갖고 있는가, 혹은 육체인가'라는 질문은 '나는 육체를 소유하고 있는 고등한 정신인가, 아니면 정신적인 측면이 있긴 하지만 결정적으로 나를 정의하는 것은 결국 물질적인 육체인가'라는 질문으로 환원될 수 있다. 말하자면 이 질문은 신체와 정신이 나와 맺고 있는 관계에 대한 것이다.

우선 첫 번째 가정, '나는 육체를 갖고 있는 것일까'를 살펴보자. 나는 내 몸의 소유자인가? 내가 "어떤 사물이나 땅을 갖고 있다"고 말할 때 의미하는 바는 분명하다. 그것은 '나는 그것들의 주인이며 그것들을 내 마음대로 처분할 수 있다는 것'을 의미한다. 그렇지만 다른 사물과 마찬가지로 나의 몸도 내 마음대로 사용할 수 있는 것일까? 아니면 나의 신체는 다른 사물들과 구별되는 특수한 성질의 것인가? '나는 육체인가'라는 질문과 관련해선 육체가 전부라고 생각하는 유물론자의 주장을 떠올리게 된다. 육체를 벗어나야만 궁극적 실재에 도달할 수 있다는 유심론적 사상과 육체의 소멸이 곧 나의 소멸이라고 생각하는 유물론적 사상 간의 갈등 속에서 우리는 자아를 어떻게 정의할 수 있을까? 이렇게 극단적인 입장은 서로의 이론에 대한 반작용에 불과한 것이 아닐까?

육체에 대한 정신의 우월성

일반적으로 '나는 누구인가' 하는 질문은 '인간은 무엇인가'라는 질문을 동반하며 이때 우리는 자연스레 이성과 영혼을 떠올리게 된다. 서양철학은 정신과 육체를 각기 다른 존재적 의미로, 각기 다른 품격으로 파악하는 이원론적인 사고에 기초한다. 아리스토텔레스는 "우리의 본성은 이중적"이며, 비이성적인 측면은 맹목적인 욕망과 관계하고 이성적인 측면만이 진리와 관계한다고 주장했는데, 이 같은 이원론적 인간 이해는 데카르트에 이르러 정점에 이른다. 데카르트는《성찰》의 형이상학적 명상에서 인간을 정의하는 것은 육체가 아니라 영혼이라고 강조하면서 정신을 인간의 존재론적 본질로 규명한다. 데카르트의 유명한 명제, "나는 생각한다. 고로 존재한다"는 그가 정신을 단순한 주관적 실체로 파악하는 것이 아니라 인간의 존재양식으로 고찰하고 있음을 잘 보여주는 것이다.

　육체와 정신의 상호성을 인정하면서도 육체에 항상 부차적인 자리를 부여하는 것은 무엇 때문일까? 현대에 와서 육체와 무의식이 중요시되고 있지만 "인간은 이성적 동물이다"라는 아리스토텔레스의 인간 정의는 아직도 사람들에게 깊이 각인되어 있다. 사람들은 인간을 영혼과 육체가 결합된 존재로 파악하면서도 때에 따라 영혼의 독자성을 인정하기도 한다. 물론 여기서 말하는 영혼의 독자성이란 육체와 분리된 영혼이 아니라 육체 속에 내재하면서도 독자적인 영역을 구성하고 나로 하여금 본능보다는 의지를 따르게 하는 원동력을 의미한다. 예를 들어 피곤함에도 공부를 하고, 먹고 싶음에도 절제하는 구체적인 경험들은 육체적인 것을 넘어서는 무엇인가가 내 안에 존재한다는 것을 보여준다. 그러나 반대로 영혼이 육체에 의해 지배되고 정념이 이성적 결정보다 더 빨리 그리고 더 강하게 내 안에서 작용하고 있음을 감지하는 경우도 있다. 나는 육체에 사로잡혀 있는 것일까? 아니면 육체가 나의 지시를 따르는 것일까?

육체는 단순한 실체가 아니다. 육체는 내가 일관된 자아 정체성을 유지하는 데 있어 본질적이므로 나를 정의함에 있어 반드시 숙고해야 할 중요한 주제이다. 그런데 철학자들이 그동안 몸에 대해 어떻게 생각했는지를 살펴볼 때 우리는 육체에 대한 그들의 무관심에 놀라게 된다. 오랫동안 대부분의 철학적 명상은 영혼과 정신에 할애되었고 육체는 정신과 비교되는 열등한 것으로서만 고찰되었다. 철학자들은 육체를 모든 악, 욕망, 질투 등의 원천이자 철학적 사고에 있어 장애가 되는 요소라고 비판했다. 플라톤은 《파이돈》에서 육체를 정신의 장애, 영혼의 무덤으로 설명한다. "우리가 우리의 육체를 소유하고, 우리의 욕망에 따르는 한 우리의 영혼이 절대로 진리를 소유할 수 없을 것이다. 실제로 기본적인 욕구에 관한 이루 말할 수 없이 많은 근심과 혼란이 육체에 의해 야기될 뿐만 아니라 여러 병폐 또한 닥쳐온다. 이것은 우리의 삶에 방해가 된다. 애욕, 욕망, 공포, 모든 종류의 상상, 셀 수 없이 많은 부질없는 것, 이러한 것들로 가득 채워서 우리는 육체에 의해 어떠한 올바른 생각도 하지 못하게 되는 상태에 이르게 된다. 구체적으로 말해서 전쟁, 불화, 알력을 일으키는 것은 육체와 탐욕이다. 그러므로 부(富)의 소유는 실제 모든 전쟁의 근원이 된다. 만약 우리가 이 부의 소유를 위해 안간힘을 쓴다면 이는 육체 때문이고, 우리는 결국 부의 노예로 전락해 버리게 되는 것이다." 말브랑슈(N. Malebranche)는 신에게 "주여 왜 어둠으로 저를 가득 채우는 육체를 제게 주셨습니까?"라고 기도했으며 기독교인들에게 몸은 원죄를 담고 있는 곳, 극복해야 할 과업으로 간주되었다.

이처럼 육체를 부정적인 것으로 보고 그것으로부터 정신을 해방시키려는 노력은 철학사 내내 지속되어 왔다. 인간의 유한성과 동물성을 일깨우는 육체는 억압하고 경멸해야 할 수치스러운 것으로 기록되었지 인간성을 설명하는 데 필요한 것은 아니었다. 에피쿠로스학파의 철학자들은 흔히 쾌락주의자들로 알려져 있지만 사실 그들이 실질적으로 갈구한 것은 쾌락이 아닌 정신적 삶이었다. 욕망의 소멸을 통해 행복을 얻고자 했던 에피쿠로스(Epikouros)는 "삶이란 하나의 시체를 끌고 가는 영혼의 발자취일 뿐"이라는 극단적인 주장마저도 서슴지 않았다. 얼마간의 중요성을 부여받는다 할지라도 육체는 결국 어떤 자주적인 힘도 갖지 못한 채 정신의 명령에 종속되어 있는 것으로 보인다. 정신적 원리인 영혼이 배를 조종하는 항해사처럼 육체를 조종한다는 주장은 결국 육체를 단순한 사물로 전락시키는 결과를 낳게 하지 않을까?

철학자들의 육체에 대한 적대심은 육체가 인간을 비윤리적이고 동물적인 상태로 이끄는 주원인이라는 생각에 근거한다. 실제로 많은 철학자들은 지혜와 덕의 획득은 육체적 유혹을 물리침으로써만이 가능하다고 생각했다. 예를 들어 철학자 알랭은 정신이란 "육체를 거부하는 것이다"라고 기술했다. "육체가 목이 마를 때 마시기를 거부하는 것, 육체가 욕망할 때 취하기를 거부하는 것, 육체가 무서울 때 포기하는 것을 거부하는 것. 이러한 거부들이 인간성을 상징한다. 육체를 완벽히 거부하는 것을 성스러움이라고 말하고, 따르기 전에 숙고하는 것을 지혜라 한다면, 이 거부하는 능력을 정신이라고 한다. 어떤 것도 거부할 줄 모르는 광인에게는 영혼이 없다." 여기서 알랭은 정신을 육체와 구별되는 것, 자주적이고 자유로운 의지, 힘과 연관되는 것으로 묘사하고 있다. 이러한 전통적 관점을 따른다면 나의 본질은 정신에 의해 정의되며 육체는 단지 나의 껍데기일 뿐이다.

육체성에 대한 새로운 접근
그러나 아무리 정신의 우위성을 강조한다 해도 인간과 동물의 유사성을 부인할 수는 없다. 과학자들은 인간의 본성이 얼마나 동물의 그것과 유사한지를 권력욕, 성욕의 전개과정을 비교 설명함으로써 증명하였다. 원숭이가 자신의 영토를 보존하기 위해 소리를 지르고 다른 원숭이를 공격하는 것, 자기가 원하는 암컷에게 추파를 던지는 다른 수컷들에게 싸움을 거는 태도는 인간에게서도 쉽게 발견된다. 물론 여러 문화적 장치를 통해 그럴듯하게 포장되지만 인간의 태도는 그 근본에 있어 동물적 본성에서 벗어나지 못하고 있다. 이성적인 노력과 절제를 아무리 강조한다 해도 욕망의 문제를 해결할 수 없다면 오히려 그 사실을 인정하고 그로부터 새로운 인간관을 창출하는 것이 낫지 않을까?

이미 홉스(T. Hobbes)는 17세기에 인간의 본능을 비난할 수 없다고 주장했다. "인간의 본성 자체를 비난할 수는 없다. 인간적인 욕망과 그외 다른 열정들은 그 자체로서는 죄가 아니며, 사람들이 이런 행동으로부터 자신을 보호해 줄 수 있는 법을 모르고 있는 한 그런 열정에서 나온 행동 역시 죄가 아니다." 19세기 후반에 들어서면서 철학자들은 육체에 대한 보다 긍정적이고 적극적인 이론을 제시하기 시작한다. 욕망의 역사에 대해 깊이 숙고해 온 니체, 프로이트, 라캉(J. Lacan), 푸코 등의 학자들은 더 이상 인간의 육체성과 욕망을 선악의 범주 안에서 다루지 않았다. 그들은 인간의 본성적 욕망이야말로 가장 인간적인 본질인 동시에 인간의 생에 있어 최고의 동력임을 강조하면서 육체에 대한 부정은 결국 인간 본성의 중요한 부분을 부정하는 행위라고 명시한다. 니체는 철학의 관념주의적 전통과 기독교의 금욕주의적 전통에서 볼 수 있는 생과 육체에 대한 거부를 신랄하게 비판했다. 니체에 따르면 육체를 부정하는 것은 결국 생을 경멸하고 나아가 나를 부정하는 행위이다. 《차라투스트라는 이렇게 말했다》에서 그는 육체를 증오하는 자들에게 다음과 같이 말한다. "나는 육체를 경멸하는 자들을 향해 말하고자 한다. 그들은 다시 배우고 가르침을 변경할 자들이 아니라, 단지 자기 자신의 신체로부터 떠나도록, 그리하여 침묵시켜야 할 자들인 것이다. '나는 육체이며 영혼이다'라고 어린아이들은 말한다. 그런데 어른들은 왜 어린아이들처럼 말해서는 안 되는 것일까? 각성한 자, 통찰한 자들은 말한다. '나는 오직 육체일 뿐, 육체 이외의 아무것도 아니다. 영혼이란 다만 육체의 내부에 속한 그 무엇을 나타내는 언어에 불과한 것이다'라고. 육체는 커다란 이성이며, 하나의 의미를 갖는 다양한 실체이며, 전쟁인 동시에 평화이며, 양떼인 동시에 목자이다."

과거 나는 육체를 갖고 있고 육체는 이성적인 자아의 도구에 불구했다면, 프로이트에 이르러서는 반대로 몸이 나를 정의하는 것으로 등장하게 된다. 프로이트는 욕망과 무의식의 논리를 전개하면서 정신의 무상함을 부각시키고 사람들로 하여금 신체에 대한 죄책감에서 벗어날 것을 촉구했다. 이 밖에도 엘베시위스(C. A. Helvʹtius)[19] 같은 유물론자들과 과학자들은 육체를 배제한 영혼의 존재를 부정했다. 그들에게 있어 의식이란 화학적 움직임의 결과에 지나지 않으며 영혼의 존재는 환상에 불과하다. 이처럼 20세기에 들어 자아는 주인이며 육체는 종이라는 이원론은 육체는 주인이며 자아가 종이라는 주종의 관계가 바뀐 이원론으로 대체된다. 육체와 정신의 주종관계를 뒤집은 것이 서구의 현대철학인 것이다.

그런데 자아가 생리-물리적 현상으로서 이해된다면, 우리가 초월적인 또는 형이상학적 실체로서 파악하였던 정신은 어떤 의미를 갖게 되는가? 형이상학적 실체로서의 영혼을 부정함이 반드시 정신을 심리-생리적 현상으로 국한시키는 것으로 이어져야 할까? 나아가 나를 단지 육체로 정의한다면 나의 유전자가 내가 누군지 말해 줄 수 있다는 결정론에 빠질 수도 있고 인격이라는 개념에 대한 의문이 생길 위험도 있다. 인격이라는 도덕적 주체는 자아가 신체

---

[19] 엘베시위스(Claude-Adrien Helvʹtius, 1715~1771) : 프랑스 계몽기의 철학자. J. 로크의 인식론과 E. D. 콩디야크의 감각론을 발전시켜서 공리주의 윤리학을 설명하였고, 백과전서파의 한 사람으로서 교회의 권위와 절대왕제(王制) 질서에 심하게 반항하였기 때문에 그의 책이 불태워지는 형벌을 받기도 하였다. 주저인《정신론(De l'esprit)》(1758)에서 그는 모든 정신활동의 근원은 감각적인 쾌락의 추구에 있으며, 자기애(自己愛)와 이해가 유일한 동기라고 하였다. 선과 악의 기준은 타인의 평가에 있으며, 선이라는 것은 공공이익에 부합되는 행위를 이르는 것이기 때문에, 개인의 이기주의와 사회복지의 일치를 지향하는 교육을 하고, 법을 정해야 한다고 역설하였다.

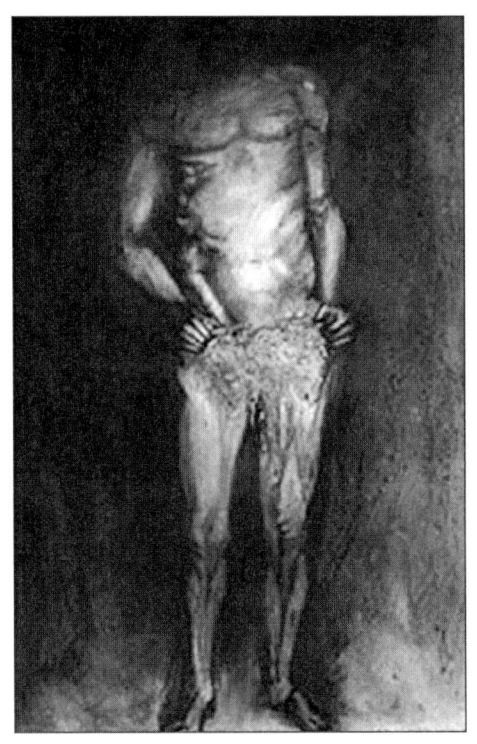

"나는 육체에서 분리된 영혼이라는 것을 믿지 않는다. 나는 육체와 영혼은 동일한 것이며, 육체의 생활이 이미 존재하지 않게 되었을 때는 양자가 함께 끝난다고 생각한다"고 앙드레 지드는 말했다. 육체를 넘어서는 영혼이 존재하는가?

성을 넘어서는 존재라는 것을 전제로 한다. 만약 신체로서의 자아가 나의 행동과 말의 결정권을 쥐고 있다면 어떤 자율적이고 윤리적인 행위도 불가능할 것이며 모든 잘못은 본능의 탓으로 돌려져 자아 자신은 모든 책임을 회피하게 되는 가치붕괴의 상황이 야기될 것이다. 프로이트가 살던 시대는 '죄의식'과 '수치심'이 개인의 미덕으로 여겨지던 시대였다. 정신분석이 이른바 육체에 대한 새로운 해석으로부터 출발한 것은 바로 이런 연유에서다. 하지만 이제 우리는 육체의 '억압'이 아닌 욕망의 '과잉'의 시대에 살고 있다. 정신적 이상이 주변부로 밀려난 이 시대에 정신과 육체의 관계는 다시금 재구성되어야 하지 않을까?

이원론을 넘어서

'나'에 대한 정의를 둘러싼 유물론자와 유심론자들의 격렬한 충돌이 보여주듯이 우리는 인간을 한 방향에서 규정하려는 경향이 있다. 육체는 물질적인 존재이고 영혼은 비물질적인 존재이기에 두 실체는 상반된 성격상 결합될 수 없다는 선입견에 우리는 사로잡혀 있다. 데카르트의 심신상호작용론은 정신과 육체의 실체성을 주장하지만 결과적으로는 이 둘을 연결시키기 위해 신을 개입시켜야 하는 약점을 갖고 있다. 실체는 다른 것의 도움이 없이도 존재할 수 있는 사물을 가리키는데 만약 정신과 육체가 존재하기 위해 신의 도움이 필요하다면 그것들의 실체성은 의심받을 수 있으며 엄밀한 의미에서 '실체는 오직 신뿐이다'라는 결론에 도달하게 된다.

이에 반해 정신과 육체의 관계에 대한 스피노자의 주장은 매우 독창적이다. 스피노자에 따르면 정신과 육체는 두 개의 실체가 아니라 신(자연)이라는 유일한 실체의 두 얼굴이나 두 속성에 불과하다. 정신과 육체는 둘이 아니고, 한 실체의 두 측면이기 때문에 언제나 함께 결부되어 있으며 늘 병행한다. 스피노자의 논리에 의거한다면 동일한 자연은 이 측면에서 보면 정신적인 것이고, 저 측면에서 보면 물리적인 것이 된다. 육체와 정신은 마치 동전의 양면과 같은 것으로, 이에 대해 스피노자는 다음과 같이 말한다. "관념의 질서와 사물의 질서는 동일하다."

이원론적인 사고는 육체를 사물에 한정시켜 버린다. 그러나 인간의 몸, 나의 몸은 다른 사물과 분명 구별되는 것이다. 실제로 육체를 무시하고 그것을 단순한 사물로 간주하고자 하는 많은 노력은 결국 이것이 단순한 사물 이상이라는 것을 역설적으로 보여주지 않는가? 육체는 정신과 마찬가지로 나의 정체성을 결정짓는 것이므로 육체와 정신의 본질적인 구분은 더 이상 큰 의미가 없는 듯해 보인다. 20세기의 중요한 현상학자 메를로퐁티(M. Merleau-Ponty)는 객체와 주체, 정신과 물질, 의식과 세계 간의 상호관계를 중시했다. 그에 따르면 인간은 현실 속에 잠겨 있는 것과 같으며 여기서 신체는 인간이 세계로 들어가는 매개 역할을 한다. 여기서 메를로퐁티가 말하는 신체는 기계(사물)도 아니고 순수 의식도 아니다. 신체는 일종의 육화된(incarnated) 의식으로 우리는 신체를 통해서 세계를 이해하고 세계-타자와 만나게 된다.

플라톤, 데카르트, 칸트로 이어지는 지성주의만으로 세계는 온전히 파악되지 않는다. 인간의 구체적이고 일상적인 삶은 정신과 육체 사이에 일치성이 있음을 끊임없이 증명하지 않는가? 몸이 아플 때 나는 불행하며 마음이 행복할 때 나의 얼굴은 빛이 난다. 그리고 바로 그 사실 때문에 우리는 말과 행동의 일치를 전제로 하는 윤리성이 인간에게 가능하다고 주장할 수 있다. 정신적인 삶만을 주장하는 사람들의 대부분은 자기기만적 이상론에 머물 가능성이 크다. 사고로 다리를 잃은 장애인이나 죽어가는 사람을 보고 인간에게 중요한 것은 영혼뿐이라 강조하는 것은 결코 희망의 복음일 수 없다. 반면 인생의 의미가 육체적 쾌락에 국한된다는 주장 역시 이상을 갈구하는 인간의 본성을 무시한 섣부른 단언에 불과하다. 나는 육체이면서 동시에 정신이므로 육체를 갖고 있다고도 육체라고도 할 수 없다. 육체와 정신 간의 기계론적 이원론에서 벗어나 그 양자 사이의 경계를 허물고 상호 교섭의 주체로서 나를 받아들일 때 나는 진정 자유로울 수 있다. 육체를 부인할 때 나는 나의 본성을 실현할 수 없을 것이며, 정신을 육체에 종속시킨다면 인간의 윤리적 측면을 놓치게 될 것이다. 그러므로 육체와 정신은 상호적으로 서로에게 영향을 미친다는 사실에 기반하여 우리는 그 둘 사이의 조화 속에서 정체성을 찾아야 한다.

결론

오랫동안 철학은 육체를 부인하고 경멸하여 그것을 정신의 지배 아래 놓고자 했다. 육체란 곧 인간성에 대한 수치이며 극복해야 할 대상이었다. 반면 현대과학은 인간을 육체적 존재로 정의하여 모든 정신적 작용을 생물적·생리적 기능으로 설명하고자 한다. 그러나 이 경우 인간의 존엄성을 나타내는 자유나 책임감 등은 모두 자연결정론에 의해 부정될 위험이 있다. 건강한 자아는 신체적인 것과 비신체적인 것 사이에 존재하는, 신체적인 것도 비신체적인 것도 아닌 육체와 정신의 역사적 복합체이다. 그러므로 육체는 더 이상 나의 본질을 방해하는 장애요소나 열등한 도구로 인식되어서는 안 되며 이성에 대한 현대인의 비판도 보다 신중해질 필요가 있다. 우리는 육체인 동시에 정신이다. 따라서 우리는 육체와 정신의 조화 안에서만이 진정한 인간성을 구현할 수 있고 궁극적 자유에 이를 수 있다.

바칼로레아의 질문들

- 내가 소유하고 있는 것, 혹은 내가 소유하고 있다고 생각하는 것 중 진정으로 내 것인 것은 무엇인가? (1988)
- 육체는 의식과 관련된 것인가 무의식과 관련된 것인가?
- 욕망하는 것은 육체인가 정신인가?
- 육체는 감옥인가, 외부세계를 향한 출입구인가?

더 생각해 봅시다 ❶

인간에게 동물성은 남아 있는가?

전통적으로 사람들은 인간을 동물과 구분하면서 인간은 동물과 달리 이성과 문화를 지니고 있음을 강조한다. 따라서 어떤 사람에게 "짐승 같다" 혹은 "짐승처럼 행동한다"고 말한다면 그것을 칭찬으로 달갑게 받아들을 리 없다. 짐승 같다고 지칭되는 인간의 행동으로는 무엇이 있을까? 가령 거칠고 경솔하고 욕망에 의해 행하는 지각 없는 행동들을 우리는 보통 동물적이라고 말한다. 우리가 인간에게 동물적이라고 말하는 것은 그가 '덜 인간적이다', 즉 '인간이기에 모자라다'라고 말하는 것과 같다. 그렇다면 여기서 '인간적'이라는 표현이 의미하는 바는 무엇일까? 그것은 동물과 반대된다는 표현일 수도 있지만 도덕성과 관계된다고도 볼 수 있다. 잔인하고 동정심 없는 인간에게 우리는 비도덕적이라는 이유로 '비인간적이다'라는 표현을 쓰곤 한다.

그러나 동물적이라는 것이 반드시 거칠고 저급하다는 것만을 의미하는 것일까? 동물성은 태어나고 움직이고 사랑하고 죽는다는 가장 기본적인 생물적 사실을 모두 함축하고 있다. 그리고 인간도 이러한 활동을 통해 자신의 정체성을 구축해 나간다. 하지만 인간은 여타의 동물과 다른 특수한 방식으로 움직이며 생활한다. 즉, 인간에게 남아 있는 것으로 상정되는 이 동물성은 이미 인간의 본성에 속하는, 인간화된 동물성이며 그냥 주어진 것이 아닌 인간 행동의 결과물이다. 동물성을 나타내는 행동들을 생각해 보고 동물성과 인간성의 차이점에 대해 토의해 보자.

더 생각해 봅시다 ❷

"내 몸은 세상에 대한 나의 관점이다"라고 파스칼은 말했다. 이 문장을 설명하라

언뜻 보기에 신비스러워 보이는 이 문구는 두 가지로 해석될 수 있다. 우선 이 문장은 관점에 대한 부정적인 생각을 함축하고 있다. 파스칼에 따르면 내 몸은 여러 감각(보고 듣고 먹고)을 통해 세상과 나를 연결하는 가장 직접적인 수단이다. 그러나 감각이란 한정되어 있으며 주관적이기에 그것만을 신용한다면 나는 오류나 환상에 빠질 위험이 있다. 그렇기 때문에 신체적 감각을 지나치게 신용한다면 나는 선입견, 견해에 빠져 진리를 보지 못할 위험이 있다. 그러므로 이 문장은 신체의 힘을 경계하라는 충고를 내포하고 있다.

한편 이 문장은 인간은 단지 육체가 아니기에 정신을 통해 또 다른 관점, 즉 나의 주관적 관점을 벗어나 진리를 추구해야 함을 암시한다. 파스칼이 대부분의 철학자들과 마찬가지로 인간의 존엄성은 의식과 사고에 있다고 생각했으며 몸을 정신보다 열등한 것으로 간주했음을 이 문장은 잘 보여주고 있다. 그러나 그의 주장에 우리는 동조해야만 할까? 그가 주장하듯 신체적 감각은 항상 오류를 산출하는 것일까? 정신이 눈치채지 못하는 것을 육체가 알려주는 경우도 많지 않은가? 가령 의식적으로 슬픔을 억누르고 있을 때 그 고통은 육체적으로 표현된다고 정신과 의사들은 설명한다. 육체가 알려주는 것은 의식적 차원에서는 나타나지 않는 더욱 비밀스럽고 진실된 나의 모습일 수 있다. 육체를 소홀히 함에 따라 우리가 잃게 되는 것은 무엇인지 생각해 보자.

더 생각해 봅시다 ❸

외모지상주의에 대하여

얼마 전 종영한 인기 TV드라마〈내 이름은 김삼순〉은 평범하고 화장도 하지 않은 뚱뚱한 여주인공이 우여곡절 끝에 왕자 같은 남자와 결혼하는 모습을 보여줌으로써 '외모지상주의'에 대한 인식을 바꿨다는 평가를 받았다. 그러나 외모지상주의를 벗어나려는 이런 부분적 시도에도 불구하고 얼짱, 몸짱, 성형 신드롬 등은 현대인의 강박관념으로 자리잡은 지 오래다.

과거 외모지상주의에 대한 비판은 상식적인 것으로 통했는 데 반해 요즘은 외모는 경쟁이며 외적인 미와 내적인 미가 반드시 분리되는 것은 아니라는 주장까지 등장하면서 외모지상주의를 정당화하는 추세까지 나타나고 있다. 그렇다면 외모지상주의의 본질적인 문제는 무엇일까?

건강하고 매력적인 외모를 가꾸려 노력하는 그 자체는 비판받을 이유가 없다. 그러나 '얼짱문화'라는 사회현상은 이성적·윤리적·내적 가치보다는 감각적·본능적·외적 가치를 중시하는 자본주의 물질문명을 극단적으로 반영한다는 점에서 우리의 주목을 끈다. 과거 인간을 평가함에 있어 그의 사회적·지적·윤리적 능력이 우선시되었다면 자본주의 사회는 인간을 물질적 조건에 의해 평가하고 특히 여성의 미를 여성의 힘으로 부각시킴으로써 남성지배적인 문화를 조장하고 있다.

천편일률적인 미를 추구한다는 점에 있어서도 얼짱문화는 자본주의의 전체주의적 성격을 나타낸다. 동양인과 서양인의 차이에도 불구하고 모두가 하얀 피부, 작은 얼굴을 선호한다는 것은 문화적 제국주의 현상의 일부라고 볼 수 있다. 야생화는 야생화라서 아름다운 것이고 장미꽃은 장미꽃이어서 아름다운 것이다. 자연적으로 주어진 것에는 높고 낮음, 좋음과 나쁨이 없다. 개인의 노력이 부가되지 않은 것으로 인격을 판단하는 것은 인간성에 대한 모독이며 문화의 퇴보를 의미한다. 물론 아름다움에 끌리는 것, 아름다움을 추구하는 것은 인간의 자연적인 본능이다. 그러나 본능을 극복하고자 하는 노력이 바로 문명을 형성했다. 외모지상주의가 비판되지 않고 그대로 받아들여질 때 근본적인 가치관의 혼란이 야기될 것이다. 육체와 정신의 상호관계성에 대한 고찰을 바탕으로 외모지상주의에 대해 논의해 보자.

13

언어의 다양성은 민족간의 화합을 저해하는가?

Baccalauréat, 2004

인간들 사이의 관계를 원활하게 하기 위해 언어가 탄생했다고 사람들에게 믿게 하는 것은 참으로 끔찍한 착각이다.
미셸 레리스(Michel Leiris, 프랑스 작가)

언어는 인간 사이를 조직한다.
자크 라캉(Jacques Lacan, 프랑스 정신분석학자)

사람들을 분열시키는 것은 언어이다.
파스칼 퀴나르(Pascal Quinard, 프랑스 작가)

서론

외국에서 여행을 할 때 느끼게 되는 언어적 고충은 모든 민족이 말할 수 있는 단 하나의 언어를 꿈꾸게 한다. 만약 언어가 다양하지 않았다면 커뮤니케이션 장애로 인해 발생하는 쓸데없는 오해들을 피할 수 있을 것이고 더 수월하게 민족들 간의 대화와 화합이 이루어지지 않을까? 외국어를 배우기 위해 소비하는 시간과 원서를 읽을 때의 어려움, 그리고 외국인을 만났을 때 느끼는 당혹감 등을 생각할 때 보편언어야말로 이 모든 문제들을 해결할 수 있는 대안으로 느껴지는 것이 사실이다. 단 하나의 언어를 통해 인류는 하나가 되는 경험을 하게 되지 않을까?

그러나 같은 언어를 사용하는 사람들 사이에서도 갈등과 투쟁은 끊임없이 발견된다. 그렇다면 타인들과의 투쟁이 단지 언어 때문이라고 보기는 어렵다. 게다가 언어는 각 민족의 가장 고유한 특성을 담고 있기에 단지 효율성의 이유로 언어의 다양성을 포기한다는 것은 용납될 수 없다.

언어의 다양성에 의해 발생하는 문제점들

대화자가 나와 같은 언어를 사용하지 않을 경우에 발생하는 문제점들을 생각해 보자. 우선 나는 나의 생각을 상대방에게 제대로 전할 수 없을 것이며 이로 인해 그가 아무리 마음에 든다 해도 그와 친밀한 관계를 갖지 못하게 될 것이다. 만약 외국인들과 공동으로 영화를 제작하거나 과학연구를 추진하게 될 경우 언어로 인한 사소한 오해와 갈등은 제작, 연구의 효율성을 현저히 저하시킬 것이다. 또

약소국의 국민이라는 이유로 평생 강대국의 언어를 배워야 하는 어려움은 어떠한가? 단일 언어를 사용하게 된다면 언어 때문에 소비하는 시간들을 절약할 수 있고 정보의 소통은 더욱 활발해질 것이므로 과학과 지식은 보다 빨리 발전하게 되지 않을까?

언어의 다양성에 의해 발생하는 문제는 실용적인 차원에서 그치지 않는다. 다른 언어를 쓰는 민족은 다른 세계관을 갖게 되므로 이에 따라 민족간의 투쟁은 단지 경제·정치적인 것에 국한되지 않고 보다 근본적인 문제로 확대될 수 있다. 우리는 일반적으로 우리가 알고 있는 것을 말로 표현한다고 생각한다. 그러나 말에 앞서 사고가 존재하는 것이 아니다. 언어와 사고는 동시에 형성된다. 그렇기 때문에 적은 수의 어휘력을 지닌 어린이는 어른과 동일한 복잡하고 심도 깊은 사고를 할 수 없는 것이다. 헤겔은 언어가 개입하지 않는다면 사고는 모호하고 알 수 없는 상태로 남아 있을 것이며 의미도 갖지 못할 것이라고 밝힌 바 있다. 말하자면 언어는 단순한 표현 도구가 아니라 세상을 재단하고 바라보게 하는 틀이다. 따라서 A국가에서 A언어를 모국어로 배운 사람은 결국 A문화권이 옹호하는 가치들을 답습하게 될 것이며 B문화권의 가치를 열등한 것으로 평가할 가능성이 크다.

인류학자들의 조사에 따르면 유럽인들의 색깔관과 라이베리아나 잠비아에 사는 흑인들의 색깔관은 매우 다르게 나타난다. 유럽인들이 무지개를 여섯 가지 색깔로 묘사한다면, 쇼나 언어를 쓰는 잠비아 아프리카인들은 무지개를 세 가지 색으로, 바사 언어를 쓰는 라이베리아인은 두 가지로 표현한다. 만약 이런 상황이 전반화

르네 마그리트(René Magritte)의 〈대화의 기술〉, 1950.
인류역사의 초기에 노아의 후손들은 시날 땅(바빌노니아)에 정착하기 시작하면서 하늘 꼭대기에 닿는 탑을 세워 세상에 자신들의 이름을 떨치고 하늘의 심판을 모면하려는 허욕과 오만을 부렸다. 이를 괘씸하게 여긴 신은 그들의 생각과 언어를 혼란시켜 그들을 분산시켰다. ―바벨탑의 신화

된다면 우리는 서로를 이해하는 데 많은 어려움을 겪게 될 것이다.

언어는 그 언어를 사용하는 민족의 사고와 감성을 담고 있다. 즉, 언어는 단순한 단어의 집합이나 문법구조가 아니다. 한 민족의 시간, 공간, 죽음, 삶의 개념이 모두 언어에 의해 반영된다. 바로 그렇기 때문에 번역은 반역이다라는 표현이 생길 정도로 번역작업은 어렵고 복잡하다. 번역은 단지 단어와 단어를 교환하는 작업이 아니라 사고 시스템 전체를 다른 사고 시스템으로 변경하는 것이며 언어 안에 농축되어 있는 세계관이나 감수성의 틀마저 살려야 하는데 이는 두 문화권을 모두 충분히 이해한 경우, 그것도 어느 한도까지만 가능할 뿐이다.

사람들은 오래 전부터 언어의 다양성에 의해 야기되는 문제점들을 인지해 왔고 단 하나의 언어가 존재하는 세계를 꿈꿨다. 그 대표적인 것이 바벨탑의 신화에 등장하는 세계이다. 바벨탑의 신화에 따르면 인류는 과거 단 하나의 언어만을 사용했으나 신에 대한 도전을 의미하는 바벨탑을 건축함으로써 신의 분노를 사게 된다. 격노한 신은 인간들의 언어를 혼란스럽게 하는 벌을 내려 그때부터 인간들은 다른 여러 가지 언어들을 사용하게 되고 민족간에는 분열이 발생하게 된다. 바벨탑의 신화는 인류에 있어 재앙을 의미했으며 사람들은 항상 바벨탑 전 시대에 대한 향수를 피력해 왔다. 에스페란토라는 인공 언어는 단 하나의 언어에 대한 인류의 염원을 반영한 대표적 예이다.

만약 단 하나의 언어만을 사용한다면 인류는 하나의 가치관을 갖게 될 것이고 부분적인 충돌이 있다 하더라도 그 가치관의 힘을 통해 화합을 도모할 수 있지 않을까? 인류를 괴롭혔던 수많은 종교전쟁, 이데올로기 전쟁을 생각할 때 보편언어로 인해 인류는 보다 단결되지 않을까 하는 희망을 갖게 된다. 그러나 한편 이러한 염원은 전체주의 국가의 모토와 유사하지 않은지 자문할 필요가 있다. 전체주의 국가는 국민들이 사용하는 언어를 끊임없이 감시·규제하고 표현의 자유를 용납하지 않는 등 획일적인 사고와 가치관을 강요하지 않았던가? 이 논리를 발전시킨다면 국가는 사투리나 은어마저도 금지시킬 것이고 결국 언어의 뼈만 남게 될 것이다. 진정한 공동체의 질서와 화합이란 개인의 자유와 독창성을 인정하는 조건 아래에서만이 가능하다. 마찬가지로 일상의 편리함과 인류의 단결이라는 목적으로 각 문화의 고유성과 자유를 포기한다는 것은 다양성과 타자성을 무시하는 비윤리적 행동임이 분명하다. 요컨대 단 하나의 언어로 인류에 내재한 충돌과 분쟁의 문제를 해결하려고 한다는 것은 매우 단순하고 위험한 발상이라고 결론지을 수 있다.

언어의 다양성에 의한 문제점들을 극복하는 방법들

언어 때문에 소통이 불가능하다는 것은 핑계에 불과하지 않을까? 외국사람을 만났을 때 언어 이외의 것들을 통해 우리는 충분히 호감을 표시할 수 있으며 기본적인 대화를 나눌 수 있다. 제스처나 얼굴표정 등을 통해 감정을 표현할 수도 있고, 먹고 자는 등의 일상적 행위를 공유함으로써 나와 네가 같은 사람이라는 것을 확인할 수 있다. 음악, 미술과 같은 예술언어를 통한 화합도 가능하다. 아프리카를 방문한 음악가들은 클래식 음악을 한번도 들어본 적 없는 아프리카인들과 음악을 통해 친분을 쌓을 수 있었음을 여러 차례 증명하였다.

언어는 수학공식이나 컴퓨터 언어와 달리 홀로 추상적으로 기능하는 것이 아니다. 언어는 문화와 떼려야 뗄 수 없는 관계를 맺고 있으므로 무엇이 먼저라 할 것 없이 언어와 문화는 서로에게 끊임없는 영향을 미친다. 가령 한 특정 문화권에서 자라난 작가는 그 사회의 언어를 사용하여 책을 만들게 되고 그 책은 다시 그 문화권에 소개되어 문화발전에 기여하게 된다. 작가를 통해 아름답게 다듬어진 언어는 문화의 원동력으로 작용할 것이며 그의 책에 의해 문화공동체의 기억은 재편집될 것이다. 말하자면 언어와 문화는 고정된 것이 아니라 상호관계 속에서 끊임없이 발전하는 것이다. 그렇다면 내가 호감을 갖고 있는 외국인의 모국어를 반드시 배우지 않더라도 그의 문화를 배우고 그가 읽는 책과 음악, 미술을 접함으로써 간접적으로 그의 의향과 감정을 짐작할 수 있다는 가정이 가능하다.

물론 언어의 벽을 허물기 위해선 직접 타국인의 언어를 배우는 것이 가장 좋은 방법일 것이다. 많은 노력을 필요로 하겠지만 다른 언어를 알게 된다는 것은 내가 살고 있는 세상 외 또 다른 세상을 알게 된다는 것을 의미하므로 이는 실용적 차원을 떠나서도 큰 의미를 지닌다. 다양한 언어를 구사할수록 그 사람은 더 넓고 유연한 시각에서 세상을 고찰할 수 있게 될 것이며 보다 거시적인 측면에서 사물과 사람을 판단할 수 있게 될 것이다. "나는 타자이다"라는 랭보의 주장처럼 외국어를 배우는 과정에서 나는 내가 모르는 나의 이면을 발견하게 되어 더욱 풍요로운 내면을 갖게 될 것이다. 즉,

타문화를 이해하는 데 있어 무엇보다 중요한 것은 타자에 대한 열려 있음이다.

외국어를 배우는 과정에서도 무엇보다 중요한 것은 그 언어 안에 녹아 있는 타국가의 문화와 정신을 거부감 없이 받아들이는 관용적 태도이다. 즉, 내가 모르는 것에 대한 공포심을 버리고 사고의 방식뿐 아니라 보고 생각하는 방식 역시 부분적으로 전환할 준비가 되어 있어야 한다. 사실 진정으로 외국문화를 이해하기 위해선 단지 자주 관광을 가고 그곳 토속음식을 먹는 것보다 그곳 사람들의 언어를 익히는 것이 더 바람직하다. 이 힘든 작업을 통해 우리는 그들이 어떻게 세상을 바라보는지를 알게 될 것이며 새로운 세계관을 갖게 될 것이다.

화합을 저해하는 것은 언어보다는 사고이다

위에서 우리는 언어가 사고에 미치는 영향에 대해 살펴보았다. 문화에 따라 언어습관도 달라지며 그것은 각 문화의 고유성을 의미한다고 우리는 설명했다. 그러나 이러한 문화적 상대성의 측면을 떠나 모든 민족에게서 공통적으로 나타나는 인간 고유의 특성도 있다. 어떤 언어를 사용하건 모든 사람은 근본적으로 행해야 할 행동과 기피해야 할 행동이 무엇인지를 알고 있다. 어떤 민족도 살인을 옹호하지 않으며 모든 문화권에서 자비로움과 정의는 도덕적 가치로 평가받는다. 인간은 모두 이성을 갖추고 있기에 그것에 비추어 우리는 선과 악, 옳고 그름을 판단하는 것이다. 즉, 인간들을 분열과 충돌로 이끄는 것은 언어의 다양성이라기보다는 이성의 잘못된 사용이다. 만약 시민들의 의도가 불순하고 미성숙하다면 같은 민족이라 할지라도 그 안에선 오해와 충돌만이 발생할 것이다.

　인간관계의 좋고 나쁨을 결정하는 것은 화려하고 정확한 언어가 아니라 상대방에 대한 진실과 배려이다. 대화에 참여하는 자들의 의도가 건전하고 호의적일 때 그들은 언어적 차이에도 불구하고 의견일치를 볼 수 있을 것이고 반대로 적대적일 경우 같은 언어를 사용한다 해도 충돌과 싸움을 피할 수 없을 것이다. 또한 화자가 정한 대화의 목적이 무엇인지에 따라 화합의 가능성을 점칠 수 있다. 상대방을 이성적 방법으로 설득시키는 것이 목적인지 타인의 욕망과 경향에 호소하여 그를 단순히 속이고 현혹시킬 목적인지에 따라 대화는 성사될 수도 파기될 수도 있다. 만약 대화 상대자에 대한 믿음이 존재하지 않는다면 그가 외국인이건 아니건 간에 나는 선입견에 따라 그의 말을 곡해할 수도, 내 생각을 스스로 왜곡해서 전할 수도 있다.

　《문학적 진리》라는 책에서 마르트 로베르(Marthe Robert)[20]는 1945년 히로시마에 폭탄이 떨어졌을 때를 상기하며 폭탄 투여가 잘못된 번역 때문이었음을 설명한다. 당시 포츠담선언에 대한 발언

---

[20] 마르트 로베르(Marthe Robert, 1914~) : 프랑스의 독문학자로 프로이트 전문가이다. 괴테, 니체, 뷔히너, 카프카의 작품들을 프랑스어로 번역했고, 정신분석학을 토대로 한 많은 저서들을 썼다. 저서로 《기원의 소설 소설의 기원》(1972년 아카데미 프랑세즈 에세 대상), 《옛것과 새것》(1963년 페미나-바카레스코상), 《독서의 책》(1977년 비평가상), 《독서의 책 2 : 문학의 진실》(1981년 문학비평 대상), 《프란츠 카프카》 등 다수가 있다.

문에서 일본의 스즈키 외상은 모쥬사츄(mojusatsu)란 일본어 단어를 사용했는데 작가는 미국이 이것을 "미국의 휴전제안을 멸시하는 듯한 침묵으로 다루다", 즉 "일본정부는 이것(포츠담선언)을 묵살할 것이다"로 해석했음에 주목한다. 작가에 따르면 이 단어는 '받아쓰다, 불문에 부치다, 기대 속에서 얌전히 있다' 등 여러 가지 뜻으로 해석될 수 있다. 그 당시 소련의 불가침조약 연장에 희망을 걸고 있었기 때문에 일본정부로서는 아무런 코멘트를 하지 않는다는, 어떻게 보면 생각해 보겠다는 뜻으로 한 발언일 수도 있었으나, 그럼에도 멸시하는 듯한 침묵이라는 번역을 미국인들이 선택한 것은 당시 미국과 일본의 적대적인 관계 때문이라는 것이다. 적인 일본인에 대한 의식적이거나 무의식적인 적대감에 의해 일본 수상의 단어는 부정적으로 미국인들에 의해 해석된 것이며 이러한 해석은 핵폭탄 투여라는 불행하고 드라마틱한 사건으로 이어지게 되었다고 작가는 설명한다.

실제로 언어적 실수는 그 자체로 분쟁의 근본적 원인이 된다기보다는 분쟁을 일으키는 불씨나 핑계가 되는 경우가 많다. 따라서 신중한 사람이라면 외국인과의 대화에 있어 발생할 수 있는 오해와 분쟁을 최대한 피하고자 할 것이다. 반대로 상대방에 대해 적대적인 사람은 언어적 차이를 핑계삼아 종교적, 역사·문화적 갈등을 조장할 것이다. 즉, 민족들 간의 충돌에 있어 중요한 것은 언어의 다양성을 배제하는 것이 아니라 다양성을 얼마나 호의적으로 수용할 수 있는가, 얼마나 타자의 문화에 관용적일 수 있는가 하는 것이다. 자유와 다양성을 인정한 평화와 화합만이 정당하므로 언어의 다양성이 민족들 간의 화합을 저해한다고 말할 수 없다.

결론

인류가 단 하나의 언어만을 사용한다면 대화에 장애도 없을 것이며 매우 효율적이고 편한 생활을 할 수 있을 것이다. 그러나 다양성이 단지 부정적인 장애요인에 불과한 것일까? 열린 마음으로 다양성의 문제에 접근할 때 우리는 그것을 보다 긍정적이고 건설적인 계기로 사용할 수 있다. 편리함을 이유로 풍요로움을 포기한다는 것은 장미정원을 갖기 위해 야생화를 모두 없애버리는 것처럼 어리석은 일이다. 잘 정돈된 장미만이 있는 정원을 상상한다는 것은 매우 끔찍한 일이다. 언어는 자유가 생산되는 공간이다. 끊임없이 새로움을 창출하는 시어(詩語)가 보여주듯이 각 인간과 각 문화는 언어들의 혼합을 통해 끊임없이 새로운 사고를 창조하고 있다. 만약 단 하나의 언어만을 사용하기 위해 다양한 언어들을 말살한다면 그 언어마다에 담겨 있는 수많은 문화적 유산과 감성, 생각도 사라질 것이고 사고의 빈곤과 획일성이 빚어질 것이다.

어떻게 본다면 질서와 효율성의 이유로 언어적 다양성을 제거하는 것은 다양성을 추구하는 자연의 원리에 위배되는 것이라고도 할 수 있다. 더욱이 민족간의 충돌은 언어 그 자체에서 연유하는 것이 아니라 상대방을 대하는 기본적 윤리관에 근거하는 경우가 많다. 타자성을 긍정적으로 받아들이는가 아니면 제거해야 할 부정성으로 이해하는가에 따라 우리는 언어의 다양성을 풍요로 이해할 수도 장애로 받아들일 수도 있을 것이다. 중요한 것은 언어란 각 문화의 핵심이라 할 정도로 민족의 얼과 정서, 정신을 다 담아내고 있으므로 언어를 많이 알면 알수록 우리는 보다 넓고 원대한 세계관을 지니게 될 것이라는 사실이다.

더 생각해 봅시다 ❶

인공 언어도 언어인가?

일반 언어와 인공 언어를 비교하기 전에 언어란 무엇인가에 대해 우선 생각해 보자. 언어는 단어들과 그것들을 구성하는 규칙들의 집합으로 이루어져 있다. 따라서 언어학자들은 언어를 기호시스템이라고 칭한다. 그렇다면 인공기호를 사용한 언어의 창조도 분명 가능하지 않을까? 수학기호와 같은 임의적이고 논리정연한 언어기호의 구성을 통해 우리는 모든 민족이 평등하게 사용할 수 있는 언어를 만들 수 있지 않을까?

단일 언어에 대한 소망은 오래 전부터 존재해 왔다. 언어란 임의적이라는 소쉬르의 주장에서 영감을 얻은 자멘호프 박사가 전개한 에스페란토 운동이 그 대표적 예이다. 인위적으로 고안된 대부분의 국제어들은 실패로 끝났지만 지금도 인공 언어에 대한 연구는 계속되고 있다. 여기서 우리는 각 언어 안에 함축된 역사성, 문화성 등 살아 있음의 흔적을 인공 언어 안에서도 찾을 수 있을까 하는 의문을 제기할 수 있다.

언어는 단순한 커뮤니케이션 도구이기 전에 인간의 정신과 문화를 담고 있는 마음의 표현이다. 인공 언어는 아무리 논리성이 뛰어나다 해도 최종적으로 살아 있는 자연 언어에 의존할 수밖에 없다. 즉, 보편언어로서의 인공 언어는 이론적으로는 상상할 수 있으나 현실적으로 적용하기에는 많은 한계를 지닌다. 일상에서 인공 언어가 어떤 어려움을 만나게 될지에 대해 생각해 보자.

더 생각해 봅시다 ❷

언어는 인간들을 결집시키는가, 분열시키는가?

언어는 대화의 조건이며 언어에 의해 인간은 타인과 생각과 감정을 나눌 수 있다. 그렇다면 언어는 타인과의 화합에 있어 결정적인 조건이라고 말할 수 있지 않을까? 그러나 언어는 동시에 나로부터 타자를 멀어지게 하고 분쟁을 일으키는 원인이기도 하다. 우리는 상대방의 언어를 잘못 이해하거나 곡해할 수 있고 의도적으로 언어를 통해 상대방에게 상처를 줄 수도 있다. 즉, 언어는 결합의 성격과 분열의 성격을 모두 지니고 있다. 인간관계에서 언어로 인해 발생할 수 있는 여러 사건들에 대해 토론해 보자.

더 생각해 봅시다 ❸

사투리는 지역감정을 고조시키는가, 지역의 정체성을 유지시켜 주는가?

표준어 사용에 대한 열망이 높아가고 각 지방의 고유 사투리가 점차 사라져 가고 있는 가운데 영화나 드라마에서 사용되는 사투리가 많은 사람들의 인기를 끌고 있다. 사투리에는 그 지역의 정서와 역사 그리고 그 지역의 문화가 살아 숨쉬고 있다. 따라서 사투리를 통해 지역민들은 서로 동질감과 연대감을 갖게 된다. 어떤 이들은 사투리가 지역감정을 조장한다고 비판하기도 한다. 그러나 사투리를 배제하기보다는 타지역의 사투리를 이해하려고 노력하는 과정에서 지역감정은 해소될 수 있지 않을까? 표준어가 세련된 언어, 사투리가 촌스러운 언어로 인지되지 않도록 중요하고 기초적인 소중한 문화유산으로서의 사투리에 대한 관심이 필요하다.

14

죽음의 공포에서 벗어날 수 있는가?

Baccalauréat, 1996

죽음을 저주하지 말고, 마치 자연이 원하는 것처럼 죽음을 잘 환영하라. 우리 존재의 해체도 역시 젊음, 늙음, 치아가 나는 것과 같이 자연적인 사실이다.
마르쿠스 아우렐리우스(Marcus Aurelius, 로마제국 16대 황제·스토아 철학자)

신이여 우리 각자에게 합당한 삶을 주소서. 그리고 우리 모두에게 그 삶에 걸맞은 합당한 죽음을 주소서.
릴케(Rainer Maria Rilke, 독일 시인)

죽음은 끔찍한 것, 피하거나 지연해야 할 것이 아니라 오히려 매일 함께할 동반자이다. 이런 지각으로부터 광활함에 대한 엄청난 의미가 생긴다.
지두 크리슈나무르티(Jiddus Krishnamurtis, 인도 철학자·작가)

서론

인간은 죽을 수밖에 없는 존재이지만 그 사실을 알고 있는 유일한 동물이기도 하다. 죽음이 아직 오지 않았다고 해서, 젊고 건강하고 부유하다 해서, 죽음에서 눈을 돌릴 수 있는 것은 아니다. 죽음은 언제라도 찾아올 수 있고 죽음에 대한 두려움은 개인을 평생 따라다니며 그 인생에 지대한 영향을 미친다. 죽음에서 조금이라도 더 멀어지기 위해 우리는 건강과 돈, 권력을 추구한다. 인간은 죽음을 안고 태어나며 어쩌면 성장하고 변화하는 과정 모두가 죽어가는 과정이라고까지 말할 수도 있다. 모든 사회에서 발견되는 종교도 이 죽음에의 공포나 불안과 별개로 생각할 수 없다. 자신에게 부과된 유한성의 한계를 인식한 인간은 종교적 믿음 등을 통해 끊임없이 그 자연법을 벗어나고자 한다. 천국을 상상하고 종교적 예식을 통해 삶을 마무리하는 것도 죽음을 끝으로 받아들일 수 없는 인간의 심리를 보여준다. 인간은 죽음으로 점지된 동물인 동시에 종교적 동물인 것이다.

"우리는 우리가 유한하다는 것을 알고 있다. 그러나 그 사실을 믿지는 않는다"라고 마르셀 콩슈[21]는 말했다. 즉, '모든 생물은 죽는다'는 사실을 객관적으로 알고 있으면서도 인간에게 죽음은 항상 타인의 죽음일 뿐 자신의 죽음은 받아들이기 힘들다는 것이다. 죽

---

21) 마르셀 콩슈(1922~) : 프랑스 철학자. 주요 저서로는 《헤라클레이토스》, 《몽테뉴 혹은 행복한 의식》, 《뤼크리스》 등이 있다.

음 후의 세계를 확신할 수 있는가? 불확실하다는 것처럼 인간을 두려움에 빠지게 하는 것도 없다. 과연 죽음에 대한 공포에서 인간은 벗어날 수 있을까?

죽음에 대한 공포

이오네스코(E. Ionesco)[22]의 작품 《죽어가는 왕》의 주인공은 이렇게 외친다. "항상 살아 있지 않을 바에야 왜 내가 태어났는가?" 그러나 조금만 더 깊이 생각해 본다면 생물체인 내가 죽을 것이라는 것은 가장 객관적이고 과학적인 사실이다. 그럼에도 죽음은 왜 그토록 견디기 어려운 것일까? "죽음에 대한 공포는 인간에게 자연스러운 것이다. 가장 불행한 자에게도"라고 칸트는 말했다. 칸트는 죽음이라는 사건 자체보다는 자신이 더 이상 존재하지 않는다는 사실을 인간은 받아들이기 힘들며 이로부터 두려움이 발생한다고 설명한다. 하이데거는 '죽음에의 존재'로서 인간을 파악하였다. 그는 죽음의 의미를 절대화하여 인간이 죽음을 두려워하는 것은 정당하며

---

[22] 이오네스코(Eugène Ionesco, 1912~1994) : 루마니아 태생 프랑스의 극작가. 단막으로 된 '반(反)연극' 《대머리 여가수(*La Cantatrice chauve*)》(1950)로 희곡 기법에 혁명을 일으켰고, 부조리 연극의 시발에 기여했다. 1970년에 아카데미 프랑세즈 회원으로 뽑혔다. 그가 이룩한 업적은 추상적이고 초현실주의적인 다양한 기법을 널리 보급하고, 연극계의 자연주의적 인습에 길들여져 있는 관객들로 하여금 그런 새로운 기법을 받아들이게 했다는 것이다. 이 점에서 보다 성공을 거둘 수 있었던 것은 그가 신랄한 독설을 잘 퍼붓는 훌륭한 비평가였기 때문이다. 그의 평론집으로는 《논평과 반론(*Notes et contre-notes*)》(1962)이 있다. 후기 작품들에서는 지적 모순에 대한 관심이 줄어들고 꿈과 환상 및 잠재의식의 탐구에 더 많은 관심을 보인다.

오히려 죽음을 망각하는 것이야말로 어리석고 경박한 행동이라고 주장했다. 하이데거에 따르면 죽음은 나의 삶에서 멀리 떨어져 있는 것, '나의 삶의 밖에 서 있는 것'이 아니라, 언제라도 나를 덮칠 수 있는 존재 가능성이다. 하이데거는 인간은 이 사실을 인식함과 함께 불안과 고독의 감정에 사로잡히게 된다고 지적한다. 즉, 죽음의 가능성 앞에서 느끼는 인간의 두려움은 원초적 두려움이며 누구도 이것을 피할 수는 없다는 것이 그의 일관된 주장이다. 그는 죽음이란 고유한 것이며, 결코 남과 바꿀 수 없는, 그리고 누구에게나 반드시 찾아오는 실존 상황이므로 언제 어디에서 찾아올지도 모르는 죽음을 두려워하지 않는 용기를 가지라고 호소하였다. 그러나 죽음을 두려워하지 않을 만큼의 용기를 지닌다는 것은 결코 쉬운 일이 아니다. 죽음을 피하기 위해 동서고금의 모든 권력자들이 온갖 방법을 동원했다는 것은 잘 알려진 사실이다. 진시황은 불로초를 구했으나 영생을 얻지 못했고, 세 명의 젊은이로부터 기증된 피를 마신 교황 인노켄티우스 8세도 죽음을 면치 못했다.

 죽음이 과연 무엇이기에 인간은 죽음의 공포에서 벗어나지 못하는 것일까? 일반적으로 죽음이란 생명의 활동이 정지되어 다시 회복되지 않는 상태를 말한다. 즉, 죽음이란 생명력의 상실을 의미한다. 이는 생물적인 개체의 해체이며 살아 있는 유기체가 시체로 변하는 것이다. 모든 생물체는 죽음을 겪게 되며 생명을 갖지 않은 것은 죽음을 경험할 수도 없다.

 그러나 죽음이 모든 생명체가 경험하는 보편적인 현상이라고 하더라도, 오직 인간만이 죽음을 의식하며 살아간다. 인간과 가장 유

"우리는 우리가 유한하다는 것을 알고 있다. 그러나 그 사실을 믿지는 않는다"라고 마르셀 콩슈는 말했다. '모든 생물은 죽는다'는 사실을 객관적으로 알고 있으면서도 인간에게 죽음은 항상 타인의 죽음일 뿐 자신의 죽음은 받아들이기 힘들다는 것이다. 과연 죽음에 대한 공포에서 인간은 벗어날 수 있을까?

사한 고등동물의 경우에도 죽음을 잘 지각하지 못한다. 동물은 자기가 죽을 것이라는 것을 알지 못할 뿐만 아니라, 자기와 같은 종족의 시체와 살아 있는 유기체도 잘 구별하지 못한다. 인간만이 죽을 것을 의식한다는 사실은 매장의식을 통해서도 확인된다. 피라미드 안에서 발견된 미라와 장신구들은 영혼 불멸에 대한 인간의 강렬한 소망을 보여준다. 불사에 대한 희망은 죽음을 단순히 부인하려는 것이 아니라, 너무도 확고한 이 사실에 대한 보상을 받고 환상을 통해서나마 두려움을 초월하려는 의지이다. 이처럼 죽음을 대하는 인간의 실존적 태도는 죽음이 인간에게 얼마나 특별한 의미를 지니는지를 잘 보여준다.

영혼 불멸에 대하여

죽음이라는 객관적 사실을 인정하면서도, 그럼에도 그것을 부인하고 싶어하는 인간의 모순된 태도를 현대 사회학자 에드가 모랭(Edgar Morin)은 다음과 같이 묘사한다. "동일한 의식이 죽음을 부인하고, 또 인정한다. 이 의식은 죽음이 무가 된다는 것을 부인하고, 죽음이 하나의 사건이라는 점을 인정한다." 이러한 갈등에서 벗어나기 위해 인간이 선택한 가장 오래되고 일반적인 방식은 영혼과 육체를 분리하여 육체가 사라진 후에도 영혼은 살아남는다고 믿는 것이다. 플라톤은 《파이돈》에서 영혼의 불멸성을 증명했고 신비주의자 플로티노스(Plotinos)[23]는 죽음이란 신체만을 앗아가므로 두려워할 필요가 없다고 말했다. 그리스도교는 영혼의 불멸이야말로 신의 선함을 증명하는 것이라고 주장하면서 영생을 약속했다. 또

동양의 몇몇 종교에서는 다른 생물로 다시 태어나게 된다는 윤회사상에 관심을 기울였다. 사실상 우리가 알고 있는 대부분의 종교는 영혼의 불멸을 확신한다. 영혼은 죽지 않는다는 주장만큼 사람들을 위로하고 안심시키는 것이 있을까? 영혼의 불멸을 믿는다면 죽음은 단순한 도정에 지나지 않기에 인간은 스스로의 유한성을 받아들일 수 있다.

그러나 종교에 비판적이었던 에피쿠로스의 제자 루크레티우스(Lucretius)[24]는 "두려움이 신들을 창조했다"고 말하면서 불멸을 믿는 인간의 허약함과 광신의 본질을 비판했다. "이 모든 현상을 신에게 일임하고, 불굴의 분노로 무장시켜 주기까지 한 가련한 인간들이여! 그때부터 신은 인간들에게 얼마나 많은 탄식을 안겨주었는가! 얼마나 많은 상처를 입혔는가! 그들이 우리 후손들에게 열어주는 눈물의 샘이라니! …… 신들에 대한 두려움으로 떨리지 않는 마음이 어디 있는가? 수상쩍은 천둥으로 땅이 진동할 때, 무시무시한

---

[23] 플로티노스(Plotinos, 205~270) : 그리스 신비주의 철학자. 신플라톤주의의 아버지로 간주된다. 플로티노스의 철학은 대표적인 '일자일원론 철학'에 속한다. 신플라톤주의학파인 그는 플라톤의 '절대적 이원론'을 극복하고 모든 철학의 제 문제를 '일자(一者)'를 중심으로 해서 거기에 융해시켜 버리고 있다. 결국 그에게서 존재는 곧 절대자요, 이를 일컬어 "일자로서의 존재"라 하는 것이다.

[24] 루크레티우스(Titus Lucretius Carus, B.C. 98~55) : 기원전 1세기에 활동한 고대 로마의 시인·철학자. 유일한 장편시 〈사물의 본성에 관하여(De rerum natura)〉로 유명하다. 이 시는 그리스의 철학자 에피쿠로스의 자연학을 가장 완벽하게 보존하고 있는 작품으로 에피쿠로스의 윤리학설과 논리설에 대해서도 언급하고 있다.

중얼거림이 하늘을 가로질러갈 때, 두려움에 사지가 얼어붙어 간신히 기어가는 인간은 또 어떤가? …… 군단과 코끼리를 태운 선단을 이끄는 대장이 격렬한 바람이 마구 불어 치고, 앞에 있는 모든 것이 휩쓸려가는 것을 본다면, 신에게 물결을 잠잠히 해달라고 기원하고, 기도의 힘으로 바람을 잠재우려 하지 않겠는가?"

마르크스 역시 종교는 민중의 아편이란 외침과 함께 내세에 대한 희망이 현실의 행복을 포기하게 한다고 강렬히 비판하였다. 그에 따르면 종교란 "고통에 지친 존재들의 한숨이자 냉정한 현실의 심장"과 같아 고통을 잠시 망각하게 해줄 수는 있을지 몰라도 병을 근본적으로 치료할 수는 없다는 것이다. 홉스나 흄 등도 종교적 믿음은 인간의 유한성에 대한 심리적 공포에서 발생한다고 설명했다. 영원한 내세를 기약함으로써 인간은 조금이나마 위로받을 수 있다는 것이다. 그러나 종교적 믿음이나 내세를 가정하지 않고도 죽음에의 공포에서 벗어날 방법은 없을까?

죽음은 두렵지 않다

소크라테스는 "철학을 한다는 것은 죽는다는 것을 배우는 것이다"라고 말했다. 철학자는 삶을 생각해야 하는가, 죽음을 생각해야 하는가? 전통적으로 철학은 이 문제에 있어 상반된 입장을 취하는 듯해 보인다. 하이데거가 죽음, 그리고 그와 관련된 실존적 염려와 두려움을 철학의 중심에 놓은 데 반해 몇몇 철학자들은 죽음에 대한 두려움이 현실의 행복을 저해할 것을 우려하면서 죽음은 자연과 신의 뜻에 일치하는 자연스러운 것이므로 죽음을 두려워하지 말고 있는 그대로 받아들여야 한다고 주장했다.

　가령 유물론자인 에피쿠로스에 따르면 육체와 함께 영혼 역시 소멸하기에, 즉 죽음과 함께 죽음의 두려움을 감지할 수 있는 이성과 정신 역시 사라지므로 죽음을 두려워할 이유가 없다. 이와 관련된 에피쿠로스의 다음 문장은 죽음의 두려움을 부정하는 작가들에 의해 수없이 인용되었다. "나는 아직 살아 있기 때문에 죽음을 만날 수 없다. 또는 죽음이 이미 거기에 있을 때 나는 이미 거기에 없기 때문에 죽음을 알 수 없다."

　에피쿠로스는 영혼이 육체와 함께 사라진다고 해서 그 사실이 삶의 의미를 앗아가는 것은 아님을 강조했다. 오히려 저세상이 없기 때문에 인간은 현세에서 최대한 행복할 이유가 있다는 것이 그의 주장이다. 물론 여기서 그가 의미하는 행복이 무엇인지에 대해 생각해 볼 필요가 있다. 일반적으로 사람들은 에피쿠로스를 쾌락주의자로 지칭한다. 이 호칭은 그를 물질적 행복을 추구한 사람으로 보이게 하나 사실상 에피쿠로스에게 있어 신체란 동물적·유희적·물질적 쾌락을 영위하는 신체가 아니라 정신수양을 통해 단련되고 의미로 가득한 수양된 신체를 의미한다. 그리고 그가 말하는 행복은 물질적·육체적 행복이 아닌 지성의 추구를 통한 이해의 쾌락이다. 말하자면 에피쿠로스가 추구한 삶은 죽음의 공포로부터 해방된 절제 있고 사색적이며 덕으로 가득 찬 현자의 삶을 가리킨다고 볼 수 있다. 권력이나 명예, 허영의 추구는 죽음에 대한 공포, 즉 자신이 유한하다는 사실을 자신과 남들에게 속이고 싶은 욕망에서 시작된다. 그렇다면 죽음을 두려워하지 않을 때라야 우리는 비로소 소박하고 절제된 삶을 영위할 수 있음은 분명하다.

죽음에 대한 유사한 접근을 우리는 스토아 철학에서 만나게 된다. 스토아 철학자에게 있어 죽음이나 자살은 두려운 것이 아니다. 세네카(L. A. Seneca)는 "죽으면 모든 것이 끝난다. 죽음도 끝난다"고 말하면서 죽음에의 두려움에서 벗어날 것을 권고했다. 스토아 철학자들은 자연과의 일치 및 조화를 강조했으며 가을이 되고 열매가 익으면 그 열매가 조용히 땅으로 떨어지듯이 우리도 죽음의 원리를 자연에서 배워 평안하게 죽음을 받아들일 것을 강조했다. 마르쿠스 아우렐리우스(Marcus Aurelius)도 그에게 일어나는 모든 것은 선한 신에 의해 보내진 것이므로 그대로 받아들여야 한다고 생각했다.

지혜란 죽음 앞에서의 초연함과 상응하는 것일까? 스피노자는 《윤리학》에서 "철학자의 지혜는 죽음에 대한 명상이 아니라, 삶에 대한 명상이다"라는 유명한 문구를 남겼다. '참된 철학자는 결코 죽음을 생각하지 않는다'는 그의 주장은 《파이돈》에 등장하는 플라톤의 유명한 말 "철학을 한다는 것은 죽음을 배우는 것이다"라는 말과 근본적으로 반대된다. 철학은 과연 죽음에 대한 강박관념을 물리칠 수 있을까? 스피노자의 논지는 다음과 같다. 죽음에 대한 사고는 슬픔과 연결되어 있다. 그런데 슬픔으로서의 죽음은 우리의 힘을 약화시키고 우리의 생적 약동을 억제하는 부정적인 역할을 하게 된다. 반면 삶에 대한 생각은 기쁨을 동반하고 활력을 가져다준다. 스피노자에게 있어 참된 철학자는 긍정적인 사람이며 그는 자신의 긍정적 에너지로 죽음에 대한 공포를 비롯한 모든 부정적인 감정을 물리칠 수 있어야 한다. 즉, 존재의 충만성을 사유할 줄 모르는 무지한 사람은 죽음을 두려워하지만 자유로운 사람은 신-자연-전체의 관점에서 사고하기 때문에 절대로 죽음을 생각하거나 두려워하지 않는다는 것이 그의 주장이다.

죽음보다 삶에 더 중요성을 부과하는 경향은 유물론이나 19세기 중반부터 큰 관심을 모았던 과학주의에서도 발견된다. 프랑스 유물론자들은 영혼의 불멸성이란 성직자들의 거짓말에 불과하며 종교적 신앙은 한 사회의 경제·사회·정치적 발전을 저해한다고 비판했다. 실증주의자들 역시 우주의 궁극적 목적이나 인간의 사후 등 경험과 논리를 벗어나는 것에 관심을 갖는 것은 헛된 것으로 간주했다. 이들의 주장에 따르면 중요한 것은 현세적·실용적 삶의 질을 높이는 것일 뿐 영혼의 불멸을 위해 현실을 저당 잡히는 것은 현명하지 못한 행동이다. 과학주의자들은 과학의 눈부신 발전과 함께 영혼의 불멸설이나 사후세계에 대한 믿음은 사라질 것이며 이를 근간으로 하는 종교 역시 조금씩 쇠퇴하게 될 것이라고 확신했다.

죽음을 부정할 수 있는가?

그러나 죽음의 두려움을 외면하고자 하는 이 여러 노력들을 이성적으로는 이해할 수 있다 하여도 죽음에 대한 두려움에서 벗어날 수 있다는 주장은 삶의 현실과 모순을 이루고 있지 않은가? 원하건 원하지 않건 죽음과 관련된 생각은 구체적인 우리 삶의 중심을 이루고 있다. 인간은 자신이 죽는다는 것을 아는 유일한 동물이며 이 사실은 문화를 구축하는 원동력임을 우리는 부인할 수 없다. 시인 릴케(R. M. Rilke)는 "우리는 각자 안에 커다란 죽음을 지니고 있다. …… 한 인간은 태어나면서부터 죽기에 충분할 만큼 늙었다"고 말했다. 즉, 아무리 죽음에 대한 생각을 피하려 해도 우리는 존재론적 원리에 따라 이 사실을 무조건 피할 수만은 없다.

따라서 죽음은 나와 관계가 없다는 에피쿠로스의 말은 현실적 삶을 살아가는 일반인에게 큰 설득력을 지니지 못한다. 오히려 죽음을 직시하라는 하이데거의 분석이 에피쿠로스나 스피노자의 지혜보다 더 사람들의 공감을 얻을 수 있을 것이다. 블라디미르 장켈레비치(Vladimir Jankélévitch)[25]는 《죽음》이라는 유명한 저서에서 죽음에 대한 현자들의 외면과 조소에 한계가 있음을 지적한다. "이 모든 것은 아름답고 좋다. 그러나 비탄에 잠겨서 위로받을 수 없는 아폴로도로스 크리톤과 파이돈의 의견은 전혀 다를 것이다. …… 왜냐하면 현자의 죽음은, 현자도 현자 자신의 '개인적인 진리'와 이데아적인 진리를 완전하게 조화시킬 수 없다는 것을 인정하는 것이기 때문이다."

그러나 한편 에피쿠로스나 스피노자가 이러한 인간의 실존적 한계를 무조건 무시했는지에 대해서도 질문할 수 있다. 그들이 삶을

---

[25] 장켈레비치(Vladimir Jankélévitch, 1903~1985) : 프랑스 철학자·음악미학자. 현상학(現象學)을 기반으로 하는 '비연속적 변증법'이라고 할 수 있는 그의 사상은 H. 베르그송, F. W. J. 셸링을 비롯하여 G. 짐멜, B. 파스칼, S. A. 키르케고르 등의 영향을 받았으나, 기본적으로는 유대신비주의를 배경으로 한 유신론적 실존주의이며, 실존주의의 대표적인 철학자인 M. 하이데거와 G. 마르셀의 사상과 관계가 있다는 점에서 주목을 끈다.

그토록 강조한 것은 죽음에 대한 공포를 몰랐기 때문이 아니라 그러한 실존적 한계에도 불구하고 인간이 지향해야 할 이상을 제시하기 위해서가 아니었을까? 즉, 죽음을 두려워하는 것이 일반적인 인간의 성향이라면 그러한 자연적 본성에서 탈피하도록 노력하는 것에 인간의 위대성이 있다는 것이 그들의 주장인 것이다. 어떤 의미에선 스피노자의 《윤리학》의 마지막 문장 "모든 아름다운 것은 귀하고 힘들다"는 죽음에 대한 현자들의 도전을 요약해 준다고 볼 수 있다.

신앙이나 지혜를 통하지 않더라도 인간은 예술작품을 통해 죽음을 초월할 수 있다. 오랫동안 인류의 기억에 이름을 남기는 것은 불멸에 이르는 한 방법으로 간주되었다. 그러나 역사에 이름을 남기는 것만으로는 충분치 않다. 역사적으로 이름을 남긴 위인 중에는 영웅이나 성인과 같은 긍정적 위인도 있지만 네로나 히틀러와 같은 부정적 인물들도 있기 때문이다. 이 경우 죽음을 정복했다 하기엔 왠지 석연찮은 느낌을 지울 수 없다. 반대로 인류에 지속적인 영향을 미치는 작품 중에는 작가 미상인 작품들도 있다. 그렇다면 윤리적 차원에서의 죽음의 정복은 이름보다는 작품에 의해 이루어져야 한다.

전통 형이상학자들과 기독교인들이 영혼의 불멸을 통해 완전한 죽음을 부정하려 했다면, 실존주의자들은 죽음의 확실성을 은폐하고 망각하려 들지 말고 그 가능성을 냉정하게 응시함으로써만이 인간은 비로소 본래적인 모습을 찾을 수 있다고 강조했다. 죽음을 통해 실존 자체의 유한성과 무상함을 깨닫고 그로부터 삶의 진정한 가치를 재창조해야 한다는 것이다.

실제로 삶의 유한성을 고려하지 않는 삶에 있어 계획을 세운다는 것은 불가능하다. 릴케는 "스스로의 죽음"이란 삶과 함께 성숙하는 과일의 핵과 같다고 말했다. 죽음을 인식하기에 인간은 동물과 달리 도달해야 할 목표를 세우고 끊임없이 노력하며 생에 보다 깊고 다양한 의미를 부여한다는 것이다. 말하자면 죽음을 생의 일부로 받아들일 때 삶은 성숙하게 된다.

결론

인간은 아무것도 남기지 않고 사라진다는 것에 본능적인 공포심을 갖고 있다. 죽는다는 사실이 필연적이라는 것을 아무리 잘 알고 있다 하더라도 인간은 그 사실에 수긍할 수 없기에 영원에의 갈망과 두려움을 동시에 경험한다.

이 같은 인간의 기본적 두려움을 해소하기 위해 형이상학자들과 기독교인들은 영혼의 불멸을 주장했고 하이데거는 죽음에의 사색을 강조했다. 반면 스피노자는 이러한 불안감 자체를 무상하다고 생각하여 철학은 삶에 대한 명상임을 강조했다. 그러나 철학은 스피노자의 말처럼 삶에 대한 명상만일 수도 없고 하이데거의 말처럼 죽음에 대한 명상만일 수도 없다. 즉, 죽음에 대한 명상과 삶에 대한 명상은 상호 배타적인 것이 아니라 상호 보완적이다.

"나는 죽음을 두려워하기 때문에 삶을 혐오한다"고 미셸 레리스(Michel Leiris)[26]는 말했다. 실제로 죽음의 순간에 죽음을 가장 평온하게 받아들일 수 있는 사람들은 가장 충만하고 가장 행복한 삶을 향유한 사람들인 경우가 많다. 진정한 현자란 자신의 유한성과 죽음을 충분히 인식하는 동시에 그에 굴복하지 않고 끊임없이 죽음 이상의 것을 추구하는 사람이 아닐까? 실존적 차원에서 삶을 충만한 행복으로 이끄는 가운데 우리는 죽음의 공포에서 조금씩 벗어날 수 있을 것이다.

바칼로레아의 질문들

- 죽음에 대해 사유함으로써 죽음을 피할 수 있는가? (1992)
- 죽음은 존재의 완성인가? (1991)
- 마치 우리는 절대 죽지 않을 것처럼 살아야 하는가? (1981)
- 인간은 자신이 죽을 것임에 틀림없다는 것을 알면서도 행복할 수 있는가?
- 적절한 죽음이라는 말을 할 수 있는가?
- 죽음은 인간의 삶의 의미를 모두 앗아가는가? (1993)
- 죽는 것을 배울 필요가 있는가? (1992)

---

26) 미셸 레리스(Michel Leiris, 1901~1990) : 프랑스 시인·비평가·토속학자. 초현실주의와 사실주의로부터 영향을 받았다. 극단적인 언어의 해체와 변형을 바탕으로 하는 말놀이, 그리고 언어를 초월하는 이미지를 기반으로 한 레리스의 고유한 시학은 그의 문학을 읽는 단초가 된다.

더 생각해 봅시다 ❶

아름다운 죽음이란 존재하는가?

우리는 일반적으로 누군가 폭력이나 고통의 흔적 없이 평화롭게 세상을 떠났을 때 그는 '아름답게 죽음을 맞이했다'고 말한다. 그렇다면 더 아름다운 죽음과 덜 아름다운 죽음이 있다는 것일까? 겉모습이 어떠하건 모든 죽음은 고통스런 결별이 아닐까? 《일리아스》에서 호메로스는 젊은 영웅의 아름다운 죽음을 늙음을 동반하는 평범한 죽음에 대립시킨다. 그리고 이 특별한 죽음으로부터 주인공의 영웅적 모습을 부각시킨다. 실제로 영웅은 조국수호나 종교적 이유, 혹은 애인과 가족을 위한 희생 등 특별한 목적을 위해 죽음을 맞이하기에 더더욱 그 죽음이 숭고하게 느껴진다. 그리고 바로 그러한 사실 때문에 범인들은 세월과 함께 잊혀지는 반면 영웅들의 이름은 영원히 기억된다.

그러나 현실적으로 아름다운 죽음이 과연 존재할까? 아름다운 죽음과 초라한 현실에서 선택을 해야 할 경우 우리는 영원히 잊혀지지 않는 영웅이 되기보다는 오래 사는 범인이길 원할 것이다. 아름다운 죽음을 강조하는 것은 어떤 의미에선 현실을 비하하는 듯한 느낌마저 준다. 아름답다는 것, 영웅적이란 것은 과연 무엇을 의미하는가? 현자들의 평화로운 죽음이야말로 그들이 보람된 삶을 살았음을 증명하는 지표가 아닐까? 사람들은 행복한 삶을 영위한 자만이 아름다운 죽음을 맞이할 수 있다고 말한다. 아름다운 죽음이란 영웅적인 죽음인가 현자의 죽음인가? 아니면 죽음은 결코 아름다울 수 없다고 생각하는가? 자신이 생각하는 죽음에 대해 토론해 보자.

더 생각해 봅시다 ❷

왜 불멸을 원하는가? (1994)

모든 생물과 마찬가지로 인간은 죽음을 피할 수 없다. 그러나 다른 생물들이 죽는다는 사실을 인지 못하는 데 반해 인간은 이성을 지녔기에 자연의 흐름과 법칙을 이해하고 그로부터 자신이 죽을 수밖에 없다는 사실을 도출해 낸다. 그리고 어떠한 방법으로든 죽음을 늦추려고 애를 쓰고 불가능한 것을 알면서도 불멸을 갈망한다. 불멸이란 유한한 인간의 한계, 즉 죽음에서 벗어나는 것을 의미한다. 인간에게 죽음보다 더 큰 공포는 없기에 인간은 자신의 모든 에너지를 쏟아, 혹은 상상과 신앙을 통해 죽음을 부정한다. 불멸이란 절대능력, 절대자유를 원하는 것이라고도 해석될 수 있다. 그러나 불멸의 존재가 과연 선망할 만한 대상일까? 불멸하는 존재는 과연 우리가 생각하듯 자유롭기만 할까? 그는 오히려 죽을 자유도 없이 평생 생에 매여 있는 것이 아닐까? 스토아 철학자들이 생각했듯 인간에게는 죽을 수 있는 자유가 있고 죽음에 의해서만 우리의 생은 의미를 지닌다. 생을 다시는 반복할 수 없기에 우리는 그토록 열심히 살고자 하는 것이다. 불멸할 경우 발생할 수 있는 상황에 대해 생각해 보고 그것을 유한한 인간의 생과 비교해서 고찰해 보자.

더 생각해 봅시다 ❸

인간은 자살을 원할 수 있는가?

자살하는 사람들은 죽음을 원하는 것처럼 보인다. 왜 그들은 자살을 결심하는 것일까? 삶이 더 이상 의미가 없거나 참을 수 없을 만큼 고통스러울 때 우리는 자살을 결심하게 된다고 말한다. 그러나 "죽음을 원한다"라는 말 자체에서 모순이 발견된다. '원한다'는 것은 우리가 아직 갖지 못한 무엇인가를 욕구한다는 뜻이다. 그렇다면 무를 상징하는 죽음을 원한다는 것은 논리적으로 설명될 수 없다. 원한다는 것은 살아 있다는 것, 살고 싶다는 것을 증명하는 것이 아닌가? 삶이 견딜 수 없이 고통스러워 더 이상 살고 싶지 않은 경우와 죽음 자체를 원하는 것은 구분되어야 한다. 만약 죽음 자체를 원하는 자가 있다면 그는 독실한 종교인일 것이며 삶에서 얻을 수 없는 것을 죽음에서 얻을 수 있을 것이라 확신하기 때문에 죽음을 갈망할 수 있다. 반면 삶의 고통을 피해 죽음을 선택하는 경우는 결코 죽음 자체를 원하는 것이라고 볼 수 없다. 즉, 죽음을 선택하는 것은 삶의 고통을 피하기 위한 수동적인 선택일 수도 있고 내세를 확신하는 종교인의 적극적인 자세일 수도 있다. 그러나 생존은 인간의 기본 욕구인 이상 죽음을 원한다는 것이 자연스러운 현상이 아님은 확실하다. 이와 관련해서 갈수록 증가하고 있는 현대인의 자살에 대해 생각해 보자.

더 생각해 봅시다 ❹

왜 갈수록 잔인해지는 공포영화를 보는 것일까?

인간은 모두 죽음을 두려워하며 안전을 갈구하다. 그렇다면 왜 죽음과 폭력을 주제로 한 공포영화를 보는 것일까? 공포영화는 가장 열렬한 마니아층을 가진 영화 장르 중의 하나이다. 공포영화나 무서운 놀이기구의 인기를 목격하면서 우리는 사람들이 공포를 두려워하면서도 즐긴다는 사실에 관심을 갖게 된다. 억압된 분노와 공격성을 귀신, 악령, 악마 등을 통해 표출할 수 있기 때문일까? 아니면 두려움 속에서 도망치는 자와 동질감을 느끼는 것일까? 한 조사에 의하면 우리나라에서 가장 공포영화를 즐기는 층은 여고생이라고 한다. 이에 대해 한 문화비평가는 한 사회에서 가장 억압받는 계층이 공포물에 대해 공감하는 정도가 가장 높다고 설명한다. 학업과 성적인 측면에서 억압당한 여고생들은 공포 영화 속 죽음의 공포에 시달리는 희생자들과 동질감을 느끼는 것일까?

프로이트에 따르면 인간에게는 스스로를 파괴하려는 죽음에의 욕구가 있다. 그는 "타나토스(Thanatos)는 인간의 생명의 근원적인 것이다. 따라서 생의 목적은 죽음이다"라고 주장하기도 했다. 가학증세가 있는 환자가 강박적으로 자기를 자해하는 것이나 자살을 감행하는 것, 인류역사에서 자주 목격되는 이유 없는 잔인함과 대학살 등은 모두 죽음 본능인 타나토스에 의해 발생한다. 폭력을 행하거나 당하면서 혹은 그런 장면을 목격하면서 인간이 쾌감을 느낄 수 있다는 것은 언뜻 이해하기 어려운 일이나 공포영화가 그토록 많은 사람들에게 인기가 있는 것은 타나토스와 연관된 복잡한 인간 내면의 단상을 보여주는 한 예라 하겠다.

최근 개봉되는 공포영화들은 한층 더 폭력적이며 피와 살 등을 여과 없이 노골적으로 보여주는 특징이 있다. 과거 공포영화에 비해 관객들이 쉴 수 있는 안전공간도 줄어들고 있으며 결말에 주인공이 반드시 무사하거나 선한 자의 승리가 보장되는 것도 아니라는 점에서 허무주의적 색채마저 띠고 있다. 이러한 현대 공포영화의 경향은 현대사회의 주요 특징인 불안과 무질서, 혼돈, 가치관의 부재를 반영하고 있는 것이 아닌지, 언제라도 생존경쟁에서 낙오돼 죽음으로 몰리지 않을까 하는 현대인의 두려움을 간접적으로 표현하고 있는 것이 아닌지 질문하게 된다. 과거 죽음에 대한 공포는 초월적 존재로의 신앙에 의해 조정되었다면 오늘날 죽음의 공포는 통제되지 않은 채 그대로 표출되고 있다. 공포영화에 등장하는 죽음에 대해 생각해 보자.

15

삶이 아름다웠더라도 예술은 존재했을까?

Baccalauréat, 2003

세상에서 해방되는 데에 예술보다 더 좋은 것은 없다. 또한 세상과 확실한 관계를 갖는 데에도 예술을 통하는 것이 가장 좋다.
괴테(Johann W. von Goethe, 독일 시인·극작가)

아름다움을 사랑하는 것은 취미요, 아름다움을 창조하는 것은 예술이다.
에머슨(Ralph Waldo Emerson, 미국 철학자·시인)

내 예술은 사회의 부정, 즉 사회의 모든 규칙과 요구 바깥에 존재하는 개인의 확인이다.
에밀 졸라(Emile Zola, 프랑스 작가)

서론

모든 사람은 아름다운 생을 영위하고 싶어한다. 그러나 이러한 바람은 아름다움 그 자체에 대한 추구라기보다는 행복한 삶에 대한 염원과 관련된다고 보는 것이 옳을 것이다. 오랫동안 예술은 현실의 부족한 부분을 메우고 현실을 위로하는 기능을 수행해 왔다. 무미건조한 현실을 풍요롭게 하는 것도 예술이다. 이러한 사실로부터 '만약 인생이 아름다웠더라면 예술은 필요 없었을 것이다'라는 결론을 유출해 낼 수 있는가? 이 가정은 예술이 우리에게 선사하는 것이 생이 우리에게 선사하는 것과 같은 종류의 것이라는 전제하에서 가능하다. 아름다움은 예술을 통해서만 표현될 수 있는 것일까? 삶과 예술의 유사성과 차이점은 무엇인가? 삶과 예술의 관계에 대해 고찰해 보자.

예술과 현실

물질적 결핍으로 생존의 문제에 시달렸을 인류의 시초에 예술은 어떤 역할을 수행했을까? 예술은 생존에 절대적으로 필요한 기술도, 누구나 학습을 통해 습득할 수 있는 힘으로서의 지식도 아니다. 기아나 병을 염려하고 동물의 공격으로부터 항상 자신을 보호해야 했던 시절에도 인간은 예술적 아름다움을 갈구했을까? 생산활동에서 큰 여유를 지니지 못했을 인류의 초기에도 예술이 존재했다는 것은 상상하기 어려우나 예술행위는 태곳적부터 존재했으며 예술이 존재하지 않는 사회는 존재하지 않음은 잘 알려진 사실이다. 그럼에도 우리는 흔히 예술을 경제적인 잉여가 있을 때에야 비로소 존재하는 것으로 이해한다. 실제로 예술이 돈 많고 한가한 귀족들의 전유물이 되어 먹고살기에도 벅찬 대중들에게는 너무 멀게 느껴진 시대도 있었다. 그러나 고대 벽화나 원시시대의 생활용품들을 보면 예술은 하층민이나 대중들의 삶에서도 필요했다는 사실을 알게 된다.

1만 5000여 년 전에 그려진 라스코 동굴벽화에서 우리는 생명을 걸고 사냥에 나서는 당시 사람들의 공포와 그것을 극복하려는 주술적 노력을 엿볼 수 있다. 〈빌렌도르프의 비너스〉라는 조각을 보아도 고대인들이 생존을 위해 얼마나 다산과 풍요를 기원했는지를 알 수 있다. 설움으로 가득 찬 민중들에게 〈농민가〉는 노동의 고통을 잊게 해주었으며 연극이나 카니발, 축제는 순간이나마 현실적 신분을 떠나 이상적 세계로 몰입할 수 있는 기회를 제공해 주었다.

화려하고 풍요로운 삶을 영위하지 못하는 하층민의 삶에 있어 민중예술이란 일상을 아름답게 하고 치장하는 기술이기도 했다. 비록 귀족들의 예술적 취향과 구별된다고는 하나 실용성과 미적 관심이 어우러져 만들어진 민중의 장식용구나 생활필수품에서 우리는 아름다움을 지향하는 인간 고유의 본성을 만나게 된다. 서민들은 가족사진이나 엽서들로 거실을 예쁘게 장식함으로써 미에 대한 욕구를 발산하고 낙서와 같은 행위를 통해 반항적 자유를 표출하기도 했다. 힘든 노역을 감당해야 하는 사람들에게 예술이란 현실에서의 탈피를 의미했으며 오늘날 도시의 다리, 벽 등에서 발견되는 낙서도 그런 감정 해소의 역할을 수행하고 있다. 요컨대 민중예술이란 삶의 개선의지를 표출하고자 했던 서민들의 정서를 예술로 형상화한 개념이다. 주변을 꾸미는 단순한 활동에서 사회변화와 민중해방을 추구하는 문화운동에 이르기까지 민중예술은 민중에게 휴식과 위안을 제공했고 내일을 희망할 수 있게 하는 역할을 수행했다.

공식적으로 인정된 예술에 다가가지 못하는 자들, 가령 사회에서 배제된 자들이나 정신병자들도 예술작품을 만들었다. 장 뒤뷔페에 의하면 사회적·정신적으로 어려운 삶을 영위하고 있는 자들은 예술을 통해 그 보상을 찾게 된다. 반(半)앉은뱅이였던 툴루즈 로트레크(Toulouse Lautrec)는 달리는 말, 곡예사의 춤 등을 표현함으로써 자신의 신체적인 결함을 예술로 승화시켰다. 예술가 자신의 환경적·신체적인 결함을 작품을 통해 승화시킴으로써 스스로를 극복한 예는 수없이 많다. 현대 심리학자, 정신분석학자 들은 심리적 장애를 치료하는 데 있어 미술·음악·무용·연극 등의 표현방식이 큰 효과가 있음을 증명한 바 있다. 플라톤의 시대부터 음악을 통해 환자를 치유했다는 기록이 있듯이 예술은 억압되고 상처 입은 현실의 부정적 측면을 치유하여 보편적인 미의 차원으로 승화시키는 역할을 수행한다.

정신분석학자들이 말하듯이 예술작품은 현실의 불만과 억압된 감정에서 벗어나려는 욕구에 기초하는 것일까? 인간은 자기의 분노와 고통을 소설·그림·음악·조각 같은 예술작품으로 변화시키고, 그 안에서 현실세계에서는 감히 주장하지 못할 것들을 과감히 표현하기도 한다. 말하자면 예술은 인간의 분노와 공격적 욕구를 해소하는 카타르시스 효과를 만들어낼 수 있다. 수많은 예술가들은 그들의 작품을 통해 현실 속에서 실현할 수 없는 충동을 미화시켰고 자신의 이중적 자아를 해방시켰다.

니체에 따르면 형이상학적 차원에서 볼 때 인생은 그 자체로 비극적인 것이다. 그러나 예술이 있어 인간의 실존적 비극성은 완화되므로 예술은 인간의 삶에 반드시 필요하다. 니체는 예술을 '필수적 환영'이라고 설명하면서 예술을 통해 현실의 잔혹성을 피할 수 있다고 주장했다. "진리란 추악하다. 진리에 의해서 멸하지 않기 위해 우리는 예술을 가지는 것이다." 그의 주장이 옳다면 삶이 추하기에 예술의 아름다움은 필요하다는 명제는 정당하지 않은가? "인간은 죽지 않기 위해 신을 상상해 내었다"고 도스토예프스키의 작중인물은 말했다. 마찬가지로 예술을 통해 영원불멸의 신화를 만들어 냄으로써 인간은 자신의 현실적 불행을 위로하는 것이 아닐까? 바그너(W. R. Wagner)는 자신의 친구에게 다음과 같은 편지를 썼다. "참으로 행복한 사람이 어떻게 예술을 할 생각을 가지게 되는지 나는 이해할 수 없다. 만일 우리에게 인생이 있었다면 예술은 필요하지 않았을 것이다. 현재가 우리에게 아무것도 주지 않을 때, 우리는 예술품을 통해서 '나는 원한다'고 외친다." 폴 니장(Paul Nizan) 역시 "만일 우리가 항상 행복하고 자유롭다면, 우리는 밤에 꿈을 꾸지 않을 것이다"라고 말한 바 있다. 과연 현실이 불만족스럽고 아름답지 않기에 인간은 종교나 예술과 같은 초월적 가치를 추구하게 되는 것일까? 많은 경우 예술이 현실로부터의 도피처럼 느껴지는 것이 사실이다. 그림과 시 속에 등장하는 세상은 너무도 아름답고 우리의 현실과 아무런 관계가 없어 보인다. 고독하고 가난한 예술가의 초상은 우리에게 너무도 친근하며 풍요롭고 화려한 삶을 누리는 예술가를 상상하기란 그리 쉽지 않다.

그러나 예술가는 가난과 불행 속에서야 창조를 할 수 있다는 주장은 매우 늦게 부르주아들에 의해 만들어진 예술가에 대한 선입견에 불과하다는 비판의 목소리도 있다. 불행하고 고독한 예술가 상을 거부하는 이들은 유명 작가들의 경우 그 대부분은 중·상류층 출신이며 그들은 일정한 교육을 받았다는 점을 강조한다. 사실 현실적 불행은 예술적 작품활동을 어렵게 할 뿐 결코 그것에 도움이 되지 않는다. 하루 종일 공장에서 시달린 노동자가 저녁에 작품을 쓴다는 것은 현실적으로 불가능하다. 건강이나 돈 문제에 시달리면서 창작활동에 매진한다는 것도 현실적으로 매우 어려운 일이다. 그보다는 예술적 활동을 함으로써 현실적 어려움을 잠시 망각할 수 있다고 말하는 편이 옳다. 위고(V. Hugo)가 자신의 딸을 잃었을 때 그는 작품의 문장에 신경을 쓰느라 잠시나마 현실적 고통을 망각할 수 있었다.

창조는 가난이나 불행을 전제로 하지 않는다. 일상적 삶이 아무리 안락하고 평화롭다 해도 예술은 존재했을 것이다. 그리고 그러한 사실은 예술이 풍족한 계층, 귀족이나 부르주아 계층에 의해 선호되고 후원된다는 사실에서도 입증된다. 역사적으로 예술작품을 탐독하고 구입했던 이들은 대부분 부자들이었다. 그들은 이미 윤택한 생활을 영위하고 있었고 예술은 그것을 더욱 아름답게 하는 역할을 수행했다. 물론 여기서 삶의 아름다움이 물질적인 것에만 국한되는가 하는 질문을 제기할 수 있다. 남다른 감수성을 지니고 있기에 예술가들은 다른 사람들보다 현실의 여러 실존적 문제들, 가령 거짓, 부정의, 폭력, 고독, 죽음 등을 보다 심각하게 받아들일 수 있다. 이상을 추구하기에 현실과의 괴리감을 더 강렬하게 느낄 수도 있다. 그렇다면 적어도 주관적인 관점에서 그들의 현실은 불행했고 그래서 예술로의 도피를 추구한 것이 아닌가 하는 가정을 할 수 있다.

삶이 아름다워도 예술은 존재한다

삶과 예술의 상관관계를 고찰함에 또 문제가 되는 것은 예술과 삶을 동일한 선에서 이해, 비교하는 것이 가능한가 하는 점이다. 삶에는 여러 종류의 아름다움이 존재한다. 그중 자연의 아름다움을 생각해 보자. 예술적 교육을 한번도 받지 않은 사람도 장미나 별, 바다 앞에서 탄성을 지르게 된다. 이는 예술과 무관한 아름다움이 존재한다는 부인할 수 없는 증거이다. 오랫동안 사람들은 예술을 "아름다운 자연의 모방"이라고 정의했다. 사람들은 자연을 미의 모델로 간주하여 그 조화롭고 다채로운 세계를 그대로 묘사하고자 했다. 루소와 낭만주의자들의 자연예찬은 특히 유명한데 그들은 자연에서 신성까지 발견하였다. 칸트는 자연미와 예술미를 구분하였는데 그는 예술미가 항상 목적 개념을 전제로 하는 데 반하여, 자연미는 아무 조건도 지니지 않으므로 자연미야말로 순수한 미적 판단의 대상이라는 생각에서 자연미를 예술미보다 우위에 두었다. 예술미에 대한 자연미의 우위성은 플라톤에게서도 발견된다. 플라톤에게 있어 미는 완벽한 이데아를 상징한다. 그리고 물질적 재료와의 만남을 통해 만들어진 예술작품은 자연을 모방하므로 진정한 아름다움에서 두 단계 하락한 것으로 간주된다. 즉, 이상적 미의 이데아를 모방한 예술작품보다는 자연 사물이 이상적 미와 더 가깝다는 것이 플라톤의 주장이었다.

그러나 풍경화나 정물화 같은 구상미술의 경우에도 화가의 주관적 개입 없이 있는 그대로의 사물을 재현하는 것은 불가능하다. 자연을 모방한다 하여도 예술가들은 그것을 그냥 베끼는 데서 그치지 않고, 이상적인 아름다움에 도달하고자 모델을 수정하고 변경한다. 그리고 무엇보다 어떤 대상을 그릴 것인지를 선택하는 것 자체가 이미 작가의 주관이 개입되어 있음을 말해 주므로 예술은 그 대상으로부터 분리될 수밖에 없다. 모든 예술작품은 작가의 관점에 따라 새롭게 재현되고 현실적으로 추한 존재도 예술가의 창조에 의해 아름다움으로 창조될 수 있다. 이와 관련해서 칸트는 "예술은 아름다운 사물의 표현이 아니라 사물의 아름다운 표현이다"라고 말한 바 있다. 예술에 있어 중요한 것은 아름답다고 간주되는 대상이 아니라 그것을 표현하는 '아름다운 방식'이라는 것이다. 예술에 있어 '방식'이 중요하다면 같은 벚나무를 묘사한 그림 A, B, C의 예술적 아름다움은 그 대상과 상관없이 항상 새로운 가치일 수밖에 없다. 아름다움이 이미 자연에 존재한다고 해서 그것이 예술의 아름다움의 등장을 막는 것은 아니다. 그렇다면 삶의 아름다움과 예술의 아름다움은 근본적으로 다른 성격을 지니고 있다고 말해야 옳지 않을까?

칸트가 말했듯이 자연의 아름다움을 우리는 그 영원함, 생명력, 원대함 등에서 느끼게 되는 데 반해 예술작품의 가치를 결정짓는 것은 작가의 독창성, 창의력이다. 예술을 통해 우리는 세상과 사물을 달리 보는 방법을 익히게 되며 현실적 모순을 밝혀낸다. 따라서 정

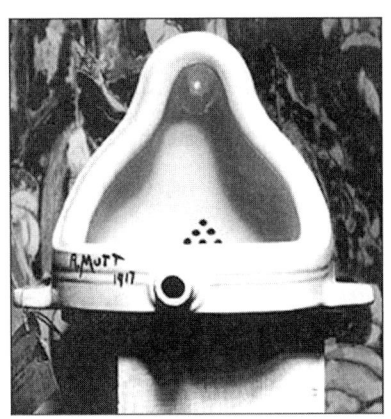

뒤샹(Marcel Duchamp)의 〈샘〉, 1913.
예술적 미와 삶의 미는 동일한 것일까? 예술에서
사실적 묘사가 사라지고 독창성이 강조될수록
의미부여의 중요성은 커진다. 뒤샹의 〈샘〉은
그 자체로는 미보다는 추에 가까운 변기일 뿐이다.
그러나 작가의 주관이 그것에 부여되는 순간,
변기는 그 가치를 가늠하기조차 힘든 예술작품으로
거듭난다.

신을 더 중시했던 헤겔은 칸트와 달리 정신의 자유를 통해 창출된 예술미를 자연미보다 고차원인 것으로 간주했다. 헤겔에 따르면 자연미의 결함에서 예술미의 필연이 도출된다. 앙드레 말로는 "자연을 바라보는 것이 아니라 미술관을 방문함으로써 화가가 되는 것"이라는 구절을 통해 예술활동의 특별성을 강조했다. 실제로 같은 모습을 유지하는 자연의 아름다움과 달리 예술은 항상 새로움을 추구한다. 특히 현대에 들어와 예술은 더 이상 자연의 모방과는 상관없는 주관성의 영역으로 이해되고 있다. 뒤샹이 변기를 작품으로 선보인 후 사람들은 점진적으로 예술을 '미'의 관점이 아니라 '의미'라는 관점에서 접근하게 되었다.

오랫동안 예술가들은 아름다운 자연, 여자의 몸, 과일을 가능한 한 아름답게 표현하는 데 치중하였다. 그러나 현대 예술가들은 예술작품에서 중요한 것은 아름다움이 아니라 그것으로 인해 새로운 질문을 갖게 되는 것, 세상에 대한 새로운 시선을 갖게 되는 것이라고 말한다. 그리고 불안이나 역겨움, 추함 등 그동안 터부시되던 주제마저도 직설적으로 표현하고 있다. 보들레르는 아름다움이 기이함에 기반한다고 주장하기도 했다. 이처럼 예술적 가치는 반복되는 생의 질서를 넘어 특유한 무엇을 추구하는 과정에서 산출된다. 예술의 힘은 단순한 삶에 대한 반항이나 거부가 아닌 삶에 대한 새로운 해석이며 삶의 재창조이다. 따라서 예술이 그 영역을 넓혀갈수록 우리는 일상에서 점점 더 많은 가치와 의미를 발견하게 될 것이다.

결론

앙드레 말로는 "예술은 형이상학이 무너져 버린 이후에, 그 의미를 상실한 이 세계에서 우리에게 남겨진 유일한 '절대짜리 동전'이다"라고 말했다. 실제로 예술은 이상적 세계로의 지향이며 그러한 지향을 통해 현실을 비판하고 새롭게 창조한다. 그러나 이러한 창조는 삶이 아름답거나 그렇지 못하거나와 상관없이 이루어지는 것이다. 삶의 모습이 어떠하건 간에 예술에 대한 인간의 갈망은 항상 존재해 왔다. 마르크스는 공산주의 시대가 오면 생은 마침내 아름다워질 것이라고 주장했다. 그러나 그가 목표로 한 아름다운 세계의 도래가 예술의 종말을 의미하는 것은 결코 아니었다. 오히려 그는 이상적 세계가 오면 모두가 예술활동에 참여하게 될 것이라고 예견했다. 분명한 것은 삶이 지극히 아름답다 하더라도 예술은 존재할 것이라는 사실이다. 그러나 예술이 존재하지 않는다면 삶은 훨씬 덜 아름다울 것이다. 예술적 소명감은 창조와 행복이 일치한다는 것을 전제로 한다. 비록 가난하더라도 적어도 예술가에게 있어 창조란 자유와 행복을 의미한다. 그러므로 예술적 시야로 삶을 바라볼 때 삶은 예술을 모방하여 점점 더 아름다운 곳으로 변할 것이다.

바칼로레아의 질문들

- 자연적 아름다움은 예술을 필요 없는 것으로 만드는가? (1997)

- 예술 없이 살 수 있는가? (1996)
- '인생은 아름답지 않고 인생의 이미지들만이 아름답다'고 말할 수 있는가? (1995)
- 왜 현실적 삶에선 불쾌감을 주는 것이 예술작품을 통해선 기쁨을 주는가?

더 생각해 봅시다 ❶

예술에 무관심할 수 있는가?

대부분의 사람들은 예술적 가치를 높이 평가한다. 그러나 그들은 진심으로 예술에 관심을 갖고 있는 것일까? 물론 먹을 것이 가득한 식탁을 묘사한 정물화를 보고 배고픔을 느낀다거나 왕비의 초상화를 보고 그 옷을 나도 입고 싶다고 느낀다면 그것도 이미 무관심은 아니지 않느냐고 말할 수 있다. 그러나 이러한 관심과 미적 관심은 별개의 것이다. 미학적 자질을 발전시키려고 노력하거나 박물관에 가거나 시를 읽거나 클래식 음악을 듣는 사람들은 그다지 많지 않다. 무엇이 대중들로 하여금 예술을 외면하도록 하였을까? 바쁜 일상에 너무 쫓기다 보니 우리는 예술을 감상할 여유를 잃어버린 것일까? 예술작품을 감상하기 위해 필요한 교육을 받지 못했기 때문인가? 아니면 대중을 외면한 예술 자체에 문제가 있는가? 예술작품을 제대로 감상하기 위해선 자신의 의지나 욕망을 잠시 잊고 작품에 유혹될 수 있는 여지를 마련해야 하는데 그런 무의식의 상태를 두려워하기 때문이라고 답하는 이들도 있다. 예술에 관심을 갖기 위한 특별한 교육이 필요한지 예술에 대한 감수성은 선천적인지에 대해 논의해 보자.

더 생각해 봅시다 ❷

예술은 놀이인가?

일반적으로 우리는 예술활동을 특별한 감수성과 재능을 지닌 자에 의한 진지한 작업으로 간주한다. 그렇다면 예술을 쾌감과 유희만을 목적으로 하는 무상의 놀이로 보는 관점을 어떻게 이해해야 하는가? 겉으로 보기엔 잘 드러나지 않지만 예술과 놀이 간에는 여러 공통점이 존재한다. 우선 예술은 소비를 지향하지 않고 자기 자신을 목적으로 하며 이해타산적인 계산을 하지 않는다는 점에서 놀이와 일치하는 면이 있다. 게다가 예술과 놀이는 상상력에 기초하여 기존의 어떤 규칙도 따르지 않고 즉흥적으로 새로운 규칙을 발견해 낸다는 점에서도 유사하다. 복잡한 장난감이나 퍼즐의 여러 부분을 맞추기 위해선 분석-종합적 사고가 필요하듯이 예술도 기억, 감수성, 오성, 상상력 등을 조화로운 방식으로 조화시킬 수 있는 지능을 필요로 한다. 물론 예술은 진지하고 놀이는 유흥일 뿐이다라는 반박을 할 수 있다. 그러나 인간의 창의력과 상상력을 요구하며 정해진 규율을 따르지 않고 이해타산적인 목적을 지니지 않는다는 점에서 놀이와 예술은 어느 정도 일치하는 면이 있다. 그외에 또 어떤 공통점이 있는지 생각해 보자.

더 생각해 봅시다 ❸

예술은 현실로부터의 도피인가?

예술작품들은 우리로 하여금 일상을 잊게 하고 이상을 꿈꾸게 한다. 마음에 드는 작품을 읽을 때 우리는 그것에 완전히 매혹되어 그 안으로 흡수되는 듯한 느낌을 받기도 한다. 무엇에 홀린 듯한 전율의 상태는 작품을 만드는 예술가와 그것을 감상하는 독자, 청자 사이에서 동시에 발견될 수 있다. 플라톤이 예술가들, 특히 시인을 비판한 것은 바로 그들이 현실을 망각하게 하고 현실로부터 시야를 다른 곳으로 돌리는 기능을 했기 때문이다. 그러나 예술작품을 단순히 현실도피로 보는 것은 예술의 가능성을 너무 축소하는 것이다.

예술은 우리에게 현실을 다른 방식으로 보여주는 것이지 현실을 망각시키는 것이 아니다. 예술가는 일반인들이 보지 못하는 현실의 어둡고 심도 깊은 면까지 통찰하는 능력을 지니므로 그들의 활동을 현실도피적 유희로 정의한다는 것은 무리이다. 전체주의 국가에서 예술이 끊임없이 검열되었다는 사실은 이미 예술이 단순히 도피적 수단에 불과하지 않다는 것을 보여준다. 예술은 사회를 전복시킬 만한 혁명적 힘과 현실비판의 능력을 지니고 있다. 현실도피로서의 예술과 현실비판으로서의 예술에 대해 토론해 보자.

더 생각해 봅시다 ❹

삶과 작품

과연 친일작가들이 문학적 업적으로만 우리 문학사를 대표하는 자랑스러운 예술인으로 추앙받을 자격이 있는가? 한국문학사에 커다란 족적을 남긴 서정주, 채만식, 이광수 등 중요한 문학인들이 친일문학인으로 지목됨에 따라 우리는 예술과 윤리의 관계에 대한 문제를 제기하게 된다.

예술은 예술 그 자체로 평가되어야 옳은가? 아니면 작가의 일생에 대한 도덕적 평가에 의해 재평가되어야 하는가? 독일의 유명한 철학자 하이데거는 나치정권에 동조하였다는 의심을 받았으며 이 문제로 인해 지식인들은 20세기를 대표하는 철학자로서의 그의 명성을 어떻게 해석해야 할지 아직도 곤혹스러워하고 있다. 한편 헌신적인 파시스트이며 인종주의자였던 프랑스의 유명 작가 셀린은 반유대사상을 자신의 소설에서 노골적으로 표현했으며 2차대전시 독일이 프랑스를 점령했을 때 독일의 승리를 공개적으로 환영했다. 따라서 그의 문학적 우수성에도 불구하고 그의 작품을 수업목록에서 삭제해야 한다는 지적을 받는 등 그는 찬사와 비난을 동시에 받고 있다. 그외 역사상 수많은 유명 작가, 철학자들이 여성혐오적인 발언을 했다는 것도 현대 페미니스트들에 의해 자주 언급되고 있는 것이 사실이다. 반면 그리스도를 부정하는 무신론자의 작품은 거의 관심을 불러일으킬 수 없을 정도로 자연스럽게 받아들여지고 있는 추세이다. 오늘날 작가의 종교적 성향에 신경을 쓰는 사람은 거의 없다. 그러나 같은 작품이 100년 전에 발표되었더라면 그것은 엄청난 논쟁거리가 되었을 것이다.

도덕과 관습이 시대에 따라 변하는 것이라면 예술적 가치는 도덕과 별개의 것으로 인정하고 평가하여야 하는가? 아니면 아무리 위대한 예술가라 할지라도 자신의 국가와 인류를 배반한 대가로 인류의 기억에서 지워져야 옳은가? 도덕적인 삶을 산 평범한 예술가의 작품과 비도덕적인 삶을 산 뛰어난 예술가의 작품 중에서 우리는 무엇을 선호해야 하는가?

16

역사는 반복되는가?

Baccalauréat, 1991

경험과 역사는 사람과 정부가 결코 역사로부터 아무것도 배우지 못했으며 역사로부터 끄집어냈어야 할 교훈에 따라 행동하지 않았음을 보여준다.
헤겔(George W. F. Hegel, 독일 철학자)

역사는 아무것도 하지 않는다. 모든 것을 하는 것은 살아 있고 실제로 존재하는 인간이다.
마르크스(Karl Marx, 독일 혁명가·공산주의자·사상가)

모든 시대의 사람들은 닮았다. 역사란 거기서 과거뿐 아니라 미래를 읽을 수 있기에 유용하다.
세이(Jean-Baptiste Say, 프랑스 경제학자)

서론

아놀드 토인비(Arnold Toynbee)는 "역사는 반복된다"고 말했다. 반면 인류의 진보를 확신한 E. H. 카는 이 말을 세계대전 직후 나온 패배주의적 주장이라고 비판했다. 일반적으로 우리는 인류가 진보하고 있다고 느끼며 기술과 과학의 발전만으로도 이 사실은 충분히 증명된다고 생각한다. 그러나 역사를 자세히 관찰해 보면 거시적 측면에서 몇몇 사건들은 계속 반복되고 있음을 목격하게 된다. 역사는 일정한 법칙에 따라 반복되는 것일까?

인간의 삶에는 수많은 우연성이 개입된다. 그러나 이 무질서하고 비합리적으로 보이는 행동 뒤에는 어떤 숨겨진 필연성, 질서, 합리성이 존재하는 것이 아닐까? 자연이 봄, 여름, 가을, 겨울에 따라 규칙적으로 변화하듯, 한 문명이나 인간이 번창하고 멸망하는 것도 우리가 알 수 없는 우주의 논리에 따라 반복하고 있는 것이 아닐까?

그러나 만약 역사가 영원한 반복이라면 이것은 인간의 자유에 대한 부정 그 자체일 수 있다. 우리가 알지 못하는 순환논리가 존재한다는 것은 어떤 행동을 하든 결국 인간은 결정론을 피할 수 없으며 역사의 흐름에 덜미를 잡히게 된다는 것을 의미하게 되는데 이런 사고는 현실개혁의 의지를 소멸케 하는 보수주의와 허무주의로 이어질 수 있다. 역사는 반복되는가, 진보하는가? 역사에 있어 필연성과 자유는 서로 어떤 관계를 맺고 있는지 살펴보기로 하자.

역사는 진보하는가?

대부분의 사람들은 역사가 진보한다는 사실을 의심하지 않는다. 우리의 생활수준과 생활양식은 끊임없이 변하고 있으며 이 사실만으로 우리는 문명이 진보한다는 사실을 암암리에 받아들인다. 그러나 진보가 단지 물질의 풍요로움만을 의미하는 것일까?

역사가 진보한다는 생각은 신앙에 의해 지배되었던 중세가 무너지고 이성이 중시되는 근대가 도래한 17세기경에 등장했다. 당시 자연과학의 발전과 더불어 기술산업은 크게 발전했고 무역과 상업, 해외진출이 활발해졌으며 이에 따라 물질적 풍요가 증대하면서 사람들은 인류의 진보를 신임하기 시작했다. 생산물의 증가는 자연과의 갈등과 싸움을 해결했을 때 가능한 것이었다. 즉, 인류의 진보는 자연의 예속에서 벗어나는 것을 의미했으며 인간에게 그것은 자유를 의미했다.

17세기 유럽에서 그 모습을 드러낸 역사가 진보한다는 개념은 18세기 계몽사상가들에 의해 크게 옹호되었다. 계몽주의자들은 자연의 법칙과 역사의 법칙을 동일시했으며 자연과 역사 모두가 진보한다고 주장했다. 계몽주의학자 콩도르세(Marquis de Condorcet)는 다음과 같이 말했다. "인간 능력의 진보에 있어서 한계는 없으며 인간은 무한하게 완성에 접근해 갈 수가 있다. 이러한 완성을 지향하는 진보는 절대로 저지할 수가 없으며 우리들이 사는 지구가 존재하는 한 완성성을 지향하며 진보를 계속해 나갈 수가 있는 것이다."

그러나 자연과 인간세계를 분명히 구분한 헤겔은 자연은 진보하지 않는 것, 역사는 진보하는 것으로 인지했다. 헤겔에 따르면 자연은 반복과 정체의 공간인 반면 인류의 역사는 수많은 싸움과 파괴에도 불구하고 이성의 진보의 역사이며 이성은 앞으로 나아가기 위해 인간의 정열을 사용한다는 것이다. 그는 나폴레옹이나 시저를 예로 들면서 그들의 정열은 파괴를 야기했으나 결국 세상에 이성을 확장시켰다고 명시한다. 헤겔에 따르면 생성은 변증법적이다. 즉, 생성은 모순을 극복하면서 진행한다. 정립으로부터 반정립으로, 그리고 종합으로 진행하는 변증법적 논리는 현실의 생성과 인간의 사유에 공통되는 논리이다. 이런 논리에서 보면 이성과 부조리한 세계 사이에는 어떤 갈등도 있을 수 없다. 왜냐하면 부조리는 결국 이성에 의해 극복될 것이기 때문이다. 이처럼 정신은 생성과 융합될 것이며, 역사의 격변은 결국에 가서는 절대이성이 계획한 세계를 만들어낼 것이라고 헤겔은 주장한다. 마르크스는 헤겔 역사관의 혁명적 성격에는 공감하였지만 역사는 의식 또는 관념의 역사라는 헤겔의 주장에는 찬성할 수 없었다. 그는 헤겔처럼 관념론에 빠지지도 않았고, 포이어바흐(L. A. Feuerbach)처럼 인간 행위의 창조적 능력을 무시하지도 않았다. 마르크스는 변화를 강조하는 헤겔 변증법과 물질적 조건을 강조하는 포이어바흐의 유물론을 융합하여 자신만의 독창적인 이론을 만들었다. 마르크스는 "지금까지 존재해 온 모든 역사는 계급투쟁의 역사다"라고 주장했으며 계급투쟁의 필연적 완성은 프롤레타리아의 승리를 의미하는 공산주의로 종결될 것이라고 확신했다.

그러나 이 같은 진보사관은 이념과 국익만을 내세운 두 번의 세계대전을 거치면서 급속히 약화되었다. 더욱이 기술적 발전에 따른 여러 재앙에 대한 심각한 문제가 대두되고 유토피아의 실현을 약속했던 사회주의 혁명 역시 거의 포기된 오늘날 우리는 다시금 '역사란 무엇인가' 하는 질문을 제기하게 된다. 말하자면 역사에 대한 질문은 역사의 방향을 제시해 줬던 진보라는 개념에 대한 회의로부터 시작한다고 볼 수 있다.

E. H. 카는 역사 밖에 있던 집단과 계급, 인민과 대륙이 역사 안으로 속속 들어오고 있다는 점에서 분명히 역사는 발전하며 진보한다고 강조했다. 그에 따르면 "진보를 믿는 것은 결코 어떤 자동적인 불가피한 과정을 믿는다는 것이 아니라 인간능력의 계속적인 발전을 믿는다는 것을 뜻하는 것"이다. 그러나 인류가 더 나은 방향으로 나아간다고 할 때 더 나은 것이란 무엇을 의미하는가? 그 나아감은 무한한 것일까? 종교인들이 제시하는 종말론이 보여주듯 일정한 목적을 제시하는가? 또한 '역사가 진보한다'라고 했을 때 이 역사가 누구의 역사인지에 대해 알아볼 필요가 있다. 이것은 이데올로기의 중심에 있는 엘리트들의 역사일까 아니면 주변부 사람들을 포함한 모두의 역사인가? 과연 중심 권력층이 말하는 진보와 주변 집단들의 진보를 동일하게 이해할 수 있을까?

현대에 와선 역사의 진보를 믿지 않는 사람들이 늘어나고 있다. 그들은 물질적인 측면에서건 자유와 인권의 측면에서건 현대인의 삶이 과거 중세인에 비해 훨씬 나아진 것은 사실이지만 상대적인 관점에서 볼 때 과거 노예의 삶은 현대 노동자의 삶으로 이어지고 있음을 비판한다. 진보란 개념은 목적론을 전제로 한다. 그런데 그들에 따르면 세계가 일정한 목표를 향해 나아간다는 것은 역사의 우연성을 부정한 낙관적이고 주관적인 해석에 불과하다. 인간은 태어남-죽음으로 귀결된 존재이므로 자신의 생존원리인 시작과 끝의 논리를 역사에 적용하는 경향이 있다. 그러나 자연의 순환이나 역사의 흐름을 한 걸음 떨어져 바라볼 때 그것들은 반복하며 그 순환에는 일정한 규칙과 논리가 존재함을 발견할 수 있다. 자연계를 지배하는 인과성과 순환의 법칙이 인간의 역사에도 적용될 수 있을까? 더 나은 무엇, 본질적인 무엇을 향해 인류가 나아간다는 것은 인간의 환상에 불과한 것일까?

역사는 반복되는가?

쇼펜하우어(A. Schopenhauer)는 역사의 반복을 주장한 대표적인 철학자이다. 그는 염세주의적 시각으로 세상은 갈등과 폭력으로 가득 차 있으며 그 동기가 고상하건 천하건 간에 모든 정열은 파국으로 치닫는다고 기술했다. 이 사실은 동서고금을 막론하고 공통적으로 발견되며 단지 비극의 주인공의 이름, 전투의 형식, 전쟁의 영웅이 바뀔 뿐이라고 말했다. 왜 사람들은 같은 불행을 반복하는 것일까? 쇼펜하우어는 각 시대마다 발생하는 전쟁과 재앙은 인간의 마음과 정신으로부터 연유하는데 그는 그것들이 대부분 악하다고 보았다. 이어 쇼펜하우어는 역사를 이해하기 위해선 서양의 첫 번째 공식적 역사가라 할 헤로도토스[27]의 《역사》를 읽는 것으로 충분하며 그외 역사가들은 결국 헤로도토스가 기술한 내용을 재확인하게

---

27) 헤로도토스(Herodotos, BC 484?~425?) : 그리스의 역사가. 키케로가 역사의 아버지라고 불렀다.

"역사는 풍자적인 방식으로 반복된다"고 그레구와 부이에는 말했다. 실제로 인류는 같은 과오를 수없이 되풀이하지 않았던가? 그렇다면 인류가 더 나은 미래를 향해 나아간다는 것은 환상에 불과한가?

될 것이므로 그들의 연구는 시간낭비일 수도 있다는 극단적인 주장까지도 펼친다. 이처럼 인류의 무-역사상을 강조하는 쇼펜하우어의 태도는 역사의 변화를 신임한 근대 철학자들의 역사관과 근본적으로 상충된다.

계몽주의 시대부터 사람들은 이성의 진보와 함께 인류도 발전할 것이라고 생각했다. 실제로 과학기술의 발전은 인류에게 과거에 볼 수 없었던 풍요를 가져다주었고 무엇보다 의학의 발전으로 사람들은 놀라울 만큼 효과적으로 병을 치료하였으며 생명은 크게 연장되었다. 헤겔 등 역사의 진보를 믿었던 사람들은 이런 기술적 발전과 함께 이성도 점진적으로 발전할 것이며 정치와 법도 보다 더 잘 정비될 것이라고 확신했다. 더불어 폭력도 사라지면 인간의 마음도 더 선해질 것이라고 많은 계몽주의 학자들은 낙관했다. 마르크스는 비록 폭력이 다시 등장한다 하더라도 그것은 긍정적인 역할을 수행할 것이며 계급투쟁을 인류해방에로 이끌 것이라고 보았다. 그러나 기술의 발전이 인간의 악함, 폭력성 등의 윤리적 문제마저 해결해준 것은 아니며 오히려 문명이 진행됨에 따라 인간성에 대한 보다 강한 회의론이 대두되었다. 칸트는 《영구평화론》에서 윤리와 법을 구별하는 서구문명을 강하게 비난했다. 생물학적 발전과 사회적 발전이 동시에 이루어질 것임을 확신한 진보주의자들로부터 각광을 받은 다윈(C. Darwin)의 진화론도 적자생존의 원리 등이 식민주의, 약육강식의 논리를 정당화하는 이론으로 사용됨에 따라 도덕적 비판을 피할 수 없었다.

'역사는 반복되는가'라는 질문은 19세기 서구세계에서 많이 토의된 주제이다. 서구인들은 우수하다고 생각하는 자신들의 문명이 절대선을 향해 나아가는 대신 다른 여러 문명들처럼 파멸하지 않을까를 우려했으며 이런 불행에 빠지지 않는 불사신이기 위해 노력했다. 독일의 역사가이자 문화철학자인 슈펭글러는《서구의 몰락》이라는 책을 출간해 커다란 사회적 반향을 일으켰다. 슈펭글러는 기본적으로 인간의 문화도 생물유기체와 마찬가지이기에 생물체처럼 발생, 성장, 쇠퇴, 멸망 등의 과정을 거친다고 주장하였다. 토인비도《역사의 연구》에서 문명을 생물체에 비교하여 하나의 문명은 성장과 소멸의 과정을 걷는다고 설명했다. 실제로 영원히 지속된 문명은 없었으며 과학과 이성을 통한 현대문명의 비약적인 발전은 그것이 야기한 대량학살과 식민주의, 전체주의 등에 의해 그 한계를 드러내었다. 무엇보다 역사가 긍정적인 방향으로 진보할 것이라는 역사관은 세계대전을 둘러싼 수많은 폭력과 비극으로 큰 타격을 받게 된다. 리오타르(J. F. Lyotard)는 인류의 전반적인 발전을 믿는 역사관은 역사적 사건의 흐름에 대한 낙천적인 해석이라고 말하면서 유대인 대학살, 스탈린주의, 전체주의, 핵폭탄과 같은 인류의 비극에서 이성의 흔적을 찾기란 어렵다고 비판한다. 그러나 역사가 진보하지도 의미가 있지도 않다면 역사는 어떤 노선을 따르고 있는 것일까?

 몇몇 비판론자들은 태양 아래 완전히 새로운 것은 없다고 말한다. 쥘 르나르(Jules Renard)는 "경험, 그것은 아무것에도 쓸모없는 유용한 선물"이라는 아이러니한 표현을 통해, 과거 역사의 경험에도 불구하고 같은 실수를 저지르고 있는 인간의 모습을 풍자하기도 했다. 실제로 각 세기는 우리에게 같은 형식의 전쟁과 혁명, 위기를 보여주었다. 역사에서 표면적인 변화가 아닌 진정한 새로움을 기대할 수 있을까? 물론 역사는 인간의 개인적·집단적 의식의 결과이며 인간은 같은 방식으로 행동할 수 없기 때문에 역사는 항상 변화 중에 있으며 인류의 역사 안엔 다양성이 존재한다고 보아야 옳다. 그러나 우리는 이러한 것이 외면적인 것에 그치지 않는지 의심할 수 있다. 실제로 작은 관점에서 볼 때는 혼란스러워 보이기만 하는 사건일지라도 큰 관점에서는 신기하게도 일정한 주기와 형식으로 비슷한 유형의 사건들이 과거와 현대에 걸쳐 일어남을 우리는 관찰할 수 있다. 르네상스가 고대 그리스의 가치의 부활을 목표로 한 것은 역사의 반복에 대한 믿음을 보여주는 대표적 예이다. 실제로 인류의 역사를 살펴보면 상당히 동일한 사건이 일정한 시간을 주기로 반복되는 것을 볼 수 있다. 우선 각 세기는 우리에게 유사한 형태의 전쟁과 혁명, 위기를 보여주었음을 상기해 보자. 유대인의 왕 살로몬(Salomon)은 "보편역사를 고찰하면서 인간이란 항상 비슷하며 모든 상황에서 그들의 악과 덕은 유사하다는 것을 알 수 있었다"고 말했고, 아리스토텔레스는 인간의 정치체계는 왕정-참주정-귀족정-과두정-민주정-중우정의 단계를 반복한다고 설명했다. 니체는 영원회귀론을 제시하면서 모든 사물은 무조건적으로 무한히 반복, 순환한다고 했다. 니체에 따르면 특정한 계획이나 종결점을 전제로 하는 '역사가 진보한다'라는 주장은 잘못된 믿음이며 "인간의 목표는 시간의 종점이 아니라 최고의 인간에게서 실현된다." 즉, 그는 전체는 반복되지만 개인의 노력에 따라 그 연쇄고리에서 벗어날 수 있는 영웅적 힘이 개인에게 존재한다는 가능성을 제시했다. 그러나 과연 니체의 초인사상이 역사의 반복성이 함축하는 운명적 비극성을 극복할 수 있을까?

희망이 있는 것처럼 행동하라
발레리나 헤겔이 지적했듯이 종교전쟁과 같은 인류의 재앙이 반복되는 것은 인간이 지난 과거로부터 교훈을 얻지도 더 나은 미래를 설계하려 하지도 않았기 때문이다. 우리는 일반적으로 역사로부터 지혜를 얻을 것이라 생각하지만 실제론 그렇지 않다. 왜냐하면 각 상황은 특이하며, 이 특수성은 우리가 과거에 비슷한 경험을 했다는 것을 망각하게 하기 때문이다. 역사는 이미 주어진 법칙에 따라 비록 외향적으로 다른 형태이지만 같은 본질을 지닌 채 반복되는 것인가? 그리고 그 다양한 외면에 현혹된 채 인간은 역사로부터 교훈을 얻지 못하고 같은 잘못을 반복하고 있는가? 지금 자기를 둘러싸고 있는 사이클을 보자. 선순환은 좋다. 하지만 그것이 악순환의 고리라면 과감히 벗어던질 필요가 있다. 부정적인 과거를 반복하는 것을 운명으로 받아들인다는 것은 인간성에 대한 모욕이기 때문이다. 비록 인간의 삶에 있어 운명의 역할을 무시할 수는 없다 하더라도 접근방식에 따라 개인이나 민족에 의해 역사는 항상 새롭게 창조될 수 있다. 그리고 이 경우 우리는 인간의 자유와 그 창조적 능력을 인정하게 될 것이다.

우리가 역사가 반복된다고 쉽게 믿는 것은 너무 추상적인 개념에만 집착하기 때문일 수도 있다. 페르시아 전쟁, 펠로폰네소스 전쟁,

태평양 전쟁, 알렉산드로스 대왕의 야심, 나폴레옹의 야심 등에 대해 이야기하면서 전쟁, 야망, 권력 등 추상적 개념에만 관심을 갖는다면 우리는 각 사건들의 구체적인 특성을 간과하게 될 것이다. 알렉산드로스 대왕의 야심이 나폴레옹의 야심과 유사한 점이 있다 하더라도 그 둘이 동일한 것이라고는 볼 수 없지 않을까? 권력추구라는 공통점은 있다 하더라도 이들이 현대의 정치인들을 만난다면 그들은 민주주의 정책이나 그외 여러 면에서 의견의 불일치를 보일 것이다. 마찬가지로 우리가 고대의 텍스트를 읽을 때 고대인들의 깊은 종교적 신심 앞에서 느끼는 당혹감, 개념해석의 어려움 등은 모든 것이 반복된다고 말하는 것에 신중함을 기하게 한다. 2차 세계대전은 진보를 확신했던 서구에 큰 환멸을 안겨주었다. 전쟁 후 서구는 유엔을 설립하는 등 평화 건설에 힘을 기울였지만 지금도 인간의 역사가 윤리적으로 진보했는지에 대해서는 많은 사람들이 회의적인 반응을 보인다. 그러나 부정할 수 없는 현대문명의 장점도 많다. 인간의 삶을 훨씬 윤택하게 해준 과학기술의 발전, 인종차별의 금지, 남녀평등, 소수자 존중 등은 인류가 희망해야 할 근거를 우리에게 제공해 준다.

무엇보다 비록 객관적 현실이 낙관적이지 않다 하더라도 당위적 측면에선 마치 희망이 있는 것처럼 행동하는 것이 중요하다. 왜냐하면 미래에 대한 믿음이나 희망이 없다면 우리는 어떤 자발적 행위도 할 수 없을 것이기 때문이다. 모든 것이 반복되며 이미 모든 것을 알고 있다는 태도는 인간의 자유의지를 무기력하게 만들어 허무주의를 이끌어낼 위험이 있다. 그러나 의미가 보이지 않는 곳에서 의미를 창조하는 것이 바로 인간의 소명이다.

결론

역사가 진보한다고 말할 때의 기준은 무엇이며 역사가 반복된다고 할 때의 기준은 무엇인가? 우선 역사가 진보한다고 할 때 우리는 일반적으로 물질적 발전과 인권신장을 상기한다. 반면 역사가 반복된다고 할 때는 인류가 끊임없이 같은 과오를 되풀이하고 있음을 지적할 때이다.

역사란 영원한 반복이라 말하는 것은 인간이 자신의 자유의지를 넘어서는 어떤 초자연적인 원리에 의해 이끌리고 있음을 의미한다. 그러나 여러 시대를 걸쳐 유사한 사건들이 존재한다 할지라도 모든 사건들은 필연적으로 유일한 것일 수밖에 없지 않을까? 또 같은 원인이 반드시 같은 결과를 유발하는 것도 아니다. 같은 예술작품이 존재하지 않고 같은 지문을 가진 사람이 존재하지 않듯이 모든 역사적 사건들은 그 자체로 고유하다. 그러므로 비록 인류가 끊임없이 같은 실수를 저지른다 해도 역사는 창조와 발전의 가능성을 항상 내포하고 있다. 그리고 이러한 믿음은 인간이 운명을 개척할 수 있고 역사의 흐름을 바꿀 수 있는 자유로운 존재라는 것을 증명한다. 더 이상 희망하거나 바랄 것이 없는 상황에서도 희망을 갖는 것이 인간의 특징이다. 그렇다면 역사란 반복이나 운명이 아닌 인류의 집단적 모험으로 보아야 옳다.

더 생각해 봅시다 ❶

역사를 더 많이 배울수록 우리는 인간에 대해 절망하게 되는가?

역사학자들은 어떤 일과 사건이 벌어졌는가를 연구하지만 그 사실을 밝히는 것에만 만족하지 않고, 왜 어떤 이유로 그런 사건이 벌어졌는지에 대해서도 관심을 갖는다. 그런데 인류의 역사를 자세히 들여다보면 볼수록 폭력과 증오가 수세기 동안 계속되었음을 알게 되고, 더불어 권력과 야망을 위한 악과 사악함의 공연장 같다는 생각마저 하게 된다. 따라서 우리는 쉽게 역사는 인간성이 발전하지 않음을 보여주는 증표라는 결론을 내리곤 한다. 물론 이러한 판단이 완전히 잘못된 것은 아니다. 인간의 역사는 그리 자랑스럽지 못한 기록들로 가득하다. 특히 인간이 과거의 경험에서 교훈을 얻지 못한 채 똑같은 비극을 반복한다는 사실은 인간에 대한 실망을 안겨준다. 그렇지만 인류의 역사는 부인할 수 없는 기술, 문화, 도덕, 정치의 발전이 있었음을 증명하기도 한다. 또 서로 다른 이해관계를 지닌 인간들이 서로 어울려 살기 위해 얼마나 노력했으며 이상을 추구하기 위해 얼마나 많은 희생을 감수했는지를 보여주기도 한다. 그렇다면 역사가 단지 인간의 폭력성만을 증명한다는 주장은 너무 편협한 역사해석일 수 있다. 역사는 인간의 삶처럼 빛과 그림자를 모두 갖고 있다. 인류역사에 남아 있는 수많은 잔혹성과 모순의 기록에도 불구하고 역사의 진보를 신임할 수 있도록 하는 것은 무엇인지에 대해 생각해 보자.

더 생각해 봅시다 ❷

역사는 자연과 필연적인 관계를 맺고 있는가?

역사란 일정한 목표를 향해 나아가는가, 아니면 우연성에 의해 움직이는가? 역사에 필연성이 존재한다는 것은 역사의 흐름은 인간이 어찌할 수 없는 자연법칙을 따른다는 것을 의미한다. 과연 역사의 성장을 유기체의 성장과 유사한 것으로 간주할 수 있을까? 어떤 이들은 인간 개개인이 자신의 자연적 욕구를 채우기 위해 전쟁을 일으켰고 이것으로부터 사회와 문명이 발생했으므로 문명의 시작에는 개인의 욕망이라는 자연적 현상이 발견된다고 주장하기도 한다. 그러나 인간과 역사를 필연성으로 설명하는 것은 개인의 자유를 부정하는 결과를 낳게 되므로 우리는 이 문제를 다룸에 있어 보다 신중할 필요가 있다. 자연의 생성·성장 논리와 역사의 진행 논리를 비교 설명해 보자.

더 생각해 봅시다 ❸

역사는 모든 가치가 상대적임을 가르쳐주는가?

역사를 공부하다 보면 사회와 시대에 따라 종교, 윤리, 예술적 가치가 달라진다는 사실을 알게 된다. 이로부터 우리는 시간과 공간을 초월하는 보편가치는 존재하지 않는다는 상대주의적 역사관을 옹호하게 된다. 그러나 역사가가 밝힌 전통 가치들의 상대성은 인정한다 해도 현재 우리가 믿고 있는 가치들 역시 잠정적으로만 진리라는 것을 받아들일 수 있을까? 내가 믿고 있는 것은 관습인가, 이데올로기인가, 진리인가? 수많은 국가와 공동체 안에서 지속적으로 추구되어 온 보편가치로는 무엇이 있는지 생각해 보자.

더 생각해 봅시다 ❹

역사의 흐름을 예측할 수 있는가?

예측한다는 것은 앞으로 일어날 일을 앞서 알 수 있다는 것을 의미한다. 우리는 행성의 궤도나 움직임을 과학적 분석을 기반으로 해서 예측할 수 있다. 그러나 2년 혹은 10년 안에 인간이 겪을 것을 미리 예견한다는 것은 점쟁이가 아닌 이상 매우 신비하고 불가능한 것으로 보여진다. 우리가 행성의 움직임을 점칠 수 있는 것은 보편중력의 법칙을 알고 있고 그 행성의 움직임은 필연적으로 결정되어 있기 때문이다. 마찬가지로 역사의 흐름을 예측할 수 있다고 주장하는 것은 그 흐름이 필연성에 귀속되어 있으므로 기존의 사건들로부터 그 원리를 연역할 수 있다고 믿기 때문이다. 그러나 과연 역사의 흐름도 자연의 질서처럼 어떤 필연성에 의해 결정된 것일까? 우리는 자주 역사는 반복되며 특정 이성에 따라 움직이기에 역사의 흐름을 점칠 수 있다고 말한다. 그러나 이 이성은 사건이 벌어진 후에 우리가 역사에 부여하는 해석에 불과한 것이 아닐까? 자유로운 인간들에 의해 역사가 이루어진다고 할 때 역사의 흐름을 예견할 수 있다는 것은 부조리한 주장으로 여겨진다. 역사적 예언은 미신에 불과한지 과연 역사에는 필연적 흐름이 있는지 생각해 보자.

17

나는 누구인가라는 질문에 정확히 답할 수 있는가?

Baccalauréat, 2004

자아란 편리한 표기에 지나지 않는다.
폴 발레리(Paul Valéry, 프랑스 시인·비평가)

중요한 것은 한 사람의 서류에 적혀 있는 것이 아니라 그의 마음에 적혀 있는 것이다.
앙리 트로야(Henri Troyat, 프랑스 작가)

피, 가족, 역사, 시간만이 한 인간을 정의한다. 피야말로 가장 좋은 증명증이다.
장 마리 아디아피(Jean-Marie Adiaffi, 코트디부아르 영화인·작가)

서론

소크라테스가 "너 자신을 알라"는 유명한 말을 남긴 이후 자기 자신에 대한 앎은 철학에 있어 가장 중요한 주제 중의 하나로 다루어져 왔다. 자기 자신을 아는 주체만이 스스로를 다스릴 수 있고 그가 목표로 하는 이상에 도달하기 위해 어떤 노력을 해야 할지를 결정할 수 있기 때문이다. 세상이나 타인에 대한 앎을 추구하기에 앞서 나 자신이 누구인지를 이해하는 것이 중요하다는 사실에는 의심의 여지가 없다. 그러나 그것이 과연 가능한 것일까?

어린아이는 '나는 누구인가'라는 질문에 쉽게 답할 수 있을 것이다. 아이는 우선 성과 이름을 댈 것이고, 부모와 가족관계, 국적, 취미, 좋아하는 것 등을 이야기할 것이다. '나는 누구인가'라는 질문의 심각성과 복잡함을 모르기에 아이는 객관적인 지표만으로 스스로를 소개할 수 있다고 생각할 것이다. 어른이라 할지라도 사회적으로 인정된 상식적인 차원에서의 자신만을 인지할 뿐 자신의 본모습에 대해 관심을 갖는 사람은 그리 많지 않다. 대부분은 자신이 좋아하는 것, 자신이 하고 있는 것, 자신이 갖고 있는 것이 자신을 정의한다고 믿으며 그 이상의 질문은 불필요하다고 생각한다. 사람들은 사회적·경제적 활동으로 바쁘고, 약간의 여유가 있을 때는 유흥과 휴식으로 그 시간을 보내려 하지 '나는 누구인가' 등의 골치 아픈 문제를 접하고 싶어하지 않는다. 그러다 어느 날 이런 문제에 정면으로 부딪히게 될 때 그들은 당황스러워하며 고민에 빠지게 된다. 한평생 직장과 가정에서 삶을 꾸려온 자신의 정체성에 대해 우리는 명확한 답을 찾고자 하나 이 문제를 진지하게 생각하면 할수록 이에 정확히 답하는 것은 어려워진다.

스스로의 인식 안에서 발견되는 나는 과연 누구인가? 내가 나 자신이나 외부에 대해 무엇인가를 표현할 때(나는 춥다, 나는 상상한다, 나는 하늘이 파랗다고 믿는다 등) 이 각각의 언표는 '나는 생각한다'와 중첩되어 있다. 데카르트는 "나는 생각한다. 고로 존재한다"고 말했다. 데카르트가 생각하듯이 나의 사고가 나의 정체성을 결정하는가?

19세기부터 철학자들과 정신분석학자들은 자신에 대해 알 수 있다는 주장에 비판적인 입장을 취했다. 콩트(A. Comte)에 따르면 자기성찰은 과학적 관찰의 조건을 충족시키지 못하므로 진정한 자기 자신에 대한 앎을 제공하지 못한다. 객관적인 관찰이 이루어지기 위해서는 관찰자와 관찰대상 간의 일정한 거리가 필요한데 나에 대한 앎은 대상과 관찰자의 혼동을 배제할 수 없고 관찰자인 내가 대상(나)을 주관과 허영심에 따라 수정할 수 있으므로 나에 대한 객관적인 지식은 불가능하다는 것이다. 니체와 프로이트는 자기인식 그 자체를 부인하지는 않았지만 그 한계를 지적했다. 니체는 한 인간의 의식이 스스로의 특수성을 알려고 아무리 노력한다 하여도 그 과정에서 집단의 언어를 사용해야만 하므로 스스로를 배반하게 된다고 말한다. 한편 프로이트는 주체는 우선적으로 무의식의 충동에 의해 결정된다는 점을 강조하면서 자기 자신에 대한 분명한 인식은 한계가 있다고 밝힌다. 이들이 지적한 한계와 난점에도 불구하는 나는 나를 알 수 있을까?

정확히 나 자신에 대해 알고 있는 자는 나 자신인가?

몽테뉴(M. E. de Montaigne)는 "당신이 비겁한지, 잔인한지, 경건한지를 아는 자는 당신 자신뿐이다. 다른 사람들은 당신을 전혀 보지 못하고, 불확실한 추측을 통해서 당신을 짐작한다"고 말했다. 실제로 우리는 기억상실증에 걸리지 않는 한 "너는 누구니"라는 질문에 가장 잘 답할 수 있는 이는 나 자신이라고 생각한다. 스스로의 취향과 행동, 반응 등을 제일 잘 예측하고 이해하며, 나의 거짓과 위선마저도 파악하고 있는 자는 바로 나 자신이기 때문이다. 타인들은 내가 행동하는 것과 말하는 것을 볼 수는 있지만 그 행동의 근원과 동기가 무엇인지는 짐작할 수 없고 나와 일생을 함께하는 것이 아니므로 그들의 판단은 완전하지 못하다.

방법적 회의론을 통해 데카르트는 확실하게 존재하는 듯해 보이는 모든 것을 의심했지만 자신이 의심한다는 것, 즉 생각한다는 것 자체는 의심할 수 없음을 깨닫게 된다. '인간은 생각하기에 존재한다'라는 명제보다는 '나는 생각한다. 고로 나는 존재한다'는 명제를 선택한 것에서 우리는 이성적 주체인 '나'에 대한 데카르트의 자신감을 느낄 수 있다. 바로 이 자신감으로부터 데카르트는 주체를 세상의 원리를 이해하고 "세상의 지배자"로 군림할 수 있는 존재로 부각시킨다. 그러나 모든 사물을 앎의 대상으로 삼는 이 놀라운 이성적 주체가 자기 자신에 대해선 얼마만큼 알 수 있을까? 사실상 데카르트의 인식하는 자아는 자신이 생각한다는 사실만을 입증할 수 있을 뿐 내가 누구인지에 대한 어떤 실질적인 정보도 제공하지 않는다.

스스로에 대해 잘 알고 있다는 것은 자신의 단점과 장점, 능력, 취향 등에 대해 명확하게 알고 있다는 것을 의미한다. 그러나 무조건 자기 자신을 열심히 관찰하고 자신이 무엇을 느끼고 생각하는지를 골몰히 생각하는 것만으로 스스로에 대해 보다 확실한 앎을 갖게 될까? 오히려 내가 보지 못하는 부분을 객관적으로 파악하는 타인이 나를 나보다 더 잘 알고 있는 것은 아닐까? 나를 제대로 인식하려면 타자의 존재가 필수적이다. 부버(M. Buber)는《나와 너》에서 '너'라고 부르는 타자와의 만남과 응답을 통해서만이 '나'는 비로소 진정한 '나'가 된다고 말했다. 헤겔은 자기 자신에 대한 의식은 그것이 타자의 대답과 반응을 불러일으킬 수 있을 때라야 실재한다고 설명했다. 타자가 없다면, 즉 누구도 나를 인정해 주지 않는다면 아무리 자아성찰에 치중한다 해도 나는 나를 제대로 인식할 수 없다. 왜냐하면 사변적이기만 한 자기인식은 현실적으로 큰 의미를 지니지 못하기 때문이다. 나는 스스로를 착하고 영리하고 아름답다고 평가할 수 있다. 그러나 이런 평가가 타인들의 동의를 얻지 못한다면 나에 대한 앎은 착각에 불과한 것이 된다. 그리고 이 경우 내가 스스로에 대해 안다고 확신하면 할수록 나는 나 자신으로부터 멀어지게 된다. 이처럼 타인이 없다면 나 자신에 대한 나의 앎은 독단이나 환상에 머무를 위험이 크다. 우리는 주위 사람들의 객관적인 시야를 통해서만이 스스로에 대한 인식을 수정할 수 있다. 변해 가는 시간 속에서 타인과 끊임없이 충돌하고 부딪히면서 구축된 구체적인 나에 대한 인식이야말로 진실된 자기인식이라고 할 수 있다. 자신을 발견해 가는 것은 타인과 함께, 타인 덕에 자신의 미래와 과거를 이해해 나가는 것이다.

주체와 객체

내가 누군지 알기 위해 거울을 보라고 말하지만, 사람들은 거울 속에 비친 모습은 뒤집힌 나의 모습이며 결국 비슷한 나의 모습에 불과함을 간과하곤 한다. 지각과 감성에 의해 화를 내는 나와 그 사실을 반성하며 화를 내지 말자고 다짐하는 나 가운데 무엇이 보다 진정한 나의 모습에 가까운가? 우리 안에 있는 지킬박사와 하이드씨 중 무엇이 더 나의 본질과 가까운지 어떻게 결정할 수 있을까? 나에 대해 알고자 할수록 나는 나 자신이 점점 더 낯선 이방인처럼 느껴지는 경험을 하게 된다.

'나는 누구인가'에 대한 정확한 답을 얻기 위해선 무엇보다 나에 대한 과학적 검토를 해야 한다고 생각할 수 있다. 실제로 심리학은 정신의 작용과 기능에 대한 분석을 통해 보편적인 답을 제공하고자 했다. 그러나 이 경우 나의 특수성이 일반화된 수치와 기준에 따라 무시될 위험이 있지 않을까? 내가 어떤 사회에 살고 어떤 계층에 속해 있으며 나의 직업이 무엇인지, 그리고 나의 취미활동, 월급, 취향은 어떤 특징을 지니는지에 대해 사회학자들은 면밀히 분석할 수 있지만 이 경우 '유일한 나'는 통계의 한 부분으로 전락할 위험이 있다. 무엇보다 이 경우 '나 자신을 다른 사물처럼 관찰·분석할 수 있는 객체로 상정할 수 있는가' 하는 문제가 제기된다. 객체화된 사물을 아는 것과 주체를 아는 것은 별개의 문제이기 때문이다. 테이블이 무엇인지 아는 것은 그것을 묘사하거나 그 기능과 특징을 설명함으로써 가능하다. 그러나 인간과 관련해서도 같은 태도를 취할 수 있을까? '나는 누구인가'라고 질문할 때 나는 테이블과 같은 관찰의 대상이 될 수 있을까? 흄은 《인간 본성에 관한 논고》에서 과연 인간 개개인의 정체성을 사물의 정체성을 이야기하듯 말할 수 있는지에 대해 의문을 제기하고 "나"라는 정체성과 그 뒤에 있는 진정한 나 사이에는 괴리가 존재한다고 주장했다. 콩트는 자신에 대한 과학적 앎의 가능성 자체를 부정했다. 과학적 관찰이란 대상과 관찰자 사이의 일정한 거리를 요구하는데 자기 자신이 관찰의 대상이 될 경우 이러한 시도는 불가능하며 객관적 평가가 이루어질 수 없다는 것이다.

객체와 주체 간엔 어떤 차이가 있는 것일까? 외부적 객체로서가 아닌 자신 안의 자신을 안다는 것은 무엇을 의미하는가? 사르트르는 사물이나 동물의 본질이 만들어지는 순간, 혹은 태어나는 순간부터 결정되어 있다면, 인간에게 있어 그런 결정적인 운명은 중요하지 않으며 개별적 행동과 선택을 통해 인간의 삶은 점진적으로 형성된다고 주장했다. 즉, 인간은 존재와 자유를 통해 스스로의 성격을 끊임없이 규정할 수 있는 존재라는 점에서 특별하다는 것이다. 그렇다면 사물에 대한 앎과 인간 개개인에 대한 앎은 비교할 수 없는 것임이 분명하다. 사물에 대한 이해는 통계적 자료와 데이터에 의해 규정될 수 있다. 그러나 끊임없이 변화하며 자유의지에 의해 움직이는 나에 대해 총괄적 정의를 내린다는 것은 불가능하다.

시간 속의 나

나에 대한 앎이 가능하다는 것은 우리가 스스로의 편견, 욕망과 적당한 거리를 두고 그것을 냉정하고 객관적으로 고찰할 수 있다는 것을 의미한다. 그러나 이 문제를 해결한다고 해도 우리는 또 다른 문제를 만나게 된다. 우리는 시간과 함께 변하며, 나는 내가 어렸을 때의 나를 조금밖에 기억하지 못한다. 20년 전의 나와 지금의 내가 동일하다고 확신할 수 있는가? 수많은 변화에도 불구하고 우리는 어린 시절 사진을 보며 이 아기는 나라고 말한다. 20년 동안의 많은 경험을 통해 나의 성격과 외모는 변하고 사는 환경이나 관심분야도 달라졌을 수 있다. 그렇다면 이 경우 '나는 누구인가'라는 질문에 어떻게 답해야 하는가? 사실 "나는 변한다"라는 말은 그 자체로 모순적이다. 왜냐하면 이는 여러 변화를 거치면서도 나는 동일한 존재로 남아 있다는 것을 인정하는 말이기 때문이다. 동일한 것이 어떻게 변화하는가? 움직이는 것을 어떻게 인식이 고정된 무엇으로 파악할 수 있단 말인가? 시간 속에서 변치 않는 인격의 지속성, 영구불변한 정체성이 존재한다고 가정할 경우 그 근거가 되는 것은 무엇일까?

흄은 《인간 본성에 관한 논고》에서 "우리는 시간이 변화하는 동안에 변함없이 지속적으로 존재한다는 사물에 대한 뚜렷한 관념을 갖고 있다"고 말했다. 그러나 우리는 '지속적인 자아란 결국 하나의 픽션에 불과하지 않을까' 하는 의문을 가질 수 있다. 자아란 사실 우리에겐 일정한 정체성이 있으므로 언제라도 스스로에게 돌아갈 수 있다고 스스로를 설득하는 가상적 존재가 아닐까?

시간 속에서 우리는 끊임없이 발전하고 성숙한다. 그리고 이것은 내가 항상 다른 사람이 될 수 있다는 가능성을 보여준다. 사르트르는 "존재가 본질을 앞선다"는 유명한 문구를 통해 인간은 결정된 존재가 아니라 자신의 행동과 자유를 통해 끊임없이 스스로를 구축해 나가는 존재라는 사실을 역설했다. 사르트르에 따르면 인간은 일종의 프로젝트와 같아 자신이 무엇이기를 원하느냐에 따라 무한히 변화할 수 있다. 이런 관점에서 본다면 인간의 본성에 대해 이야기하는 것 자체가 무의미할 수 있다. 그럼에도 우리가 '나'라는 동일성을 인정하는 것은 인간은 무엇보다 언제라도 파괴될 수 있는 유기체적 생물이기 때문이다. 즉, 나의 정체성은 최대한 죽음과 소멸을 피하려는 하나의 생명체라는 사실과 연관된다. 그러나 만약 내가 기억상실증이나 정신병에 걸려 완전히 다른 사람이 되었다 해도 같은 육체를 갖고 있다는 이유만으로 나의 정체성은 유지될 수 있을까? 여기서 우리는 내가 누구인지를 정의하는 데 있어 과거와 기억이 중요한 역할을 담당하고 있음을 보게 된다. 현재의 내가 과거의 나와 현격히 다르다 해도 대부분의 사람들은 내가 살아온 과거의 흔적에 비추어 나의 정체성을 확인할 것이기 때문이다. 사람들은 과거-현재-미래를 이어주는 일관된 자아정체성을 신임하여 이 기준에 따라 나를 정의한다. 그러나 시간 속에서 끊임없이 변화하는 나를 자아정체성으로 규정한다면 보다 더 근원적인 것을 놓치게 되지 않을까?

나비가 된 꿈을 꾸었던 장자는 꿈에서 깨어난 후 자신이 나비인지 장자인지에 대해 고민을 하게 된다. 과연 나는 진짜 나인가? 아니면 나비가 내(장자)가 된 꿈을 꾸는 것인가? 환상과 현실, 욕망과 실재, 무의식과 의식 사이에 있는 나를 나는 어떻게 정의내릴 수 있을까?

내가 모르는 나

한편 우리는 정념과 무의식의 문제 역시 제기할 수 있다. 과거 학자들은 한 개인의 일기장이나 서신, 저서 등을 통해 그의 성격, 인품 등을 알 수 있을 것이라고 생각했다. 고해성사나 고백을 통해서도 한 사람의 진실된 모습을 알 수 있을 것이라고 보았다. 그러나 과연 그러한가? 고해성사의 순간에도 그는 신부와 신을 의식하여 자신의 죄를 정당화시킬 수 있고, 일기를 쓰는 순간 스스로의 의식에 아부하기 위해 스스로를 미화할 수도 있다. 사회생활을 하면서 인간은 외양에 더 치중해 본질을 상실한다고 루소가 지적했듯이 인간관계에 있어 이 의식적 자아는 보다 치밀하게 자신의 본모습을 왜곡하게 된다. 타인에게 보다 더 인정받고 보다 더 경쟁력 있는 사람으로 평가받기 위해 가공의 인물을 연기하기도 한다. 사르트르는 유명한 카페 웨이터의 일화를 통해 관습과 소비자의 요구에 따라 행동하는 사회인의 모습을 비판했다. 그에 따르면 기계적인 움직임을 통해 웨이터는 자신이 자유로운 존재라는 사실을 망각하고 스스로를 서빙하는 기계로 간주하는 자기소외에 빠지게 된다. 실제로 대부분의 사람들은 사회가 규정한 역할분담에 따라 기계적이고 사무적인 일에 익숙해진 채 자신이 자유롭고 전인격적인 존재라는 사실을 망각하며 살아간다.

그러나 언제까지 자기 본연의 모습을 숨길 수 있는 것은 아니다. 나의 무의식적 행동, 언어습관 등에 의해 나의 실체는 밝혀지게 마련이다. 가령 말을 하는 동안 우리는 자신이 의도하는 내용을 전적으로 통제한다고 생각하지만 내가 하는 말은 나를 배신할 수 있다.

프로이트는 한 환자의 예를 통해 말실수가 무의식적인 욕망을 얼마나 잘 드러내는지를 보여주었다. 그를 찾아온 한 여자환자는 그에게 "드문 사람들이에요, 그들은 참 인색하지요(Geiz)"라고 말했는데 사실상 그녀가 말하고자 했던 것은 "그들은 참 영리하지요(Geist)"였다. 그녀는 사회적 체면과 윤리의식 때문에 그녀가 그들을 싫어한다는 사실을 차마 인정할 수 없었으나 이 사건으로 인해 진실이 밝혀지게 된다. 말 대신 나의 표정, 시선이 나의 진실을 대변해 줄 때도 있다. 거짓말할 때 상대방의 눈을 정면으로 보지 못한다거나 말의 속도가 빨라지는 것은 비언어적인 나의 표현이라고 볼 수 있다. 이와 관련해서 프로이트는《일상생활의 정신병리학》에서 몸짓, 말장난, 말실수, 습관 등이 우리가 의식하지 못하는 깊은 내면을 대신 이야기한다고 기술했다. 그리고 이러한 증후들은 현실원칙(사회적·도덕적 규범들) 앞에서 굴복당한, 나의 억압된 욕망을 상징적으로 충족시켜 주는 역할을 한다고 설명했다. 프로이트의 연구가 보여주듯이 이성이 충분히 통제하고 있다고 하는 동안에도 나의 욕망과 무의식이 숨겨진 나를 표출시킨다.

인간은 이성적인 동물만이 아니며 정념과 환경, 알코올 등에 의해 좌우될 수 있는 존재이다. 그렇다면 인간의 이성을 벗어나는 것, 즉 무의식과 욕망에 의해 행동하는 나를 어떻게 이성이 모두 포착하고 이해할 수 있을까? 내가 좋아하는 것, 하고 싫어하는 것을 알 수는 있지만 그렇게 간절히 바라는 이유가 무엇인지에 대해 대답할 수 있는 사람은 많지 않다.

여기서 우리는 스스로에게 거짓말할 수 있는 가능성에 대해서도 생각해 보아야 한다. 인간은 본성적으로 스스로에 대한 환상과 무지에 사로잡혀 있으며 자신이 원하는 대로 자신을 파악하는 경향이 있다. 우리는 보통 거짓말하는 대상이 타인이라고 생각하지만 우리는 무의식적으로 스스로를 속일 수 있다. 양심의 가책에서 벗어나기 위해 혹은 자신의 위선을 정당화하기 위해 우리는 가면을 쓴 채 스스로를 바라보기도 한다. 받아들여야 할 진리가 너무 가혹하거나 현실적으로 감당하기 어려울 경우에도 우리는 스스로를 기만한다. 가령 현실적·심리적 이유 등으로 의무적인 관계를 유지하면서도 자신의 인간관계는 원만하다고 스스로를 설득하는 경우나 어린 시절의 충격에서 벗어나기 위해 과거의 경험 자체를 부정하는 것이 그 대표적 예이다. 사실 사회적 삶을 영위하기 위해선 항상 정직하기보다는 부분적인 은닉과 거짓이 필요하기도 하다. 말하자면 자신에게 거짓말하는 것은 의도적인 것이라기보다는 어쩔 수 없는 은폐나 무지라고도 볼 수 있다. 우리는 우리가 보고 싶은 것만을 보고, 유리한 것에만 관심을 갖기 때문에 스스로에 대한 객관적 시각을 갖는 것은 매우 어려운 일이다. 욕망에 의해 나의 시각은 자주 왜곡되며 모두가 인정하는 명백한 사실도 나는 부인하고 거부할 수 있다. 예를 들어 사랑에 빠진 연인은 누구의 충고도 듣지 않을 것이며 자신들의 사랑을 가장 완벽한 것으로 착각하게 될 것이다.

이 문제를 밝힘에 있어 정신분석학이 기여한 바는 크다. 정신분석학이 제시한 나는 전통 인식론적 관점에서의 '부분적 의식' '완벽한 의식', 마르크스가 언급한 '개인의식' '집단의식', 니체가 주목한 '피상적 의식', '본능적인 본성으로부터 연유한 개인의 깊은 특이성'과 구별되는 '의식'과 '무의식'으로 이 둘은 보다 첨예하게 대립한다. 충동에 의해 움직이는 무의식은 나의 행동과 욕망, 정서를 결정하지만 의식은 무의식의 본질을 이해할 수 없다. 이런 관점에서 프로이트는 "자아란 자신의 집에서 주인이 아니다"라고 말했다. 우리는 사회적·도덕적 선입견으로 자아를 형성하고, 그것이 진정한 자신인 줄 알지만 의식적인 자아는 진정한 내가 아니라는 것이다. 프로이트에 따르면 나의 집의 진정한 주인은 무의식이며 그 무의식 안에 자아는 자리하게 된다. 그러나 언어와 의식을 통해 잠재적이고 무의식적인 진정한 나는 왜곡된다. 이러한 사실을 슬퍼해야만 할까? 욕망으로서의 나와 도덕적·사회적 존재인 나는 과연 양립할 수 있을까? 프로이트는 무의식이란 성스러움과는 거리가 먼 것이며, 오히려 악마적 요소가 가득하기에 우리는 이러한 본능을 숨기기 위해 스스로에 대한 거짓말을 만들어낸다고 설명한다. 그의 이론에 따르면 욕망에 가득 찬 무의식적인 나는 살인과 강간을 원할 수도 모든 사람의 폭군이기를 원할 수도 있다. 그러므로 무의식에 이끌려 범죄를 저지르는 것을 막기 위해서, 즉 사회에서 추방되지 않기 위해서 나는 끊임없이 내가 정상임을 스스로에게 입증해야 한다. 그렇다면 무의식을 의식적인 나로 전환시키는 과정은 인간적인 측면에서는 더 긍정적이라고 말할 수 있다. 이처럼 내가 알고 있는 나와 진정한 나, 그리고 나이기를 바라는 나 사이에는 수많은 차이점이 있고 이런 복잡한 여러 내가 모여 현실의 "내"가 된다. 그리고 그들 간의 관계는 내게 영원한 신비로움으로 남게 된다.

나는 타자이다

시인 랭보는 "나는 타자이다"라는 유명한 문구를 남겼는데, 이 문장은 우리에게 많은 인식론적 숙고를 요구한다. 내가 나의 타인이라는 것은 나의 인식이 의식하지 못하는 미지의 영역으로서의 내가 존재한다는 것을 의미한다. 과연 내가 알고 있는 내가 나의 본모습일까? 아니면 내가 알지 못하는 내가 보다 본질적인 의미에서의 나인가? 분명한 것은 나를 알기 위해선 스스로의 타자가 되는 것이 중요하다는 사실이다. 나는 나와 가장 가깝고 친근한 존재이지만 자신의 감정과 욕정에 의해 잘못된 판단을 내리지 않기 위해선 스스로의 관찰자가 되는 것이 필요하다. 스스로에 대해 인식한다는 것은 자신의 행동과 말, 사고에 대한 반성적 사고를 시도한다는 뜻이다. 그리고 이런 반성적 사고를 위해 스스로와 거리를 두는 것은 필수적이다. 이러한 태도를 통해 나는 나의 타자가 되는 색다른 경험을 할 수 있다.

'나는 누구인가'라는 질문에 확실한 답변을 제시한다는 것은 자폐적 세계에서나 가능한 일이며 이는 자기 자신을 닫힌 세계 속으로 격리시키는 것과 같다. 주체는 끊임없이 미지의 외부세계와의 관계를 통해 변화하며 삶의 여러 과정을 거치면서 새롭게 창조된다. 그리고 이러한 자아 형성에 있어 미래의 계획은 중요한 역할을 한다. 현재의 내가 누구인지는 지금 내 현실의 모습이 무엇인가에 의해서뿐 아니라 어떤 사람이 되고 싶은지에 의해서도 결정되기 때문이다. 그렇다면 미래의 가능성에 스스로를 맡기고 자발적으로 타자가 되는 것이 필요하다.

'나는 누구인가'에 대해 정확히 답하는 것은 그리 중요하지 않다. 만약 그런 확신을 갖는다면 그것은 교만한 환상, 혹은 허무한 항진(恒眞)명법에 불과할 수 있다. 중요한 것은 '나는 누구인가'보다는 '나는 어떻게 되어가고 있는가'이다. 사회, 그리고 타자와의 관계 속에서 끊임없이 자기 자신을 검토하고 비판하는 과정을 통해 우리는 진정한 자아에 이를 수 있다.

결론

내가 무의식과 시간의 흐름, 정념 등에 의해 지대한 영향을 받고 있는 존재라는 점을 상기한다면 '나는 누구인가'에 답하는 것은 매우 어렵고 불가능한 시도인 듯해 보인다. 프로이트에 따르면 인간은 스스로에 대해 착각할 수밖에 없는 운명에 놓여 있다. 세계와 외부에 대해선 인식할 수 있으면서 스스로에 대해서는 알 수 없다는 것이 바로 인간이 처한 존재론적 모순인 것이다. 인간은 매우 복잡한 존재이며 따라서 "순수한 있는 그대로의 나", 어떤 사회적·의식적 영향도 받지 않는 "진정한 나"를 찾으려는 노력은 불가능할뿐더러 위험한 시도일 수 있다.

그러나 소크라테스의 "너 자신을 알라"는 불가능한 인식을 요구하는 허망한 염원이 아니라 의무를 동반하는 윤리적 당위이다. 이 격언은 나 자신을 알려고 노력하는 자만이 자유로울 수 있고 끊임없이 성장할 수 있다는 이상을 담고 있다. 신도 동물도 아닌 인간이 무엇을 목표로 하고 어떤 가치를 옹호해야 하는지를 알아야 한다는 요청이 "너 자신을 알라"라는 말에는 함축되어 있다. 현실적으로 내가 나 자신을 정확하게 아는 것은 불가능할지 모르지만 자신에 대한 무지에서 벗어나고자 하는 의지에서 바로 진정한 인간성이 발견된다.

알랭은 "무의식이 또 다른 나의 모습이라 믿는 것"은 육체의 숭앙에 의한 결과이며 윤리적인 측면에서 매우 위험하다고 지적한 바 있다. 만약 무의식이 나를 정의한다고 가정한다면 나는 나의 모든 책임을 회피할 위험이 있다. 그리고 자신의 실패를 유전자의 탓으로 돌리듯 자신의 행동을 무의식이나 운명에 의해 정당화할 경우 사회는 혼란에 빠질 것임이 분명하다. 그러므로 비록 인간 안에 의지를 넘어서는 강력한 힘이 존재한다고 할지라도 인간은 무의식을 제어하고 스스로를 재정의할 의무가 있다. 즉, '나 자신은 누구인가'에 답하려고 하는 것은 스스로의 삶을 책임지고 자유롭기를 염원하는 모든 사람들이 취해야 할 덕목이라고 할 수 있다.

바칼로레아의 질문들

- 나의 현재 모습을 선택할 수 있는가? (1997)
- 자기 자신이기 위해선 타자와 다른 것으로 충분한가? (1991)
- 자기 자신에 대한 인식이 진실될 수 있는가? (1991)
- 우리 각자의 정체성을 형성하는 것은 무엇인가? (1998)
- 자기 자신에 대한 앎이 유토피아적인 것이라면 그것을 포기하는 편이 낫지 않을까? (1995)

- 어떻게 해서 시간이 흘러도 나는 같은 사람으로 머무는 것일까? (1993)
- 나에 대한 앎은 지식의 일종인가? (1996)
- 의식은 자유의 원천인가 구속의 원천인가? (1996)

더 생각해 봅시다 ❶

자기 자신을 두려워해야 하는가? (1993)

일반적으로 생각하기에 우리를 두렵게 하는 것은 타자이다. 타인들은 우리에게 해를 입힐 수도 있고 우리를 놀라게 할 수도 있다. 그렇다면 나 자신에 대해 두려워한다는 것은 무엇을 의미하는가? 우선 모든 두려움이란 낯섦과 무지에서 발생하는 것이 아닌지 질문해 볼 필요가 있다. 죽음이 두려운 것은 죽음 이후의 생에 대해 우리는 아무것도 알지 못하기 때문이다. 타인이 무서운 것도 내가 그를 모르기 때문이다. 친한 사이일수록 두려움이 없고 낯선 이방인과 함께 있을 때 두려움을 느끼는 것은 이 같은 논리에서이다. 그렇다면 내가 나 자신을 두려워한다는 것은 내 안에 내가 알지 못하는 또 다른 내가 있기 때문일까? 내가 나 자신의 적이 될 수도 있다는 사실은 생소하면서도 두려운 사실이다. 우리는 스스로를 위해 가장 좋은 것을 선택한다고 생각하기 쉽다. 그러나 우리는 욕망에 못 이겨 해로운 마약을 복용하기도 하고 위험한 행동을 하기도 한다. 무엇보다 분노가 치밀어 이성을 잃게 되는 경우 우리는 스스로도 미처 알지 못했던 자신의 모습을 발견하고 이에 당황하고 놀랄 수 있다. 어떤 경우에 우리는 스스로가 두렵게 느껴지는지 이성적인 자아만을 신용할 수 있는지 등에 대해 논의해 보자.

더 생각해 봅시다 ❷

'나는 변했다'라는 표현이 의미하는 바는 무엇인가?

우리는 일상 속에서 "나는 변했어. 나는 과거의 내가 아니야"라는 표현을 자주 사용한다. 그러나 변한 것은 정확하게 과연 무엇인가? 나의 세포가 변해 내가 늙었다는 것인가? 나의 생각이 변해 이데올로기가 변했다는 것인가? 살이 빠져 날씬해졌다는 것인가? 정신적인 변화와 육체적인 변화 중 어떤 변화가 더 본질적인가? 오늘의 나와 어제의 나는 동일한 동시에 다르다. 그렇다면 시간 속에서 분명히 변화하면서 여전히 같은 이름을 지닌 같은 사람으로 남아 있다는 것은 모순적인 것임이 분명하다. 내가 나인 것을 보증해 주는 것은 출생연도와 국적을 기록한 사회적인 정체성, 주민등록증뿐일까? 만약 시간과 함께 변할 수는 있어도 다른 사람이 되는 것은 아니라고 한다면 우리는 암암리에 '나'라는 본질이 존재한다는 것을 가정하고 있기 때문이 아닐까? 시간이 흘러도 변하지 않는 나란 무엇인지에 대해 논의해 보자.

더 생각해 봅시다 ❸

스스로에게 거짓말할 수 있는가? (1999)

거짓말한다는 것은 일반적으로 남을 속이는 것을 의미한다. 그리고 윤리적으로 거짓말이 비난을 받는 것은 그것이 타자와 관련되어 있기 때문이다. 그렇다면 스스로에게 거짓말할 수 있는가 하는 문제는 내 안에 또 다른 내가 있다는 것을 상정한다. 스스로에게 거짓말하는 자는 자신이 거짓말하고 있다는 사실조차도 망각하고 있다는 특징을 지닌다. 어떻게 나는 나 자신에게 진실을 숨길 수 있을까? 진실이 받아들이기에 너무 가혹하거나 나의 자존심을 상하게 할 경우, 혹은 어린 시절의 고통스런 기억을 되살릴 경우 무의식에 의해 우리는 현실을 미화하거나 왜곡하게 되는 것이 아닐까? 또는 사회 속에서 일정한 관습에 따라 타인과 어울려 살기 위해 우리는 자신도 모르는 사이에 연극을 하기도 한다. 내가 알지 못하는 나는 누구이며 스스로에게 솔직할 수 있는지에 대해 생각해 보자.

18

예술적 천재는 아무것도 배우지 않아도 되는가?

Baccalauréat, 1995

그 천재성으로 인해 내가 감탄하는 이들은 답을 아는 이들이 아니라 의심과 함께 살 수 있는 힘을 지닌 자, 수많은 문제들과 정면대결할 수 있는 호기심을 지닌 자들이다.
마크 라일란스(Mark Rylance, 영국 배우)

모든 아이는 어떤 의미에서 천재이고 모든 천재는 아이이다.
쇼펜하우어(Arthur Schopenhauer, 독일 철학자)

자신의 피는 유전시켜도 천재성은 유전시키지 못한다.
샤토브리앙(François René de Chateaubriand, 프랑스 정치인·작가)

서론

예술적 천재는 선천적으로 타고나는 것인가, 후천적으로 만들어지는 것인가? 이 질문은 교육학과 발달심리학에서 끊임없이 논쟁되어 왔던 '유전 대 교육'의 주제이다. 사람은 어떻게 예술가가 되며 예술가가 되기 위해선 타고난 재능만으로 충분한가? 예술가는 혼자 작업을 하는가? 아니면 교육이나 그가 속한 그룹으로부터 영향을 받는가? 심리학자들이 예술적 능력을 재능이나 지능, 욕망과 같은 개개인의 내면적 특성의 반영으로 설명하려고 하는 반면, 사회학자들은 재능을 단순히 주어진 것이 아닌 사회적 제도와 맥락 속에서 고정된 것으로 접근한다.

흔히 예술적 천재성은 신에 의해 주어지는 것, 기이하고 특이한 개인의 전유물로 간주되는 반면 교육을 통해 완성된 사회 엘리트의 재능은 평범하고 일상적인 범주의 한 부분으로 정의된다. 즉, 천재성이라는 개념 자체는 사회성을 중시하는 교육과 어긋나는 면을 지니고 있다. 그러나 예술가 역시 그가 속한 역사와 사회에 의해 영향을 받는 존재이므로 그의 재능을 어떤 배움이나 교육도 배제한 탁월성으로 간주하는 것은 너무 낭만적인 견해일 수 있다. 천재는 문화의 산물인가? 문화가 천재의 산물인가? 과연 창조성의 근원은 무엇이며 어디로부터 오는 것일까?

천재성은 만들어진다

창조성은 창조자의 특수한 능력이나 성격에서 비롯되는 것인가 아니면 그 사람이 처한 환경과 교육에 의해 발달되는 것인가? 천재성을 설명함에 있어 심리학자들은 선천성을 강조하는 데 반해 환경론자들은 교육과 학습의 중요성을 부각시킨다. 후자들에 의하면 경제적 상황, 교육, 사건 등은 천재성을 발현하는 데 있어 결정적인 역할을 한다. 음악가의 가정에서 음악적 천재가 탄생한 사례를 우리는 종종 목격한다. 반면 아무리 큰 음악적 재능을 지니고 있다 해도 후진국에서 태어나 경제적 지원을 받지 못할 경우 그 재능을 발휘하는 것은 거의 불가능하다. 또 어떤 사람들과 접촉하는지도 매우 중요하다. 어떤 곳에서 어느 교사의 지도를 받았는지가 예술적 천재들의 예술적 성향을 결정할 수 있다. 마지막으로 사건적 요소 역시 결정적인 역할을 할 수 있다. 화가가 될 생각이 없던 아이가 우연한 기회에 전시회에서 감동을 받고 그림을 배우기 시작했다든가 누군가의 칭찬 한마디에 작가가 되기로 결심한 사례는 매우 많다. 이처럼 환경요인은 천재성을 설명하는 데 있어 필수적이다. 어떤 심리학자들은 어린 시절에 큰 불행과 좌절을 경험한 자들이 천재가 될 가능성이 많다고 주장하기도 한다.

 또한 사회적 배경 역시 창조성을 발휘하는 데 지대한 역할을 한다. 우선 한 예술가의 창조는 그 창조 이전에 있었던 다른 예술가들의 작업과 필연적인 관계가 있다. 우리가 일상적으로 생각하는 것처럼 예술가가 무로부터 유를 창조하는 것은 아니다. '모방은 창조의 어머니'라는 말이 있듯이 예술가는 보고 듣고 배우는 과정에서 모방을 통해 창조에 이르게 된다. 예술가가 처음으로 모방하는 것은 스승의 기술과 예술관이다. 또 르누아르(P. A. Renoir)가 말했듯이 "화가는 박물관에서 배운다." 이러한 모방과정을 거친 후에야 예술가들은 거부와 대립의 과정을 통해 자기 고유의 독창성을 갖게 된다. 즉, 창조는 아무리 독창적인 것으로 보인다 할지라도 예술가와 발명가의 개성, 환경, 시대와 밀접한 관계를 맺고 있다. 창조는 갑자기 나타나는 것이 아니라 발전단계와 선행작업을 필요로 하기 때문이다.

예술가는 창조적 영감을 자기 시대의 문화 속에서 발견한다. 그것은 천재가 집단적으로 나타난다는 사실에서도 발견된다. 예를 들어 그리스 철학은 소크라테스, 플라톤, 아리스토텔레스와 같은 천재들을 집중적으로 배출했고, 독일 낭만주의 문화 속에서 수많은 음악적 천재들이 무더기로 배출되었다. 이것은 천재성이 재능 있는 자들의 경쟁에 의해 촉진된다는 것을 의미하기도 하지만, 동시에 천재성이 시대의 흐름과 필연적인 관계를 맺고 있음을 증명한다.

또한 우리는 창조에 있어 노력의 중요성을 간과할 수 없다. 아무리 천재성이 주어진 신의 선물처럼 느껴진다고 해도 과연 배움이 없는 천재성이 가능할까? 에디슨(T. Edison)은 "천재는 1%의 영감과 99%의 노력으로 만들어진다"고 말했고, 시인 발레리는 "영감의 일차적인 재료들은 참을성 있는 노력에 의해서 완성된 작품인 '미래의 잔해'에 지나지 않는다"고 말했다. 실제로 예술가는 작품을 완성하기 위해 끊임없이 노력하는 자로서 가장 직관적이라고 이름이 나 있는 시인이나 소설가의 초고는 일반적으로 삭제투성이이다. 예를 들어 프루스트의 작품《잃어버린 시간을 찾아서》의 초안을 보면 그가 얼마나 망설이고 다시 쓰고 삭제했는지 그 노력의 흔적을 엿볼 수 있다. 즉, 지성적인 작업과 끈질긴 노력을 통해서만이 천재적 직관은 창조의 원리가 된다.

독창성

그러나 천재성을 노력이나 역사적·사회적 배경으로 설명하는 데에는 한계가 있다. 만약 사회적 상황에 의해 천재성이 설명된다면 렘브란트와 동시대에 살았던 화가들 중 왜 렘브란트만이 유독 뛰어난 재능을 발휘했는가를 설명할 수 없다. 천재성이 노력만으로 설명되지 못한다는 사실 역시 역사적으로 수없이 증명되었다. 영화 〈아마데우스〉의 마지막 장면을 보면 모차르트는 죽는 마지막 순간까지 자신의 천재성을 발휘하는 데 반해 살리에르는 수많은 노력에도 불구하고 모차르트에 버금가는 재능을 살리지 못했다. 계몽주의 철학자 디드로(D. Diderot)[28]는 "천재란 노력의 산물과는 구분되는 것"

---

[28] 디드로(Denis Diderot, 1713~1784) : 프랑스의 문필가·철학가. 1745~72년 계몽주의 시대의 주요 저작물인 《백과전서(*L'Encyclopédie*)》의 편집장을 맡았다. 사상적으로는 18세기의 가장 철저했던 유물론자로서, 최신의 생물학이나 화학을 도입한 그의 사고 속에는 이미 진화론이나 변증법이 예고되었음을 알 수 있고, T. 레싱, J. W. 괴테 등에게도 영향을 끼쳤다. 과학분야에 대한 그의 사색도 상당히 흥미롭지만 이 사색을 탁월한 변증법적 화려함으로 표현하는 것도 특이하다. 종종 역설 형태와 항상 대화체로 제시되는 디드로의 사상은 인간 본성에 내재하는 복합성과 모순성에 대한 깊은 이해와 현실감각에서 나온 것이다. 그는 꿈에 관한 이론을 전개하여 이후 프로이트에게 영향을 미치기도 했다. 주요 저서로 《달랑베르의 꿈(*Le Rêve de d'Alembert*)》(1769), 《부갱빌 여행기 보유(*Supplément au Voyage de Bougainville*)》(1772) 등이 있고, 소설 《수녀(*La Religieuse*)》(1760), 《라모의 조카(*Le Neveu de Rameau*)》(1761?), 《운명론자 자크》(1771~74), 희곡 및 연극론, 전람회 비평으로 《살롱》(1759~81), 《회화론》(1766), 《배우에 대한 역설》(1773) 등이 있다.

이라고 명시했다. "천재는 자연의 순수한 증여물이다. …… 과거와 현재를 넘어 뻗어나가는 그의 빛은 미래를 밝혀준다. 그는 그를 따라올 수 없는 자신의 세기를 앞서간다." 천재는 "자연으로부터 이 자연이 그에게만 전해 주는 비밀을 훔쳐내는 것 같다. …… 보통사람들은 보지 못하고 응시하지만 천재라는 인간은 매우 신속하게 보기 때문에 거의 응시하지 않는 것 같다." 데모크리토스(Democritos) 역시 호메로스(Homeros)를 찬양하면서 그의 작품에서 발견되는 시적 창조의 열광은 "획득되어지는 것이 아니란 점"을 강조했다.

칸트에 따르면 예술가의 천재성은 선천적 재능으로 정의된다. 그에 따르면 "자신의 인식능력을 자유롭게 사용하는 데에 천재의 모범적 독창성"이 있다. 즉, 천재의 특징은 그 이후에 나올 모델을 만들 새로운 규칙들을 발명하는 데 있다. 이런 관점에서 칸트는 신선함과 독창성을 배제하는 획일적 교육을 비판한다. "학생들에게 모방을 강요하는 기계적 교육은 천재성이나 독창성의 발달에 해가 될 뿐이다." 물론 예술에도 기술적인 측면이 존재하며 그것을 배움 없이 획득하는 것은 불가능하다. 어원적으로도 기술과 예술은 매우 근접해 있으며 인공적으로 무엇인가를 창출해 낸다는 점에서 이 둘은 공통점을 보인다. 그러나 기술만으로 천재성을 발휘할 수 없음은 분명하다. 천재와 장인, 창의력과 모방의 차이는 확실하다. 니체는 《인간적인, 너무나 인간적인》에서 천재의 활동과 발명가의 활동은 구분된다고 말했다. 예술가는 영감과 천재성을 통해 창조하는 자이지만 장인은 기계적인 기술을 통해 일을 완성하는 직업인이다.

만약 예술이 기술적 차원에 머무른다면 우리는 모두 예술가가 되는 법을 배울 수 있을 것이다. 즉, 모방이 불가능하다는 점에서, 그리고 이미 존재하는 모델을 단순히 관찰하여 얻은 결과가 아니라 새로운 것의 탄생이라는 점에서 예술은 기술과 구분된다. 또한 예술가는 도구로써 유용한 물건을 만들어내는 것이 아니라 어떤 영리적 목적도 지니지 않은 채 정신적 영역에 속한 물건을 만들고자 하는 순수성을 지닌다는 점에서도 장인과 명확한 대조를 이룬다. 예술가 이외의 사람에게 일이 수단이라면 예술가에게 일은 그 자체로 충분한 목적이다.

천재는 영재나 재인과도 구분된다. 허시(E. D. Hirsh)는 재인과 천재의 차이를 다음과 같이 설명한다. "천재는 창조하고 재인은 개량한다. 천재는 직감하고, 재인은 분석·연구한다. 천재는 동경하고, 그의 인생의 목표는 창조이지만, 재인은 대망에 의해서 활기를 얻고, 그의 인생의 목표는 권력에 있다. 천재는 언제나 낯선 땅의 이방인이고 막간의, 잠시 동안의 체류자이지만, 재인들에게 있어 지구는 낙원이며, 사회에 적응하는 것이 자연스러우며, 마찰이 없는 천직인 듯한 사람이다."

천재성은 배워서 되는 것이 아님은 역사 속의 많은 천재들이 교육과정을 거치지 않은 경우를 보아도 알 수 있다. 세계에서 가장 뛰어난 업적을 남긴 사람 중에는 어릴 때 통제하거나 가르치기 어려웠던 이들이 상당수 발견된다. 즉, 훌륭한 학생이 훌륭한 작가가 되는 것은 아니라는 것이다. 기술은 각자 연마할 수 있지만 천재성은 배워서 되는 것이 아니다. 물론 그렇다고 해서 예술가들이 어떤 규칙이나 방식 없이 일하는 것은 아니다. 예술가들은 자기 방면에서 특출한 기술을 지니고 있는 전문가들이다. 그러나 기존의 방식을 적용하기보다는 그들 스스로 방식과 법칙을 창조한다는 점에서 천재적 예술가들은 장인들과 뚜렷이 구별된다. 천재들의 공통된 특징은 사물들을 보통 사람과 다른 관점으로 본다는 것이다. 천재성 안에는 자연과 문화를 잇는 끈이 존재한다. 천재성이란 "다시 찾은 유년시절"이라고 보들레르는 말했다. 이는 예술가의 천재성이 유년시절의 즉흥성, 호기심, 순수함과 성숙함을 동시에 지니고 있음을 의미한다. 그러나 이 성숙함이 반드시 의식적일 필요는 없다. 천재는 어린이의 신선하고 자발적인 시야를 통해 성인의 권태로운 일상을 거부하고 새로운 현실을 창조한다.

칸트는 천재성이 상상력과 연관되어 있음을 강조했다. 창조적 상상력이 천재의 작품 안에 존재한다는 것이다. 레오나르도 다빈치는 그러한 천재성의 대표적인 예이다. 창조적 상상력의 대담함과 직관의 풍부함은 논리적 이성의 평탄함과 대비된다. 콩디야크(É. B. de Condillac)[29]는 논리적인 방법을 다리의 난간과 비교한다. 논리적

---

29) 콩디야크(Étienne Bonnot de Condillac, 1715~1780) : 프랑스의 철학자·심리학자·논리학자·경제학자. 프랑스에서 존 로크(John Locke)의 사상을 대변한 주요 인물이다. 철학자로서 콩디야크는 프랑스에서 이미 볼테르(Voltaire)에 의해 유명해진 로크의 관점을 체계적으로 설명했다. 로크와 같이 콩디야크는 감각지각에 의한 관찰이 인간 인식의 원천이라는 원리에 입각한 경험론적 감각주의를 주장했다. 《인간 인식의 기원에 관한 시론》은 로크의 견해를 변경한 점도 있지만 로크의 생각과 비슷하다. 가장 중요한 저작 《감각론》에서는 감각이 직관적 지식을 산출한다는 로크의 이론에 대해 의문을 제기했다.

인 방법은 난간처럼 "우리를 떨어지지 않게 하지만 앞으로 나아가게 하지는 않는다." 반면 창조성은 비상(飛翔)의 원리이다.

창조적 상상력과 직관의 원천은 교육을 통해 배울 수 있는 것이 아니라 예술적 천재의 감성과 정서에 근원을 두고 있다고 주장하는 심리학자들도 있다. 게첼(Getzels)과 식젠미할리(Csikzentmihalyi) 같은 심리학자들은 예술가들의 개성에 관해 "사회적으로 위축되고 내성적이고 독립적이며, 상상력이 풍부하고, 예측할 수 없으며, 공동체의 기대로부터 소외된 예술가 상은 완전히 틀린 것은 아니다"라고 적고 있다. 그렇다면 역시 천재는 기질적으로 타고나는 것이라는 주장이 더 설득력을 지닌다고 말할 수 있을까?

불복종과 고독

많은 학자들은 창조성과 동조성(수동성)을 상반된 것으로 인식한다. 일반적으로 천재는 주어진 사회적 선입견과 생각에 반대하여 새로운 견해를 내놓는 자이다. 지능이 낮으면 바보가 되지만 창조성이 낮으면 보통이 된다. 그러나 일반적으로 보통의 생각이 진리로 통용되기 때문에 천재는 위험한 존재로 낙인찍혀 사회에서 배척당하거나 고립될 위험이 있다. 어떤 면에선 천재는 자신의 시대, 문화와 단절되어 있다고도 말할 수 있다. 오스카 파니차(Oscar Paniza)[30]는 천재와 그가 속한 동시대 간의 불일치에 대해 다음과 같이 말한다. "우리가 천재에게 요구하는 것은 그의 천재성을 만드는 그것 자체가 어느 면에서도 그의 동시대인들, 또 그의 전 시대 사람들과 연결되어 있지 않다는 것이다." 말하자면 천재성은 새로운 것을 창조하는 것이며 이러한 창조정신은 항상 시대정신에 대한 반항과 비판을 전제로 한다. 따라서 자유를 추구하고 시대의 관습에서 벗어나 시대를 앞서가는 천재적 예술가들이 생존 당시 무시당하거나 비난을 받는 경우는 많다. 동성애와 비사회적 행동으로 스캔들을 일으켰던 작가 오스카 와일드(Oscar Wilde)는 타지에서 쓸쓸한 죽음을 맞이했다. 고흐나 모딜리아니(A. Modigliani) 등 수많은 예술가들이 가난과 무관심 때문에 얼마나 고생하고 자신의 예술세계를 지키기 위해 싸웠는지는 예술사가 증명하고 있다. 쇼펜하우어에 따르면 "대천재란 …… 어떤 시대에도 고립무원의 영웅들이어서, 구름이나 안개와 같은 적에 대해서 단신으로 필사의 분투를 계속하는 사람이다." 그렇다면 창조란 역사적·사회적 배경을 필요로 하는 동시에 역사 속에서 이루어지는 단절이라고 말할 수 있다. 예술적 천재성은 학습을 조건으로 하지만, 그러한 조건을 뛰어넘음으로써만이 실현될 수 있는 것이다.

천재가 이루어내는 문화적 단절은 그를 사회 속에서 고립시키기도 하지만 천재들 스스로 고독을 선택하기도 한다. 우리가 흔히 생각하는 천재란 고립 또는 금욕적 삶을 선택한 비사교적인 인물이

---

30) 오스카 파니차(Oscar Paniza, 1853~1921) : 독일의 작가·정신과 의사. 오스카 파니차는 사회적·예술적으로 대중문화가 갖는 전복적인 성격을 감지하고 그것을 이용하여 남부 독일 바이에른의 정치를 주도하던 자유주의적 왕정 관료들과 보수적 가톨릭 정치가들에 대항하였다. 이러한 그의 시도는 본질적으로 민주주의적인 시도였다 할지라도, 사회적으로 호소력을 갖는 범위가 한정되어 있었고 고급문화와 정치적 문제에 특별한 관심을 두고 있었기에 그 결과에 있어서까지 그런 평가를 받지는 못했다.

고흐의 자화상.
광기에 시달렸던 고흐는 면도날로 자기의 귀를 잘랐고 권총자살로 생을 마감했다. 열정, 절망, 특이함, 가난, 광기 등 우리가 천재를 수식할 때 자주 사용하는 단어들을 우리는 고흐의 삶에서 만나게 된다. 천재성은 광기의 한 양태인가?

다. 그는 사회질서에 반항하고 스스로 유배지를 선택하며 현실로부터 스스로를 고립시키기도 한다. "재능은 정적 속에서 만들어진다"고 괴테는 말했다. 실제로 수많은 예술가들의 이해할 수 없는 극단적 은거나 고독은 현실과의 갈등을 내적인 창조로 승화하려는 모습으로 이해될 수 있으며 고독을 즐기는 태도에서도 재인과 천재의 차이가 나타난다.

광기

천재성은 광기의 한 형태인가? 천재들은 흔히 동시대인들과는 다른 별종으로 인식되며 그들의 괴팍스러움과 사회 부적응성은 광기와의 상관관계에서 고찰되었다. "광기가 조금도 없는 위대한 정신의 소유자는 없다"는 라틴어 격언은 이미 오래 전부터 광기와 천재성의 상호관계를 입증하고 있다. 플라톤은 《파이돈》에서 시인을 무엇엔가 사로잡혀 있는 존재로 묘사했다. "그(시인)는 자신에게서 벗어나 어떤 신에 의해 영감을 받아서 더 이상 제정신이 아니기 전에는 창조할 수 없다." 사회적 관습이나 예절을 거부하는 예술가들의 기괴한 행동에 대한 예화는 매우 많다. 소크라테스는 사계절 내내 같은 옷을 입는 괴벽을 지니고 있었고, 프루스트는 공포증에 시달렸으며, 살바도르 달리(Salvador Dali), 루소 등의 기상천외한 행동도 유명하다. 아르토(A. Artaud), 고흐, 네르발, 슈만(R. A. Schumann), 니체, 모파상(G. de Maupassant) 등도 정신병에 시달리다 죽었다. 스탕달(Stendhal)은 "아마 광기까지 이르는 신경의 감성이 이렇게 고양되지 않았다면 …… 애정을 요구하는 예술에서 탁월한 천재성은 없었을 것이다"라고 말했다.

프로이트의 정신분석학적 연구에 따르면 예술적 창작은 리비도(Libido)적 욕구의 억압에 의한 신경증의 승화에 근거한다. 말하자면 창의적 예술가들은 신경증을 창의적인 통로로 전환함으로써 심리적 균형을 찾은 이들이다. 몇몇 분석가들은 예술가를 '과학자, 의사, 사제가 하나로 합해진 무당'과 같은 사람으로 평가하기도 한다. 무당과 같이 예술가들은 무의식과 밀접한 관계를 맺고 있으며 이성에 의해 억눌린 정서의 방출은 그들에게서 창조적 광기로 나타날 수 있다. 즉, 광기 자체가 천재성을 의미하지는 않는다 해도 천재성과 광기의 관계에 대한 많은 연구가 보여주듯 실제로 광기와 천재성의 메커니즘에는 유사성이 있음을 부인할 수 없다.

결론

천재성이 학습에 기인하느냐 유전에 기인하느냐의 문제는 닭과 달걀 중 무엇이 먼저인가를 논의하는 것과 같다. 오늘날 대부분의 학자들은 두 변인(變因)의 상호작용의 중요성을 강조한다. 예술적 창조가 아무리 독창적인 것으로 보일지라도 예술가는 자신이 속한 시대나 사회에 의해 의식적 혹은 무의식적으로 지대한 영향을 받으며 학습을 통해 자신의 예술세계를 형성해 나간다. 하지만 천재성 자체는 개인의 특수한 정서나 직관, 그리고 상상력에서 발견되므로 학습의 범위를 넘어서는 것도 사실이다. 시대정신을 뛰어넘는 과감하고 독창적인 작품 속에서 우리는 천재성을 발견한다. 천재는 현실과 이상 간의 갈등을 전복과 불복종, 창조와 상상력을 통해 극복하고 인류에게 새로운 방향을 제시한다.

그러나 시대를 앞설 수 있고 직관을 역동적인 방향으로 이끌 수 있는 노력과 정열 그 자체가 천재성이라는 주장도 가능하다. 광기나 독창성 못지않게 천재들에게 공통적으로 나타나는 특징은 집요함과 지독한 추진력, 즉 끊임없는 인내와 노력이다. 뮈세(A. de Musset)는 "인내가 없는 참된 천재는 없다"고 말했고, 발레리도 "천재! 오, 긴 인내여"라는 문장을 통해 인내와 집요함이 천재의 으뜸가는 자질임을 강조했다. 많은 천재들의 인생을 살펴보면 질병, 가난 등을 무릅쓰고 칩거생활 속에서 자신의 작품에 매달렸음을 볼 수 있다. 그들은 마치 어떤 신적인 사명감을 지닌 사람들처럼 놀라운 에너지와 끈기로 과도한 작업량을 소화했는데 이런 체질은 재능과 노력이 본질적인 의미에서는 일치한다는 주장을 입증해 준다. 즉, 창조적 직관이 열정어린 노력을 수반할 때 천재성은 완성된다.

더 생각해 봅시다 ❶

모방하는 것도 예술행위인가?

모방이란 다른 사람이 한 것을 재생하는 것인 이상 모방은 예술적 창조성과 관계가 없다고 여겨질 수 있다. 창조한다는 것은 아직 존재하지 않는 것을 생산한다는 뜻이다. 칸트에 따르면 천재성이란 새로운 규칙을 만들어내는 능력으로 이 새로운 규칙들은 다른 사람들에게 모방해야 할 모델로 제공된다. 그러나 모방과 창조가 근본적으로 구분되는 것이라 할지라도 모방이 전혀 무의미한 것은 아니다. 모방에도 여러 단계가 있으며 다른 예술가를 모방하는 것과 자연을 모방하는 것은 다른 의미를 지닌다.

아리스토텔레스는 예술이 모방에서 시작된다고 본다. 그는 《시학》에서 다음과 같이 말한다. "대체로 어떤 두 개의 원인이 시를 낳는데, 그 어느 원인도 사람의 성정(性情)에서 흘러나오고 있는 것 같다. 제일의 원인은 사람의 모방성이다. 왜냐하면 모방한다는 것은 사람에게 있어서는 어린애의 시절부터 본능적으로 갖추어져 있다. 그리고 사람이 다른 동물과 다른 점은, 사람은 가장 모방적인 동물이며 사람의 최초의 지식은 모방을 통하여 이루어진다는 데 있다." 즉, 아리스토텔레스에 따르면 인간은 모방에의 충동성을 지니며 이 모방에의 충동이 예술을 낳게 하는 원동력이 된다는 것이다. 한편 예술성과 모방의 관계를 부정하는 사람들은 순수한 작가의 상상력이야말로 진정한 예술성이라고 주장한다. 그들에 따르면 모방으로부터 예술이 시작된다 해도 그 작품의 가치를 결정하는 것은 그 작품만의 독창성이다. 모방이 예술창작에 있어 어떤 역할을 하는지에 대해 각자 생각해 보자.

더 생각해 봅시다 ❷

예술작품은 시대정신과 어떤 관계를 갖는가?

예술사를 읽다 보면 우리는 예술작품과 그것이 창조된 시대 사이에 불가분의 관계가 존재하고 있는 듯한 느낌을 받게 된다. 우선 많은 박물관에서 우리는 작품이 시대별로 구분되어 진열된 것을 볼 수 있다. 중세미술과 고대미술, 현대미술을 나누는 특징은 분명 존재하고, 이런 사실로 미루어 우리는 예술작품이 시대정신과 밀접한 관계가 있다는 결론을 내리게 된다. 물론 각 예술작품은 그것이 창조된 시대의 문화와 성향을 담고 있다. 그러나 동시에 사회학적·역사학적 관점으로 설명될 수 없는 특유의 개성과 독창성 역시 지니고 있다. 말하자면 예술과 유행의 차이점은 전자가 시대정신을 뛰어넘을 수 있는 초월적 힘을 지닌다는 것에서 발견된다. 예술작품은 다른 역사적 유물과 달리 단지 특정 시대를 설명하는 상징이 아니다. 예술작품의 특수성은 여러 시대를 거치면서 다양한 문제의식과 호기심을 끊임없이 유발시킨다. 역사적으로 중요한 작품들은 시대정신과 어울리지 않는 파격적이고 독창적인 모습을 선보여 후세에 더 인정을 받기도 한다. 예술작품은 부분적으로 시대정신에 의해 영향을 받지만 그것에 한정되지 않는다는 점에서 특기할 만하다. 여러 주요 예술사조를 살펴보면서 오늘날 걸작으로 평가되는 작품들이 시대에 따라 어떻게 달리 해석되었는지를 생각해 보자.

더 생각해 봅시다 ❸

걸작이란 무엇인가?

어떤 작품이 걸작인지 아닌지를 어떻게 알 수 있는가? 인류역사에 기록된 예술작품 중 최고 걸작에 대한 사람들의 만장일치는 신화에 불과한가, 아니면 객관적인 평가인가? 레오나르도 다빈치의 〈모나리자〉나 모차르트의 〈레퀴엠〉, 로댕의 〈생각하는 사람〉 등은 우리에게 천재의 작품으로 알려져 있다. 이런 가치평가를 내리는 것은 관객인가 전문가인가? 예술사인가 예술가들인가? 아니면 유행인가? 걸작을 남겼으면서도 무명으로 사라진 예술가가 존재하지 않는다고 확신할 수 있을까? 피카소가 중세에 태어났더라면 그의 그림이 인정받을 수 있었을까? 한 예술작품을 걸작으로 만드는 것이 단지 우연이나 시대의 유행 사조인지 아니면 예술작품의 진정한 가치 때문인지에 대해 토론해 보자.

더 생각해 봅시다 ❹

예술가는 자유로운가?

흔히 우리는 예술가들의 자유를 절대적 자유의 모델로 생각하고 동경한다. 사회적 지위나 물질적 보상을 저버릴 수 있을 만큼의 자유란 무엇이며 다른 종류의 자유와 구별되는 어떤 특징을 지니는 것일까? 우선 예술가의 특별한 자유는 일 자체가 창조에 기반한다는 사실에서 발견된다. 예술가들은 어떤 정해진 규율이나 법칙을 따를 필요 없이 직접 일을 상상, 기획, 설계하기에 자유롭다. 그러나 그들은 자신의 기존 예술관이나 테크닉에 대해서도 자유로워야 하기에 이 자유의 이상을 저버릴 경우 매너리즘에 빠질 위험도 존재한다.

예술가들은 끊임없이 새로움을 추구한다. 그리고 바로 이러한 무한 자유정신 때문에 그들은 다수의 무관심 속에서 고독한 삶을 살기도 한다. 전형적인 아름다움을 요구하는 사회와 독창성을 추구하는 예술가 사이의 충돌은 인류가 시작된 이래 끊이지 않고 있다. 따라서 예술가의 자유는 사회에 대한 그의 초연한 태도에서도 발견된다고 볼 수 있다. 예술가는 사회규범의 노예가 되기를 거부하고 사회적 무관심과 물질적 어려움을 감수하고라도 자신의 이상을 펼치며 바로 이런 태도를 우리는 자유라고 평한다. 예술이 점점 상품화되어 가고 있는 자본주의 시대에 예술가의 자유는 보장될 수 있는지에 대해 생각해 보자.

19

주관적인 것이 진리인가?

Baccalauréat, 1985

전복시키는 자가 되려면 주관적이어야 한다.
프레데릭 베브더(Frédéric Beigbeder, 프랑스 비평가·작가)

시인의 눈으로 진리를 바라보아야 한다.
쥘 르나르(Jules Renard, 프랑스 작가)

진리란 존재하지 않으며, 존재한다 하여도 알 수 없고, 안다 하여도 전할 수 없다.
고르기아스(Gorgias, 그리스 소피스트 철학자)

서론

'주관적인 것이 진리인가' 하는 질문은 언뜻 보기에 허무맹랑한 물음으로 여겨질 수 있다. 왜냐하면 모든 철학 전통에 있어 주관적인 것은 진리보다 못한 것으로 간주되었기 때문이다. "진리란 절대적이며 주관성이란 오류와 환상이다"라는 믿음을 공유했던 철학자들은 주관적인 나의 개인적 사고를 포기하고 점차적으로 보편적인 사고로 나아가는 것을 목표로 했으며 이데아와 같은 보편적 사고의 틀 안에서 개별적인 생각들을 파악하고자 했다.

그렇지만 주관적인 것이 진리가 될 수 있는 영역은 과연 존재하지 않는 것일까? 절대적 진리는 마치 그것이 인간의 참여 없이도, 즉 우리가 그것을 찾으려 애쓰지 않아도 이미 단독적으로 존재하는 것처럼 여겨진다. 그러나 만약 진리가 '나'를 필요로 하지 않는다면 과연 그것이 나의 생에 어떤 적극적인 의미를 지닌단 말인가? 아무리 진리가 중요하다고 해도 그것이 내 개인의 생각과 감정보다 더 소중하고 중요한 것일 수는 없다. 다른 사람이 볼 때 나의 주관적 생각은 황당하고 허무한 견해에 불과할 수 있다. 그러나 남들이 말하는 보편진리에 어긋난다 해도 나의 주관과 생각이 진리 못지않게 나의 삶에 영향을 미치고 나의 행복과 불행을 결정짓는 행동동인이 된다면 그것이야말로 진정한 진리라고 말할 수 있지 않을까?

개인적 관점으로서의 주관성

주관성이란 여러 가지 뜻을 지니고 있다. 가장 일반적인 의미에서 주관성이란 자신의 개인적 입장에서 사물(사람)이나 사건을 바라보는 관점이다. 반면 객관성이란 누구나가 공감할 수 있는 명확한 판단기준에 근거하여 사물(사람) 혹은 사건을 바라보는 보편적인 제삼자의 관점을 뜻한다. 흔히 사람들은 주관성이란 이성적인 것이라기보다는 감성적인 것이며 스쳐지나가는 연속적 감각과 느낌의 집결이라고 생각한다. 그리고 나타났다 사라지는 순간적인 느낌은 지속적으로 어떤 사실을 보장할 수 없다는 가정하에 주관적인 앎은 진정한 앎이 될 수 없다고 결론짓는다.

플라톤은 이데아와 형상이 존재하는 세계만이 진리이며 현상세계와 경험세계는 모두 이데아의 모방에 지나지 않는다고 보았다. 진리란 육체성을 배제한 영혼에 의해서만 인지될 수 있으며 수많은 감각의 흐름은 우리에게 보편적 무지만을 안겨줄 뿐이라는 것이다.

대부분의 철학자들이 이런 전통을 따랐다면 고대의 소피스트들은 개인의 수많은 감각, 순수한 지각에 대한 신임으로부터 확실성을 이끌어냈다. 그들은 사물들이 내게 보여지는 것 그대로 존재한다고 믿었다. 가령 바람이 불 때 한 사람은 추위를 느끼고 다른 한 사람은 추위를 느끼지 않는다면 바람의 진리는 상대적인 것으로 규정되게 된다. '감각은 항상 옳다'라는 소피스트들의 주장은 플라톤의 《테아이테토스》에서도 발견된다. "감각은 과학과 같고 항상 실재하는 대상을 갖고 있으며 오류를 저지르지 않는다." 소피스트들의 주장에 따르면 순수한 감각은 변하고 유동적이며 같은 개인에게 있어서도 시간에 따라 변화하지만 어떤 꾸밈이나 위조가 없기에 그 자체로 진리이다. 그들이 주장하듯이 진리란 무한한 감각의 연속이며 지금-여기서 즉각적으로 느끼는 것이 앎의 지침이 될 수 있을까? 이 경우 진리란 감각에 따라 변하는 다양한 인식으로 정의되며 우리는 진리가 아닌 '진리들'에 대해 이야기해야 할 것이다.

"주관적인 것이 진리이다"라는 주장은 개인이 진리의 척도임을 명시하는 것이기도 하다. '인간은 만물의 척도'라는 유명한 문구를 남긴 프로타고라스(Protagoras)를 비롯한 소피스트들은 인간의 시각은 모두 다르고 인간에 따라 진리는 상대적일 수 있다는 주장을 펼쳤다. 그리고 이 경우 인간에 대한 고찰은 더 이상 보편적인 시각에서 이루어질 수 없고 개개인의 특수성을 강조하는 방향으로 발전하게 된다. 절대적인 선의 세계 '이데아'를 거부한 소피스트들은 언제나 옳고 바른 보편타당한 진리를 인정하지 않았다. '이것이 진리일 수도 있고, 저것이 진리일 수도 있다'는 현대의 상대주의와 맥을 같이하는 소피스트들의 주장에는 인간의 인식에는 한계가 있게 마련인데 어떤 논리가 만고불변의 표준이 될 수 있겠느냐는 문제의식이 포함되어 있다. 절대적 진리에 대한 옹호가 주변에 대한 폭력으로 나타나는 것을 우려하여 소피스트들은 개인의 특수한 의견을 존중하였고, 정치적인 측면에서도 공동체 중심으로 사고했던 국가주의적·공동체적 교육을 개인주의적·주관주의적인 인본주의 교육으로 대치할 것을 주장했다.

주관성의 한계, 객관성의 추구

하지만 감각적인 주관성이 과연 진정한 진리가 될 수 있을까? 소피스트들의 개인적 주관성에 대한 옹호는 심각한 회의론을 야기할 수 있다. 소피스트들의 주장에 따르면 진리란 결국 관점에 불과한 것

피카소(Pablo Picasso)의 〈우는 여자〉, 1937.
예술가는 자신의 주관적 관점을 통해 새로운 현실을 창조한다. 진리란 내가 진리라고
믿는 바로 그것일까?

이 되어버리는데 더 이상 절대적 진리의 기준이 없고 변화하는 진리들만이 있다면, 그리하여 서로 모순되는 의견들만이 존재하고 모든 의견을 타당하다고 평가해야 한다면 진리라는 개념 자체가 존폐의 위험에 놓이게 될 것이다. 왜냐하면 진리란 그 정의상 유일성, 보편성을 의미하기 때문이다. 즉, 개별적인 것을 하나로 통합하고 변화하는 것들에게 통일된 의미를 부여할 수 없다면 진리의 본질은 이미 죽은 것으로 보아야 한다. 소크라테스는 《테아이테토스》에서 인간이 만물의 척도이고 주관성 자체가 진리라면 돼지나 원숭이들도 척도로 삼아야 하지 않겠느냐고 말했다. "돼지나 비비원숭이 혹은 감각을 느낄 수 있는 동물 중 보다 신기한 것이 만물의 척도가 되어야 한다." 이처럼 소크라테스는 소피스트들의 윤리적 회의주의와 인식론적 상대주의를 극복하고자 했으며 그들에 반대하여 보편적·절대적 진리의 존재를 신임할 것을 권고했다.

　소크라테스 이후 철학사에서 주관적인 것은 진리와 별개로 인식되어 왔다. 요컨대 철학자들은 개별적이고 주관적인 것이 진리로 간주될 때 이미 진리는 존재하지 않는다는 관점에서 주관성에 큰 중요성을 부여하지 않았다. 그들은 특히 윤리적인 측면에서 절대진리의 부정은 매우 위험하다는 점을 지적했다. 주관적인 생각이 모든 행동을 정당화한다면 근본적인 선이 부정될 것이고 모든 것은 허용될 것이기 때문이다. "정의란 강자의 이익이다"라는 트라시마쿠스(Thrasymachus)[31]의 주장이 잘 보여주듯이 실제로 소피스트들은 도덕적 가치에 대해 냉소적인 입장을 취했으며 자기에게 유리하도록 변론하는 재능에만 중점을 두었기 때문에, 도덕의 파괴자로 간주되었고 근대 이후 유럽에서는 소피스트라는 말에 멸시의 의미가 붙어다니게 되었다. 이러한 주관적 진리의 한계 때문에 우리는 주관성을 넘어서는 객관성과 보편성을 지향한다. 감각적인 것들이 허무한 환상이라면 시간이라는 유한적 상황을 뛰어넘는 객관적 진리는 인간에게 진정한 현실을 제공해 줄 것이라는 주장에 대부분의 사람들은 동의한다.

객관적 사고란 수학적 공식처럼 추상적이고 개념적이다. 객관성을 추구하는 과학과 학문에서 객관성은 이론의 정당성을 보장해 주는 기준으로 간주되며 학자들은 개인적 주관을 이성적 추론을 통해 최대한 배제하고자 노력한다. 도덕철학자들은 보편도덕률을 설정해 어떤 예외도 없이 법률에 따라 책임과 도리를 다할 것을 개인에게 촉구했고, 과학정신은 과학자들로 하여금 주관이 개입되지 않은 냉정한 분석과 관찰을 실행할 것을 요구했다. 물론 과학적 관찰 역시 객관적인 것만은 아니며 가설 설정에 있어 과학자의 가치관이 개입됨을 부정할 수는 없다. 일군의 과학철학자에 의하면 과학은 객관적이고 보편타당한 진리가 아니라 특정한 '과학 하는 방식'을

---

31) 트라시마쿠스(Thrasymachus) : 극단적인 개인주의를 주장했던 그리스 시대의 소피스트. 아테네의 수사학 선생이자 뛰어난 변론가였다. 트라시마쿠스는 "모든 법관습이란 가장 힘 센 사람의 의지에 불과하다", "정의는 곧 강자의 이익이다"라고 주장하였다. 소크라테스를 존경하였던 플라톤은 그의 대화편《국가》에서 트라시마쿠스를 성질 급하고 무례한 논쟁가로 묘사하고 있는데, 거꾸로 트라시마쿠스는 소크라테스를 순진한 낙관주의자로 간주했다. 트라시마쿠스에 따르면, 모든 도시국가에서 강한 자들이 정권을 장악하고 그들의 입맛대로 법을 만들어놓고는, 그것에 복종하는 것을 '정의'라고 부른다.

공유하는 과학자들이 만들어낸 지식일 뿐이다. 동일한 신념, 가치관을 공유한 과학자들은 같은 연구방법을 통해 그들의 공동체가 지지하는 패러다임을 강화하는 이론을 이끌어낸다. 그러나 이런 현실적 한계가 존재한다 해도 과학은 근본적으로 객관성을 생명으로 하며 최대한 주관적 판단을 배제하는 것을 목표로 한다.

실존적 덕목으로서의 주관성

주관적 견해들의 모순과 아포리아(aporia)를 피하고 최대한 객관성을 추구한다 해도 우리가 기대했던 것과 달리 객관적 사고에 이르는 것은 사실상 불가능하다. 절대적인 객관적 사고가 불가능한 것은 무엇보다 그런 사고를 추구하는 인간이 실존이라는 주관적 상황에 놓여 있기 때문이다. 객관적 사고는 우리의 구체적 실존과 역사를 무시하고 창백한 추상성만을 남겨놓는다. 살 없는 뼈와 같은 지식이 인간의 삶에 궁극적인 도움을 줄 수 있을까? 요컨대 객관적 앎은 진리의 한 종류일 수는 있겠지만 진리 그 자체라고 하기에는 부족함이 있다. 과학적 객관성이 절대적 진리라고 확신할 수 없다면 또 다른 형태의 진리를 생각해 볼 수 있지 않을까?

저기 나무가 있다, 하늘은 파랗다 등의 객관적 현실은 모든 외적 판단과 상관없이 존재하며 그대로 계속 지속될 수 있다. 그러나 이러한 사실이 그 자체로 가치가 있는 것은 아니다. 가치란 인간의 판단을 내포하므로 어떤 사실이 가치가 되기 위해선 인간의 관점이 그것에 투사되어야 한다. 진리 역시 가치가 되기 위해선 인간의 판단을 요구한다. 칸트는 개개인의 감각과 정신의 필수불가결한 관계에서만 인식과 진리가 존재한다는 사실을 명시했다. 말하자면 우리를 거치지 않고 독자적으로 존재하는 진리는 없다는 것이다. 우리가 알고자 하는 세계는 순수한 모습 그대로 우리에게 전해지는 것이 아니며 '만인은 법 앞에 평등하다, 신은 전능하다, 장미는 아름답다' 등의 진리 명제는 우리를 위해 그리고 우리에 의해서만 존재한다. 진리는 우리가 세상과 맺는 감각적 관계의 연장이므로 그것은 항상 인간적이다. 즉, 진리는 사실적 현실이 아니라 인간에게만 의미가 있는 가치론적 현실인 것이다.

키르케고르(S. A. Kierkegaard)는 실존은 인간의 본질 그 자체이기 때문에 실존 없는 본질은 의미 없는 것이라고 주장했다. 그리고 이렇게 실존을 강조함과 동시에 그는 객관성의 세계로부터 주관의 세계로 눈을 돌린다. "주관성이 진리이다"라는 그의 주장은 객관성이 진리의 기준이 되는 서양 전통에 있어 매우 혁신적인 것이었다. 새로운 진리관을 동반하는 키르케고르의 주관성이란 과연 무엇일까?

키르케고르에게 있어 주관성이란 우리가 우리의 실존을 전적으로 책임진다는 것, 자기 자신을 선택하는 것을 뜻한다. 진정한 자아를 찾아가는 이 과정은 종교적·윤리적 과제이기도 하다. 많은 철학자들이 보편적 진리에 가치를 두었다면 실존주의자인 키르케고르는 가장 중요한 것은 삶의 개인적이고 주관적인 면이며 최고의 도덕적 실재는 개인이라고 주장한다. 그에 따르면 이런 윤리적 완성, 내적 추구로서의 주관성은 우리 내부를 깊게 파고 들어가 진리, 절대성, 신과 상통하며 결국 보편적 가치가 된다는 것이다. '주관성이 진리이다'라고 말하는 것은 곧 '빛의 장소'가 스스로를 책임지는 실존적 주체에게 주어졌음을 의미한다. 객관적 진리가 안전과 확실성을 보장한다면 실존적 진리인 주관성은 불확실성과 자유를 내포한다. 키르케고르는 객관적 진리에 반대하면서 "가장 정열적인 정신인 헌신성은 객관적으로 불확실하며, 이 불확실성이 실존적인 인간에게는 진리, 그것도 최고의 진리이다"라고 말했다. 말하자면 키르케고르에게 있어 주관성은 외부로부터 주어진 것이 아니라 각자의 노력으로 획득해 나가는 것을 지칭하며, 개인이 자신의 존재를 형성하는 능동인이 되었다는 것을 의미한다.

주관성을 강조하는 이러한 실존주의적 사고는 사르트르에 이르러 더욱 발전하는데 사르트르는 실존이 본질에 앞선다는 주장을 통해 주어진 보편적 진리보다 인간의 행동이 더 가치 있다고 주장했다. 사르트르는 인간은 스스로가 만들어가는 것 이외엔 아무것도 아니라는 강렬한 표현을 통해 행동과 자유의 중요성을 강조했다. 실존주의자들이 제안하는 주관성은 단순한 인식론적 앎이 아닌 윤리적·실천적 앎과 관계하며 선택과 책임을 전제로 함을 볼 수 있다. 진리가 우리 외부에 객관적으로 존재하는 것이 아니라 우리의 주관적 가치관의 투여에 의해 결정된다면 우리는 진리에 대해 책임을 지게 된다. 따라서 우리와 상관없이 진리가 독자적으로 존재하고 우리는 그것을 단지 발견하기만 하면 된다는 입장보다 주관적 진리를 인정하는 것이 더 힘든 일일 수 있다. 그러나 진리가 세상에 의해 인간에게 저절로 주어진 것이 아니라 인간의 노력과 판단에 의해 역사 속에서 변화하는 것이라면, 즉 인간의 적극적인 참여를 요구한다면 진리를 추구하는 것은 윤리적으로 보다 의미 있는 작업이 될 수 있다.

결론

인간 안에는 주관성과 객관성, 보편성과 구체성이 동시에 존재한다. 인간은 절대적인 일반원리와 이성을 추구하면서 동시에 자신의 독특한 취향과 삶의 방식이 존중되기를 바란다. 지금까지 철학은 보편성에 초점을 맞췄으며 주관성을 탈피하는 것이 중요하다고 생각해 왔다. 그러나 과연 주관성이 부차적인 것으로 간주되어야 할까? 어떻게 주관성을 이해해야 그에 상응하는 진리가 시간 속에서 사라지는 것을 막을 수 있을까? 주관성을 단순한 감각의 연속, 파편화된 개인적 관점으로 이해한다면 그것은 결코 보편진리와 화합하지 못하고 극복해야 할 인간 존재의 모순으로 남을 것이다. 그러나 키르케고르의 주장처럼 주관성을 개인의 내적 추구로 이해한다면 주관성과 객관성은 하나의 총체적 진리를 이룰 수 있다. 또한 윤리적·종교적 차원에서 주관적 진리는 인간의 삶과 모순되지 않는 실존적 가치가 된다.

우리가 주관적 진리에 관심을 갖는 것은 과학의 진리와 다른 '어떤 다른 진실'이 과학 못지않게 인간의 삶에 영향을 준다는 것을 알고 있기 때문이다. 남들이 이해할 수 없는 주관적 결정과 판단에 의해 한 인간의 인생이 변하기도 하고 의미를 얻기도 한다. 즉, 이 세계에는 이성을 통해서만 이해되는 논리적·합리적·객관적 진리가 있는가 하면, 그와 반대로 직관으로 깨닫는 모순되고 비합리적이며 주관적인 진리가 있다. 시나 그림에서 만나게 되는 한 개인의 진심이 담겨 있는 진리는 비록 추상적이고 보편적인 철학적 사고가 될 수 없다 하더라도 한 인간의 인생에 의미를 부여하고 행복을 결정할 수 있으므로 객관적 진리 이상의 의미를 지닌다.

더 생각해 봅시다 ❶

진리란 내가 진리라고 믿는 바로 그것일까?

오랫동안 사람들은 태양이 돈다고 생각했으나 근대과학에 의해 그것은 거짓으로 밝혀졌다. 마찬가지로 지금 내가 진리라고 믿고 있는 것도 거짓으로 밝혀질 수 있다. 믿음이란 주관적인 것이며 따라서 진리의 기준이 될 수 없다. 그러나 모든 믿음이 진리와 무관한 것일까? 가령 신을 믿는다는 것은 기독교인들에게 절대적인 진리이다. 파스칼은 "신은 가슴에서 느껴진다"고 말했다. 이렇듯 이성이 이해하지 못하는 진리도 존재하지 않을까? 모든 진리의 추구가 믿음을 배제하는지, 이성과 신앙은 모순되는 것인지, 믿음 그 자체가 진리인지 등에 대해 생각해 보자.

더 생각해 봅시다 ❷

의견의 다양성은 진리에 다다르는 것을 방해하는가?

다양한 의견이 제시되는 토론이나 앙케트 결과를 통해 우리는 과연 진리에 이를 수 있을까? 수많은 분야에서 우리는 사물과 세상에 대한 서로 다른 의견과 관점을 교환한다. 그런데 바로 이렇게 다양하고 많은 의견들 때문에 우리는 하나의 일관된 진리에 이르지 못하는 것이 아닐까? 흔히 철학자들은 진리와 의견을 상반된 것으로 간주한다. 예를 들어 바슐라르는 《과학적 정신의 형성》이라는 책에서 의견이 인식론적인 장애물을 구성한다고 비판했다. 물론 단기적 관점에서 볼 때 의견의 다양성은 진리 구축을 방해할 수도 있다. 그러나 보다 중요한 것은 제시된 다양한 의견을 이성적으로 분석, 평가할 수 있는 역량이 우리에게 있다는 사실이 아닐까? 의견의 다양성은 독단을 막으며 진리를 방해하는 것이 아니라 진리로 향한 첫 발걸음이다. 의견의 다양성이 피상적이고 상대적인 의식을 낳을 것인지, 민주적이고 관용적인 사회를 만들 것인지는 우리의 태도에 달려 있다.

더 생각해 봅시다 ❸

의사소통의 어려움과 유아론

우리는 자주 대화가 어렵다고 말한다. 이는 그의 입장이 아닌 나의 입장에서 타자를 평가하기 때문이다. 그렇다면 의사소통의 어려움과 유아론(唯我論) 사이에는 밀접한 관계가 있다고 할 수 있다.

유아론은 극단적 형태의 주관적 관념론이다. 유아론에 따르면 실재하는 것은 오직 자아와 그의 의식뿐이며 다른 모든 사물은 자아의 관념이거나 자아에 대한 현상에 지나지 않는다. 영국의 관념론자 브래들리(F. H. Bradley)는 유아론적 견해를 다음과 같이 묘사했다. "나는 경험을 넘어설 수 없고 경험은 '나의' 경험이다. 이로부터 나 자신을 넘어서는 어떤 것도 존재하지 않는다는 결론이 나온다. 왜냐하면 경험이란 자아의 상태이기 때문이다." 유아론자는 자신을 우주공간의 중심점이라고 생각한다. 그러나 두 유아론자가 하나밖에 없는 우주공간의 중심을 차지할 수는 없기에 그들이 서로 의사소통을 한다거나 공존한다는 것은 불가능하다.

우리는 유아론을 자기중심적인 관점이라 비판하지만 우리 인식의 밑바탕에는 항상 유아론이 도사리고 있다. 자신의 관점으로 남을 평가하는 실수를 인간은 피할 수 없다. 레비나스(E. Levinas)는 이성 자체가 유아론적인 성격을 지니고 있음을 지적했다. "이성은 모든 것을 자신의 보편성 안으로 포괄하면서 그 자체로 고독 안에 머물러 있다. 유아론은 착오도 아니고 궤변도 아니다. 이성 자체가 유아론적 구조를 갖추고 있다. 그것은 이성이 결합하는 감각이 '주관적' 특성을 띠고 있기 때문이 아니라 이성의 보편성 때문에 그렇다. 다시 말해, 이성의 빛에는 한계가 없으며 어떤 사물도 그것을 떠나 존재할 수 있는 가능성이 없기 때문이다. 그 때문에 이성은 말을 건넬 다른 이성을 전혀 찾지 않는다." 레비나스는 타자를 인정하지 않는 이성을 버리고 그와의 대화를 시도하는 것은 거대한 도전이라고 표현했다. 실제로 타자와의 진정한 대화는 나를 비우지 않고는 불가능하다. 그러나 자기 자신을 세상의 전부로 알고 산다는 것은 그 얼마나 초라한 삶인가? 쇼펜하우어는 유아론자에 대해 뚫고 들어갈 수 없는 굴 속에 갇힌 미친 자라고 표현했다. 자기 자신에게만 의지하는 유아론적 태도는 자신을 완전히 신임하는 영웅적 태도일까? 아니면 타자를 배제한 이기주의적인 어리석음일까? 타인의 경험을 통해 나를 알 수는 없을까? 개인적 경험을 토대로 유아론과 진정한 의사소통의 가능성에 대해 생각해 보자.

20

오늘날에도 철학은 가치가 있는가?

Baccalauréat, 1988

철학자는 가능한 범위 내에 있는 지식의 전체를 소유한 사람이다.
아리스토텔레스(Aristoteles, 그리스 철학자)

철학은 모든 것에 대한 학문이 아니라, 전체에 대한 학문이다.
티보데(Albert Thibaudet, 프랑스 문학비평가·에세이스트)

철학은 철학의 불확실성 자체로부터 철학의 가치를 이끌어낸다.
러셀(Bertrand Russell, 영국의 철학자·논리학자)

철학에서는 질문이 해답보다 더 본질적이다.
야스퍼스(Karl T. Jaspers, 독일 철학자)

서론

현대사회는 생산성과 기술적 경쟁력을 중심으로 움직이고 있다. 철학적 사고의 특징은 숙고와 신중함이므로 모든 것이 바삐 돌아가는 현대생활에 부합되지 않는 것은 사실이다. 우리가 사는 세계는 철학적 관조보다는 재정적 효율성을, 철학자들보다는 엔지니어, 기술자, 과학자를 요구한다. 경제발전에 기여하지 못하는 철학적 관조는 이 시대와는 어울리지 않는 전시대적인 학문 혹은 유산층의 여가활동으로 간주되어야 하는가? 철학은 고대부터 정신의 가치를 중시했기에 물신숭배와 배금주의 풍토가 사회 곳곳에 넓게 확산되면서 갈수록 사회 주변부로 밀려나고 있는 추세이다. 철학을 비롯한 인문학이 무기력해짐에 따라 전통 가치관, 해체된 인간상을 새롭게 규명할 길이 막막해졌다는 허무주의가 현대사회를 지배하고 있다. 모든 것이 획일적 경제논리에 의해 인정을 받는 오늘날에도 철학은 가치가 있는가?

철학과 과학

전통적으로 철학은 실질적 효용성과는 구분되는 순수한 성찰로 간주되었다. 감각적 세계에 대한 형이상학자들의 경멸과 불신은 그들로 하여금 현실을 초월하는 절대진리를 추구하게 했고, 철학에 있어 기술이나 물질의 영역은 순수한 이론의 고상함과 비교될 수 없는 하찮은 것으로 오랫동안 인식되었다. 이처럼 현실과 격리된 듯한 철학적 이론은 물질과 기술에 대한 새로운 인식이 가능해진 근대에 들어서면서 많은 사람들의 비판을 받게 된다. 계몽주의 철학자 중의 한 명인 18세기의 디드로는 철학자보다는 산업생산자를 더 존경해야 한다고 말했다. 그는 기술적 발전을 신봉했고 철학적 논의보다는 기술이 인간을 더 행복하게 한다고 확신했다. "우리는 우리를 실제로 더 행복하게 해주는 일을 하는 사람보다는 우리를 행복하다고 믿게 하려는 사람들을 더 찬양한다. 우리의 판단은 얼마나 이상한 판단인가! 우리는 사람들에게 유익한 일을 할 것을 요구하면서도, 유익한 사람들을 경멸하고 있다." 오늘날 디드로의 이러한 불만은 완전히 극복되었다. 기술의 이상은 도처에서 승리하고 있으며 철학의 권위를 박탈했고 무력화시켰다. 과학의 발전이 철학의 종말을 가져올 것이라고 예상하면서 모든 인류의 희망을 과학에 담았던 19세기의 실증적 과학주의자들은 종교나 형이상학이 해결하지 못한 문제들을 과학이 해결할 수 있을 것이라고 주장했다. 실제로 이제 과학자들은 과거 철학이 담당했던 주제들, 가령 영혼과 신체의 문제, 세계의 근원에 대한 문제의 해답을 제공해 줄 수 있다고 주장한다. 몇몇 과학자들은 사랑이나 욕망의 문제마저 과학적으로 설명할 수 있다고 말한다.

철학의 의무는 현실비판이다

19세기 초 실증적 학문의 수립을 주장한 콩트는 제1원인과 목적인에 대한 모든 질문, 즉 "그러한 현상이 발생한 궁극적 원인은 무엇일까" 하는 형이상학적 문제를 불필요한 것으로 간주하면서 세상에 대한 실질적 힘을 지니지 못한 이론은 의미가 없다는 극단적인 입장을 취했다. 그후 과학으로 얻어지는 지식의 총체 이외에 참된 지식은 없다고 주장하는 실증주의 사상에 의해 힘을 얻은 과학은 그 경제적·군사적 효율성을 과시하며 권력의 중심으로 이동하게 된다. 한편 산업혁명과 프랑스혁명을 통해 부르주아 계층의 상업적 경제력이 커짐에 따라 점차 지배이데올로기로 정착한 자본주의가 물질에 대한 보다 긍정적인 평가를 내림으로써 정신을 우위에 두었던 철학 전통은 관념주의라는 비판을 받게 된다.

과연 철학자들이란 상아탑에 머물면서 대중과 현실을 외면하는 무책임한 자들인가? 사르트르 등 수많은 철학자들은 행동하는 지식인이길 원했지만 사실 직접 정치에 참여하면서 현실에 대한 냉정한 분석과 철학자로서의 양심을 지키는 것은 쉬운 일이 아니다. 아리스토텔레스는 "철학은 어떤 외적 효율성도 추구하지 않는다"면서 철학은 철학 자체를 목적으로 함을 강조했다. 칸트 역시 철학자가 권력 문제에 관심을 갖고 직접 정치에 참여할 때 그의 이성은 부패하게 될 것이라고 경고한 바 있다. 그러나 철학을 비판하는 사람들은 철학이 인간의 현실적 욕망을 외면하고 추상적인 관조의 세계에만 머물러 있음을 지적한다. 그리고 검증과 관찰 가능한 과학적 앎을 통해 사회와 세계에 대한 좀더 효율적인 이해를 도모할 것을 요구한다.

사실 경제적 이익과 실용성이 중시되는 세상에서 직접적인 이익을 가져다주지 못하는 학문보다 실용적·과학적 학문이 더 각광받는 것은 당연한 일인지 모른다. 오늘날 많은 사람들은 철학을 비롯한 인문학이 위기에 봉착했다고 말한다. 그러나 철학이 더 이상 필요 없다는 생각은 잘못된 선입견에 기인한 것이 아닐까? 철학을 전공하지 않더라도 인생을 살아가면서 삶에 대한 질문을 던지지 않는 것은 불가능하다. 특히 효율성과 생산성을 숭배하는 문화 속에서 철학적 사고는 더욱더 절실하다. 왜냐하면 기술의 발전은 인간과 자연에 대한 새로운 고찰을 끊임없이 요구하기 때문이다. 과학주의자들은 자유, 세계의 시초, 영혼의 불멸, 신과 관련된 질문조차 과학이 해결해 줄 수 있을 것이라 생각했다. 그러나 과학은 수많은 분야에서 해결책을 제시함과 동시에 새로운 문제를 유발하고 있다. 예를 들어 과학에 의해 가능해진 새로운 출산법은 새로운 가족모델을 제시하고 있으며 이는 가족, 법, 개인, 나아가 삶에 대한 새로운 철학적 사고를 요구한다. 이외에도 기술의 남용, 유전공학, 안락사, 사형제도 폐지 등 수많은 현실적 문제들은 철학적 논의와 토론을 배제할 수 없다. 하이데거가 "과학은 사유하지 않는다"고 말했듯이 가치중립성과 맹목성을 특징으로 하는 과학은 반성작업을 통해 연구의 한계를 스스로 설정할 수 있는 능력을 지니고 있지 않다. 따라서 철학은 과학의 문제점을 지적하고 개선할 수 있는 방향을 제공해 줄 의무를 갖는다.

　마르크스는 철학이 단지 세계를 해석하는 것에만 치중해 왔음을 비판하면서 이제 철학은 세상을 변화시켜야 한다고 주장했다. 그러나 과연 그의 분석이 타당한 것일까? 철학은 아무리 사유적인 형식을 취하고 있다 하더라도 항상 이상적인 현실을 목표로 한다. 철학은 항상 동시대를 의심했다. 왜냐하면 현재 우리가 믿고 있는 신념은 우리를 둘러싼 현실적 이해관계와 관련된 것이므로 시간이 지나면 변할 수 있는 것이기 때문이다. 요컨대 철학적 반성이 객관성을 지니려면 얼마간의 초탈은 필수이다. 철학적 반성은 현실에서 한 걸음 물러나 거리를 두고 이루어져야 한다. 플라톤이 주장했듯이 진리란 즉각적으로 주어진 외양이 아닌 그 내부에 존재하기 때문이다. 스피노자는 "모든 정의(definition)는 부정이다"라고 말했다. 즉, 긍정하기에 앞서 주어진 사실을 의심해야 한다는 것이다. 데카르트도 방법적 회의론을 통해 자신이 보고 듣는 것이 과연 진리인지에 대해 심각한 의문을 던졌다.

철학적 사고는 확실하다고 여겨지는 모든 것에 아니라고 말하는 것으로부터 시작된다. 소크라테스는 소피스트들을 비판했고 마르크스는 헤겔을 비판했으며, 현대의 해체주의는 근대 이성주의를 비판했다. 이처럼 철학자는 자신이 속한 시대와 현실에 대한 문제점을 제기하고 시대적 인기를 얻고 있는 이데올로기에 대해서도 비판적 관점을 취해야 한다. 그리고 때론 자신이 속한 사회와 시대를 고발하는 역할도 수행해야 한다. 이처럼 철학자와 그가 속한 시대 사이에는 복잡한 관계가 형성된다. 니체는 철학이 현실적 효율성이 없어 보이는 것은 그것이 시대를 앞서가기 때문이라고 말했다. 철학은 현실과 뗄 수 없는 관계를 맺고 있지만 일상적 현실에만 머물러서는 안 되며 보다 본질적이고 근본적인 것을 추구해야 한다는 당위적 성격을 지니고 있다. 그런데 일상의 친숙함으로부터 거리를 두는 이 같은 철학적 태도를 일반인들은 어색하고 불편하게 느낄 수 있다. 사람들은 편안하고 수동적인 오락(스포츠, 공연, TV)을 선호하며 복잡하고 이성적인 추리를 기피한다. 사람들은 특히 자신이 믿고 있는 바를 옳다고 지지해 주는 '아부성' 있는 이론을 좋아하며 안정을 깨뜨리는 반론을 좋아하지 않는다. 그러기에 정치가들은 대중들의 의견에 반하는 파격적인 구호보다는 조심스럽고 일반적인 정책을 내세우게 마련이다. 반면 철학자들은 대중이 당연하다고 생각하는 일반적인 믿음에 의문을 제기하기에 우리는 그것을 기피하고 두려워하기조차 한다. 특히 사회안정과 질서를 유지하기를 원하는 지배층에게 있어 철학적 비판은 매우 거북스러운 위험을 의미하기에 끝까지 현실과 타협하지 않는 철학자들은 사회에서 발언권을 잃게 마련이다. 젊은이들을 교란시킨다는 이유로 사형을 선고받은 소크라테스나 화형을 당한 브루노가 그 대표적인 경우이다. 그러나 쓴 약의 기능처럼 불편하고 비판적인 철학적 작업은 사회의 균형이 깨질 때 그 사실을 미리 알리고 바로잡는 것을 목표로 한다. 만약 이상적이고 종합적인 관점을 제공해야 할 철학이 제대로 그 의무를 수행하지 않는다면 사회는 놀라운 경제기술 성장에도 불구하고 방향을 상실한 채 혼란에 빠지게 될 것이다.

  폴 니장은 철학대학 교수들이 현실 문제에 보다 깊이 관여하지 않고 철학사만을 가르치는 것은 지배이데올로기에 동참한 부르주아의 태도라고 비판했다. 물론 이러한 주장이 의미하는 바가 무엇인지는 알 수 있지만 그렇다고 이것을 액면 그대로 받아들일 수는 없다. 왜냐하면 플라톤 이래 모든 철학자들은 자신이 제시하는 정치관, 행복론을 통해 현실의 변화를 도모했기 때문이다. 가령 고대 철학자들이 자기수신을 통해 행복에 이르고자 했던 노력은 개인적인 차원이긴 해도 현실적 실천과 무관하지 않다. 어떤 철학자도 단순한 지적 흥미를 충족시키기 위해 집필을 하지 않는다. 글을 통해 사람은 변화하고 남 역시 변화시킨다. 그것이 펜의 힘이다. 플라톤 철학이 서구문명을 지배한 기독교 신학에 어떤 영향을 주었는지, 루소의《사회계약론》이 프랑스혁명에서 어떤 역할을 수행했는지, 마르크스의《자본론》이 공산주의 국가의 형성에 어떤 영향력을 행사했는지는 익히 알려져 있다. 철학은 세상에 대한 관점을 바꾸는 역할을 하는데 세상을 다르게 이해한다는 것은 결국 다르게 행동한다는 것을 의미한다. 이론은 결코 실천과 분리되지 않는다. 건강한 몸에 건강한 정신이라는 표현은 단순한 구호가 아닌 만물의 이치이기도 하다. 이론과 실천은 서로에게 끊임없이 영향력을 행사하면서 서로를 견제하고 동시에 균형을 유지하는 필수불가결한 관계를 유지한다. 푸코가 지식과 권력의 밀접한 관계를 설명했듯이 당대의 중심 철학을 이해함은 그 시대의 실천동향을 이해할 수 있는 원동력이 된다.

형이상학적인 질문을 포기할 수 없다

과학은 한없이 많은 빵을 제공해 줄 수는 있지만 빵 하나에도 의미를 부여할 수 있게 하고 행복을 느끼게 해주는 것은 철학적 사유이다. 과학은 아무리 발전한다 해도 가치중립적인 특성상 인간의 철학적·형이상학적 궁금증을 채워줄 수 없으며 수학적 공식과 경험적 실험을 벗어나는 문제에 대해선 어떤 해결책도 제공하지 못한다. 반면 철학은 과학이 접근할 수 없는 문제들, 가령 인간은 왜 죽는가, 어디로부터 오며 어디로 가는가, 왜 세상은 존재하는가, 자유의지란 무엇인가 등을 다룬다. 즉, 실존, 죽음, 영혼과 같은 인간 숙명의 문제는 철학만이 답할 수 있는 문제이다.

　과학적 사고를 지닌 현대인이라고 해서 죽음이나 사랑과 같은 근본적인 문제에서 자유로울 수 있는 것은 아니다. 전시대에 비해 종교는 쇠퇴하였고 절대적 진리를 추구하는 형이상학은 거세게 비판되었지만 칸트도 분명하게 인정한 바와 같이 형이상학에 대한 어떤 비판도 인간에게 잠재해 있는 형이상학적 불안을 완전히 해소시켜 주지 못한다. 실증주의는 검증될 수 있는 것만을 추구해야 한다고 주장하면서 형이상학적 논리를 거부했다. 마르크스는 명상만 하는 철학자들의 모습을 비판하고 영원한 진리를 탐구하는 형이상학을 인간의 혁명을 추구하는 역사학으로 대치시켰다. 그는 인류는 인류가 해결할 수 있는 문제들만을 제기한다고 말했다. 그러나 인간은 완전히 이성적인 존재가 아니기에 자신이 해결할 수 없고 과학의 차원을 넘어서는 문제들을 끊임없이 제기할 수밖에 없다. 인간은 본래적으로 형이상학적인 동물이며 형이상학은 인간에게 억제할 수 없는 유혹이다.

지혜로서의 철학

철학은 진리와 지혜의 추구이며 이러한 모델은 고대부터 지속되어 오고 있다. 현자란 물질적 부와 이익, 명성 등에 집착하지 않는 자로 스토아 철학자들과 에피쿠로스가 그 대표적인 인물이다. 그러나 정보가 넘쳐나는 시대에도 사람들은 경험과 나이를 통해 지혜를 쌓은 사람들의 교훈을 계속 필요로 할까? 여기서 우리가 직시하여야 할 것은 철학적 질문은 그것이 제기된 시기가 고대이건 중세이건 근대

로댕(Auguste Rodin)의 〈생각하는 사람〉, 1880.
"벌거벗고 바위에 앉아, 발은 밑에 모으고, 주먹은 입가에 대고, 그는 꿈을 꾼다. 이제 더 이상 그는 몽상가가 아니라 창조자가 되는 것이다." 로댕이 밝힌 〈생각하는 사람〉의 의미다.

이건 영원한 가치를 지닌다는 점이다. 다시 말해 철학에 있어 과거와 현재를 구분하는 것은 크게 의미가 없다. 철학은 유행에 종속되는 이데올로기가 아니다. 고대 스토아 철학자들의 지혜의 탐구는 오늘날에도 귀한 교훈으로 읽히고 있으며 데카르트의 이성적 진리추구는 구조주의자들과 포스트모더니스트들에 의해 진행된 거센 이성비판에도 불구하고 많은 부분 설득력을 지닌다. 진, 선, 미에 대한 질문은 2000년 전에도 오늘날과 똑같이 제기되었다. 그렇기 때문에 철학은 특정 시기로 국한될 수 없다. 철학적 사고는 일정한 시대에만 통용되는 것이 아니다. 철학의 본질이 보편적이라는 것은 철학적 질문이 어떤 시대에도 적용될 수 있음을 의미한다. 철학을 지혜와 진리의 추구라고 정의한다면 철학은 시대를 갖고 있지 않으며 인간이 이성과 의식을 갖고 있는 한 계속될 것이라고 말할 수 있다.

철학에서는 질문이 해답보다 더 본질적이다

철학을 하기 위해 살아야 하는가? 살기 위해 철학을 해야 하는가? 철학을 하는 것은 시간낭비이며 그 시간에 좀더 효율적인 일을 할 수 있을 것이라고 생각할 수 있다. 철학은 생물학적 의미에서의 생존을 도와주지도 돈을 벌게 해주지도 않는다. 그러나 효율성이 인생의 목적이 될 수는 없다. 물론 생존하는 것은 중요하지만 생존 그 자체만으로 인간은 행복할 수 없기 때문이다. 살기 위해 철학을 해야 하는 것은 아니지만 제대로 살기 위해선 철학을 해야 한다. 인간에게 인생의 의미를 제거한 삶은 큰 가치를 지니지 않기 때문이다. 한편 철학 하기 위해 산다는 것은 지혜의 성취가 인생의 목표가 되어야 한다는 것을 의미한다.

"배울 수 있는 철학은 없다. 단지 철학 하는 것만을 배울 수 있다"고 칸트가 말했듯이 철학은 지식을 가르치는 학문이 아니라는 점에서 과학과 구분된다. 철학은 사고하는 법을 가르치는 학문이지 지식 그 자체를 전달하는 것을 목적으로 하지 않는다. 수학에서는 정의를 가르치고, 역사학은 중요한 사건의 연대기를 가르치고, 의학은 신체의 기능을 가르치지만, 철학은 사고하는 법과 행복하게 사는 법을 가르친다. 즉, 철학은 단지 살 수 있도록 해주는 것이 아니라 더 잘 살 수 있도록 도와준다. 에피쿠로스는 《메네세에게 보내는 편지》에서 철학은 영혼의 의술이라고 말했다. 철학은 불행의 원천이 되는 두려움을 제거해 주는 역할을 한다. 인간이 동물과 구별되는 것은 이성을 지녔기 때문이고, 이러한 특성을 사용하지 않는 것은 인간적인 삶을 포기하는 것이라고까지 말할 수 있다.

철학에 있어 진정 중요한 것은 당연하다고 생각되는 것에 호기심을 갖고 질문을 던지는 태도 그 자체로서 야스퍼스(K. Jaspers)는 "철학에서는 질문이 해답보다 더 본질적이다"라고 말했다. 철학적 지식은 항상 새로 시작되는 인식이다. 절대적 지식을 소유했다고 자만하는 의식도 회의론에 빠진 무기력한 의식도 아닌 현재에 만족하지 않고 새로운 것을 추구하는 의식이다. 이처럼 철학이 사물, 존재, 사건 앞에서 놀라고 질문할 수 있는 능력에서 시작된다면 철학은 영원하다. 오늘날에도 우리는 파르메니데스, 헤라클레이토스, 플라톤, 뤼크레스가 제기했던 질문을 계속 던지고 있다. 이것은 기존 이론이 다음 이론에 의해 비판, 폐기되는 과학에서는 볼 수 없는 사실이다. 철학이 영원할 수 있는 것은 철학의 목적은 완결될 수 없는 인간의 행복을 추구하기 때문이다. 철학은 인간을 더 자유롭고 행복하게 만들며 나와 타자, 전체와 개인 간의 조화를 지향한다. 그러므로 철학을 하지 않고 생존할 수는 있지만 세상의 신비와 아름다움을 느끼는 진정한 삶을 영위할 수는 없을 것이다.

결론

기술과 과학이 맹위를 떨치는 오늘날 철학의 위치가 위축되고 있는 것은 사실이다. 과거 많은 사람들은 현자가 되는 것을 인생의 목표로 삼았으나 현대인은 성공과 쾌락, 이익을 인생의 목표로 정하는 경우가 많다. 그러나 과학이 모든 문제에 대한 답을 제공해 줄 것이며 철학은 자연적으로 소멸할 것이라는 급진적 과학주의는 더 이상 설득력을 갖기 어렵다. 오히려 기술이 발전할수록 철학의 중요성은 더욱 강조되어야 한다는 의견이 과학자들에 의해 제기되고 있다. 기술발전을 윤리적 차원에서 고찰하는 수많은 노력은 결국 철학적 가치관과 연관되는 것이므로 철학적 지혜는 시효가 지난 이상이 아닌 현실적 필요라고 말할 수 있다. 정보는 일상에 필요한 다양한 지식을 제공해 주고 과학이론은 현실적으로 유용한 객관적 지식을 제공해 준다. 그러나 아무리 정보가 풍부하고 과학적 지식이 효율적이라 해도 그것이 지식과 삶의 목적 그 자체를 질문하는 철학을 대신할 수는 없다.

경험세계와 자연계를 움직이는 과학적 지식은 그 자체 내에 목적과 의미를 갖고 있지 않다. 과학은 가치론적으로 중립적이다. 반면 철학은 행동의 목표에 대한 숙고이며 지식과 현실 총체에 대한 반성이다. 철학은 구체적 세계에 대한 성찰, 타인에 대한 의문으로부터 출발하여 더 나은 미래를 제시하는 역할을 한다. 그러므로 철학과 실천 사이의 적절한 긴장과 균형이 유지될 때 우리는 좀더 의미 있는 자유와 행복을 누리게 될 것이다.

바칼로레아의 질문들

- "과거의 사람들은 과거의 사람들입니다. 그리고 우리는 현재의 사람들입니다"라고 희곡(《가상병 환자》)에 등장하는 몰리에르의 주인공은 말했다. 현대인들이 고전철학 책을 읽을 필요가 있다고 생각하는가?
- 진리라는 개념을 제외하고 철학을 할 수 있는가? (2000)
- 철학자가 다른 학문에 종사하는 학자들에게 가져다주는 것은 무엇인가? (1997)
- 철학자는 반드시 자신이 속한 시대에 얽매여 있는가? (1994)
- 사유한다는 것은 "아니다"라고 말하는 것인가? (1993)
- 새로운 생각이 가능한가? (1988)
- 세상이 아무 의미 없다면 철학은 그 사유대상을 상실하게 되지 않을까? (1994)

더 생각해 봅시다 ❶

인문학의 위기

한국뿐 아니라 전세계적으로 인문학의 위기는 기정사실로 받아들여지고 있다. 경제적 효율성만을 우선시하는 현대사회의 풍토 때문에 가장 순수한 영역으로 남아 있던 학문조차도 위기를 맞고 있는 것이다. 인문학 서적을 보는 독자들도 인문학에 뜻을 둔 학생들도 줄어들고 있다. 존재하는 모든 것에 경제적 논리를 강요하는 현실 속에서 인문학의 위기는 어쩌면 당연한 결과일 수 있다. 그러나 현대인이 경험하고 있는 윤리의식의 부재, 인본적 가치의 상실, 이기주의, 우울증과 허무주의의 증가는 인문학적 이상의 소멸과 무관하지 않다고 볼 수 있다. 겉으로 인문학을 요구하지 않는 시대일수록 인문학의 사명은 더 커지지 않을까? 물질적 풍요 속에서 가치론적 공허감에 시달리는 현대인에게 라틴어 '휴마니타스(humanitas, 인간다움)'에 기반한 인문학의 의미는 무엇일지 생각해 보자.

더 생각해 봅시다 ❷

철학자들은 꿈속에서 사는 자들인가?

우리는 흔히 철학자들은 특이한 사람들, 현실과 결별한 채 자신만의 세계에 묻혀 사는 사람들이라고 생각하곤 한다. 고대부터 사람들은 철학자들을 일상에 대해 무지한 반쯤 미친 사람이라고 간주해 왔다. 도덕적 가치와 이상만을 생각하며 사는 이들이 과연 현실적인 어떤 대안을 제시할 수 있을까? 철학자들의 이상주의는 수없이 비판되었다. 마르크스는 "철학자들은 단지 세계를 여러 가지로 해석해 왔을 뿐이다. 중요한 것은 세계를 변혁하는 것이다"라며 철학자들의 관넘적인 태도를 거부했다. 그러나 이상은 존재하지 않는 현실이 아니라 인간이 추구해야 할 목적과 당위로서의 또 다른 현실이 아닐까? 구름 속에 사는 사람들(꿈속에 사는 사람들)이란 표현에서 구름은 결코 안개가 아니라는 사실을 강조할 필요가 있다. 물론 타자와 세계를 외면한 철학은 편협한 독선이 될 수 있다. 그러나 꿈과 현실을 이어주는 역할을 수행할 때 철학은 현대인에게 삶의 지침을 제공해 줄 수 있다.

더 생각해 봅시다 ❸

철학자는 과학자에게 어떤 도움을 줄 수 있는가? (1997)

언뜻 보기에 철학자가 과학자에게 줄 수 있는 도움이란 그리 많지 않아 보인다. 과학은 전문적 지식을 요구하는 분야이며 전문적 방법론과 논리도 체계적으로 갖추고 있으므로 과학자들은 철학자의 간섭에 오히려 불편함을 느낄 수 있다. 그러나 이런 표면적인 차이에도 불구하고 과학과 철학 사이에는 밀접한 관계가 존재한다. 우선 과학이론은 반드시 실험과 관찰만으로 이루어지는 것이 아니며 이론적 가설이 필요하기에 과학자들은 아직도 철학자들이 정의해 놓은 시간, 공간, 지각 등의 개념에 의거하여 가설을 설정한다. 또한 철학자들이 과학에 관심을 기울이고 과학자들이 철학에 관심을 기울여야 하는 중요한 이유는 철학이 과학의 방향과 목적에 관여하기 때문이다. 과학자들이나 기술자들은 가치중립적 사고관을 지녔기에 자신들이 수행하는 작업이 인류에게 어떤 결과를 가져올지에 대해 충분히 숙고할 만한 여유를 지니지 못하는 경우가 많다. 그러므로 과학 발전이 가져올 도덕적 문제의 심각성이 강조되는 현대에 철학자들은 과학자들에게 그들의 연구가 지닌 윤리적 의미를 재고해 볼 것을 요청할 수 있다. 과학자들과 철학자들의 협동과 갈등에 대해 생각해 보자.

더 생각해 봅시다 ❹

철학은 민주주의에 기여하는가? (1996)

민주주의란 권력이 국민에게 주어지고 국민 스스로가 지도자를 뽑고 국가의 일에 자발적으로 참여하는 정치시스템이다. 그러나 민주주의에는 여러 형태가 있으며 현재에도 끊임없이 변화, 발전하고 있다. 그리스 시대의 민주주의는 여성과 외국인, 노예를 제외했지만 오늘날 이런 사실은 더 이상 받아들여지지 않는다.

  민주주의의 이상을 확립함에 있어 그리고 그 기준과 방법론을 결정함에 있어 철학의 역할은 지대하다. 민주주의를 연 프랑스혁명이 계몽주의를 그 근간으로 하고 있음은 철학과 현실의 연관관계를 잘 보여주는 한 예이다. 민주주의에서는 특히 토론과 대화가 중시되는데 이 문화를 활성화시키는 데 있어서도 철학적 논리와 사고가 요구된다. 독재정권에서는 비판적 사고를 중시하는 철학자가 들어설 자리가 없다. 자유로운 표현이 중시되는 민주주의 사회에서만이 철학자들은 자유로운 사고를 펼칠 수 있다. 민주주의의 이상과 철학에 대해 생각해 보자.

더 생각해 봅시다 ❺

비판적인 지식인이란 존재하는가?

미셸 푸코는 지식인이란 권력관계가 생산해 낸 전략가에 불구하며 그들의 이론은 지배이데올로기를 강화하는 역할을 한다고 비판한다. 그에 따르면 권력층에 비판적이고 소외받는 약자를 옹호하는 공정하고 덕스런 철학자란 일종의 픽션에 지나지 않는다. 실제로 근대에 이성주의가, 현대에 욕망이론이, 공산주의 국가에서 마르크스 이론이, 자본주의 사회에서 포스트모더니즘이 각광받는 것만 보아도 이데올로기와 정치 간의 상호관계가 발견된다. 우리나라의 경우 수많은 친일 지식인들, 예술인들이 군사독재 시절에 권력에 협조했던 사실도 간과할 수 없다.

반면 사르트르나 촘스키 등은 권력에 저항하는 지식인의 의무를 확신했으며 그들 스스로 적극적으로 정치·사회적 문제에 관여함으로써 행동하는 지식인의 모습을 보여주었다. 사르트르는 프랑스가 알제리를 점령하자 프랑스인들을 식민주의자들이라고 비판했으며, 촘스키는 언론을 통해 미국의 정치에 대한 신랄한 비판을 가하고 있다. 철학자란 과연 누구의 편에서 일하는 자인가? 다음 글을 읽고 철학자가 사회참여를 하는 것에 대해 어떻게 생각하는지 각자의 의견을 정리해 보자.

철학자들에게 있어 중요한 것은 거창한 모델을 제시하는 것도, 지혜로부터 우러나오는 충고를 주는 것도, 이끄는 것도, 야단을 치고 약속을 하는 것도 아니다. 박애주의자로 활동하면서 아무 위험도 무릅쓰지 않는 것도 철학자들이 할 일은 아니다. 노동자들을 위해 무엇인가를 하는 것이 철학자의 역할이 아니라 그들과 함께 그들을 위해 일하는 것이 중요하다. ─폴 니장(Paul Nizan, 프랑스 철학자·에세이스트·작가)

지식인은 책임의식을 가진 성숙한 인간이 되어야 하며, 정신적으로 죽지 않으려면 그러한 책임의 윤리를 따라 "나는 달리 행동할 수 없었다"는 점까지 생각해서 결정하고 행동해야 한다.─사르트르(Jean-Paul Sartre, 프랑스 철학자)

찾아보기

ㄱ

가다머(Hans-Georg Gadamer) 43
《고백록》 116
《과학적 정신의 형성》 47, 341
《광기예찬》 158
《광기의 역사》 153, 157, 159
《구별짓기》 195
《구토》 101
《기술복제 시대의 예술작품》 145

ㄴ

《나와 너》 295
니체(Friedrich Nietzsche) 17, 194, 213, 293, 316

ㄷ

담론 91
《대화편》 93, 94
데카르트(René Descartes) 209
뒤뷔페(Jean Dubuffet) 192
뒤프렌(Mikel Dufrenne) 55
디드로(Denis Diderot) 315

ㄹ

라뇨(Jules Lagneau) 74
라플라스(Pierre-Simon de Laplace) 120
레닌(Vladimir Ilich Lenin) 104
레비(Bernard Henri Levy) 90
레싱(Gotthold Ephraim Lessing) 172
로베르(Marthe Robert) 233
로젠크란츠(Karl Rosenkranz) 66
루소(Jean-Jacques Rousseau) 102, 113
르누아르(Pierre-Auguste Renoir) 313
리고(Hyacinthe Rigaud) 126
리쾨르(Paul Ricoeur) 126

ㅁ

마르크스(Karl Marx) 25, 35, 171, 178, 278
마이어(G. F. Meier) 43
마키아벨리(Niccolò Machiavelli) 130
마티스(Henri Matisse) 28
만(Thomas Mann) 200
《메네세에게 보내는 편지》 354
메를로퐁티(Maurice Merleau-Ponty) 217
모랭(Edgar Morin) 244
몽테뉴(Michel Eyquem de Montaigne) 294
《문학적 진리》 233
《물리학》 74, 117

뭉크(Edvard Munch) 154
미셸 레리스(Michel Leiris) 252
《미학》191
민중예술 261

ㅂ

바르트(Roland Gérard Barthes) 66, 82, 157
바슐라르(Gaston Bachelard) 47, 341
발레리(Paul Valéry) 130, 171
《밤의 끝으로의 여행》111
《법철학》34, 174
《법철학의 원리》170
베르그송(Henri Bergson) 19, 27, 121
베커(Carl Becker) 131
벤야민(Walter Benjamin) 145
보드리야르(Jean Baudrillard) 110
보티첼리(Sandro Botticelli) 53
부르디외(Pierre Bourdieu) 57, 195
부버(Martin Buber) 295

ㅅ

사르트르(Jean-Paul Sartre) 109, 299, 338
《사상과 움직이는 것》19
서피어(Edward Sapir) 84
성 아우구스티누스(St. Augustinus) 71, 116
《성찰》209
세이(Jean-Baptiste Say) 275
셀린(Louis-Ferdinand Céline) 111
소크라테스(Socrates) 41
소피스트 331
쇼펜하우어(Arthur Schopenhauer) 280
슈펭글러(Oswald Spengler) 172
슐라이어마허(Friedrich Schleiermacher) 141
스피노자(Benedict de Spinoza) 216, 248
《시학》325

ㅇ

아롱(Raymond Aron) 128
아리스토텔레스(Aristoteles) 74, 117, 209, 325
아퀴나스(Thomas Aquinas) 52
알랭(Alain) 125, 211
야스퍼스(Karl Theodor Jaspers) 354
에라스무스(Desiderius Erasmus) 158
에머슨(Ralph Waldo Emerson) 38
《에밀》102
에피쿠로스(Epicouros) 211, 247, 354
엘베시위스(Claude-Adrien Helvítius) 214
오웰(George Orwell) 87
우나무노(Miguel de Unamuno) 70

워프(Benjamin Lee Whorf) 84
워홀(Andy Warhol) 17, 19, 20
유아론 341
《윤리학》 248, 251
이오네스코(Eugène Ionesco) 241
《인간 본성에 관한 논고》 297
《인간과 성스러운 것》 139
《인간적인, 너무나 인간적인》 17, 316
인공 언어 236
《일상생활의 정신병리학》 302
《잃어버린 시간을 찾아서》 72

ㅈ

장켈레비치(Vladimir Jankélévitch) 250
조토(Giotto di Bondone) 144
《죽음》 250

ㅊ

《차라투스트라는 이렇게 말했다》 213
《1984년》 87
《추의 미학》 66

ㅋ

카(Edward Hallett Carr) 127, 131, 279
카유아(Roger Caillois) 139
칸트(Immanuel Kant) 18, 55, 59, 61, 170, 316
콩도르세(Marquis de Condorcet) 277

콩트(Auguste Comte) 293
콩티야크(Étienne Bonnot de Condillac) 318
쿤(Thomas S. Kuhn) 39
키르케고르(Søren Aabye Kierkegaard) 337

ㅌ

타나토스 257
《테아이테토스》 331, 334
토크빌(Alexis de Tocqueville) 193
투키디데스(Thucydides) 127
트라시마쿠스(Thrasymachus) 334

ㅍ

파니차(Oscar Paniza) 319
파스칼(Blaise Pascal) 221
《파우스트 박사》 200
《파이돈》 210, 322
《판단력 비판》 18
패러다임 이론 39
페늘롱(François de Salignac de La Mothe Fénelon) 126
페로(Marc Ferro) 126
푸코(Michel Foucault) 91, 153, 156
프로이트(Sigmund Freud) 40, 157, 213, 293, 302
프루스트(Marcel Proust) 72

플라톤(Platon) 36, 52, 109, 210, 322, 331
플로티노스(Plotinos) 244
피넬(Philippe Pinel) 157
피타고라스(Pythagoras) 52
피히테(Johann Gottlieb Fichte) 108

ㅎ

하이데거(Martin Heidegger) 143, 241

헤겔(Georg Wilhelm Friedrich Hegel) 34, 129, 148, 170, 174, 277
헤로도토스(Herodotos) 128
홉스(Thomas Hobbes) 212
후설(Edmund Husserl) 34
훔볼트(Karl Wilhelm von Humboldt) 83
흄(David Hume) 297

세계의 교양을 읽는다 2- 인문학편

1판 1쇄 발행일 2006년 1월 9일
1판 7쇄 발행일 2014년 2월 24일

엮은이 최영주

발행인 김학원
발행처 (주)휴머니스트출판그룹
출판등록 제313-2007-000007호(2007년 1월 5일)
주소 (03991) 서울시 마포구 동교로23길 76(연남동)
전화 02-335-4422 **팩스** 02-334-3427
저자·독자 서비스 humanist@humanistbooks.com
홈페이지 www.humanistbooks.com
유튜브 youtube.com/user/humanistma **포스트** post.naver.com/hmcv
페이스북 facebook.com/hmcv2001 **인스타그램** @humanist_insta

편집주간 황서현 **기획** 이재민 **편집** 이명애 **디자인** AGI 윤현이 이인영 신경숙
조판 새일기획 **디지털POD** 테크디앤피

ⓒ 최영주, 2006

ISBN 978-89-5862-084-6 03100

- 이 책은 저작권법에 따라 보호받는 저작물이므로 무단 전재와 무단 복제를 금합니다.
- 이 책의 전부 또는 일부를 이용하려면 반드시 저자와 (주)휴머니스트출판그룹의 동의를 받아야 합니다.